제4차 표준보육과정(개정 누리과정)에 따른

6주 보육실습

이종신 · 최현정 · 한남주
허정경 · 안성화 · 윤서연

창지사

머리말

보육실습은 보육교사로서 갖추어야 할 지식, 기술, 태도를 형성하기 위한 필수 과정으로 6주 동안 어린이집 현장에서 진행된다.

어린이집 현장은 국가수준의 표준보육과정을 중심으로 운영된다. 2020년 제시된 '제4차 표준보육과정'은 '2019 개정 누리과정'의 성격과 추구하는 인간상을 동일하게 적용하고, 영유아가 놀이를 통해 심신의 건강과 조화로운 발달을 이루고 바른 인성과 민주시민의 기초를 형성하는 데 목적을 두고 있다. 특히 '제4차 표준보육과정(개정 누리과정)'은 영유아·놀이 중심을 추구하며 교사가 자율성을 가지고 영유아와 함께 보육과정을 만들어 가는 것을 강조하고 있다. 따라서 보육실습생은 영유아·놀이 중심의 보육과정에서 영유아가 놀이를 통해 모든 영역이 통합적으로 경험됨을 이해하고 영유아의 놀이 흐름에 따른 보육교사 역할의 실제에 대해 배울 수 있도록 보육실습 기간을 충분히 가져야 한다.

본 교재에서는 '제4차 표준보육과정(개정 누리과정)'의 내용을 중심으로 보육현장의 실제를 담아 내려고 노력하였다.

첫 번째의 노력은, 영유아·놀이 중심 '제4차 표준보육과정(개정 누리과정)'의 적용에 따른 보육교사 역할의 많은 변화를 이해하는 것이다. 교사는 하루 일과를 운영함에 있어 영유아에게 일어나는 자발적인 놀이를 관찰하고, 놀이가 더욱 흥미롭게 확장되도록 지원하며, 영유아의 놀이경험에 따라 보육계획을 세우게 된다. 교사가 미리 짠 계획안으로 보육이 이루어진 교사 중심에서 영유아·놀이 중심으로 전환됨을 이해하고 이에 따른 교사 역할의 변화도 확인하여야 한다. 또한 일과운영과 보육실습일지 작성은 보육현장에서 다양한 형태로 제시되고 있는 바, 이를 반영하여 보육실습생으로서 갖추어야 할 구체적인 학습 내용을 포함하여 『제4차 표준보육과정(개정 누리과정)에 따른 6주 보육실습』 책을 집필하게 되었다.

두 번째 노력은, '제4차 표준보육과정(개정 누리과정)'을 기준으로 각 기관 및 교사에 의한 보육계획안과 보육일지 작성이 다양하게 실시되고 있는 점을 감안하여 실습생에게 필요한 놀이, 활동, 일상생활 보육계획안의 예를 제시하였다. 또한 '2019 개정 누리과정' 보육일지 개선 방향 및 일지 양식 예시를 참조하여 주간 또는 일일 보육일지의 여러 유형에 따라 보육일지 예시를 첨부하였고, 보육실습생이 실습 기관을 섭외하는 것에서부터 보육실습 1주에서 6주에 이르기까지 각 주의 보육실습생의 역할에 대해 자세하게 기술하였다.

세 번째 노력은, 가장 중요한 내용으로 아동권리의식을 형성하는 것이다. 보육교사에게 가장 중요한 것 중의 하나인 아동권리의식을 보육실습 현장에서부터 배울 수 있도록 '아동권리존중' 기반 하루 일과운영 개념, 필요성, 운영의 실제를 담아 보육실습생의 아동권리 존중 행동이 생활화될 수 있도록 안내하였다.

이 책은 6장으로 구성되었다. 1장은 허정경 교수가 보육실습에 대한 전반적인 이해를, 2장은 최현정 교수가 보육실습 준비와 자세 등 보육실습의 기초를 다루었고, 3장에서 안성화 원장이 '제4차 표준보육과정(개정 누리과정)'의 소개와 권리존중 일과운영과 보육교사의 역할을 담았다. 4장은 한남주 교수와 윤서연 주임교사가 보육실습일지 작성을 위해 필요한 관찰과 보육계획안 및 보육실습일지 작성의 실제를 소개하였고, 5장은 이종신 교수가 6주 보육실습 과정에서 보육실습생의 업무와 역할을 기술하였으며, 6장에서 허정경 교수가 보육실습 평가로 마무리하였다.

이처럼 이 책은 새롭게 적용되는 '4차 표준보육과정(개정 누리과정)'을 중심으로 집필되었다. 보육실습을 준비하는 많은 예비교사들과 현장에서 보육실습생을 지도하는 보육교사들에게 유용하게 사용되기를 바라며, 부족한 부분은 계속 보완해 갈 수 있도록 관심 있는 조언을 기대한다. 아울러 출판을 맡아 준 창지사 사장님께 감사의 마음을 전한다.

2020년 8월

저자 일동

차 례

■ ■ 1장 들어가며…

보육실습은 우수한 보육교사 양성을 위한 매우 특별한 과제이다. 그러므로 보육실습의 중요성을 인식하고, 예비보육교사인 보육실습생이 이후 영유아 보육현장에서 훌륭한 보육교사로 성장할 수 있도록 체계적이며 실제적인 이론 수업과 보육현장에서의 실습 과정을 위한 계속적인 노력이 필요하다. 아무리 뛰어난 보육정책과 물리적 환경이 갖춰져 있고 다양한 보육 프로그램들이 제공된다 하더라도 보육교사의 능력에 따라 그 활용도는 달라질 수 있다. 따라서 보육의 중요성을 강조할수록 보육활동의 주체인 교사의 역할은 더욱 중요하다고 할 수 있다. 그러므로 보육실습은 실습 지도교사를 통해 예비보육교사들이 교사로서 갖추어야 할 지식, 기술, 태도 등을 실제 현장에서의 모든 경험을 통하여 배우는 과정으로, 전문적이고 실천적 능력을 갖춘 교사가 되기 위해서는 지금까지 배운 보육이론의 바탕에 현장에서의 실제를 통합시키고, 예비보육교사로서 다양한 역할을 체험해 보는 보육실습 과정이 정말 중요하다고 볼 수 있다.

1장

보육실습의 이해

1. 보육실습의 개념

보육실습이란 일련의 교과과정을 이수한 후에 일정 기간 동안 어린이집이나 유치원의 보육활동에 참여하는 것을 뜻한다. 일반적으로 보육실습은 보육교사 자격증을 취득하기 위해 거쳐야 하는 필수적인 과정이자 보육실습생들이 각 양성교육기관에서 배운 이론 및 지식을 영유아 보육현장에 실제로 적용해 볼 수 있는 중요한 과정이다. 또한 보육실습은 다양한 연령대의 아동 발달 특성을 현장에서 직접 경험해 볼 수 있는 기회이므로, 각 연령대에 적합한 보육활동이 무엇인지 파악해 볼 수 있으며 어린이집에서 이루어지는 각종 교과활동과 놀이활동이 어떻게 이루어지며 이론과 어떻게 연계되는지 배울 수 있는 기회를 제공한다. 따라서 보육실습은 보육실습생들이 단기간에 영유아의 연령, 월령별 발달 차이를 이해하며 그에 적합한 보육활동을 이해하는 데 아주 적절한 교육과정이라 할 수 있으며, 영유아의 교육과 보육을 책임지는 예비보육교사로서의 전문적인 능력과 자질을 갖추기 위해 자신을 돌아보고 점검하는 필수적인 과정이다(허정경, 2019).

현재 우리나라에서 여성의 경제활동이 활발해지고 출산율이 줄어들면서, 자녀를 믿고 맡길 수 있는 질 좋은 보육기관에 대한 관심과 기대가 나날이 증가하고 있다. 이에 정부는 부모들에게 맞춤형 보육서비스의 향상을 위해 여러 노력을 기울이고 있는데, 최근 보도되고 있는 몇몇 어린이집에서의 아동학대 사건들은 부모들에게 보육시설에 대한 불안감과 불신을 야기하게 되었다. 이에 따라 어린이집 교사들을 비롯한 예비보육교사들의 전문적 소양에 대한 제도적 강화가 강조되었고, 2017년 보육교사의 전문성 강화의 일환으로 보육교사 양성과정에서 보육실습 기간을 4주에서 6주로 연장하는 방안을 내놓게 되었다. 이것은 교사의 자질 함양에 있어서 현장실습이 차지하는 비중이 크다는 것을 의미하는 것으로, 예비보육교사가 보육교사의 업무를 이해하고 수행하게 되어, 직접적인 경험이 부족한 양성과정 학생들에게 있어서 영유아에 대한 이해와 상호작용에 대한 다양한 경험을 쌓을 수 있도록 하기 위한 것이다.

1991년 「영유아보육법」을 제정한 이래, 여러 차례에 걸쳐 관련 법령을 개정하고 보완해 오고 있는데, 1996년 이전까지는 보육실습이 보육교사 자격 취득을 위한 필수과정이 아니었으나, 4주간의 보육실습을 필수로 하여야 한다는 규정을 신설하여 보육교사로서 업무를 수행하는 데 있어서 보다 전문적이고 실용적인 학문이 될 수 있도록 1998년 3월 1일부터 4주 실습이 본격적으로 시행되었다. 이후 「영유아보육법 시행규칙」 개정으로 2005년 1월 30일부터 대학(교)의 보육 관련 교과목 및 학점 등이 전면 개정되고, 보육에 대한 기초 영역과 더불어 보육실습 과목을 필수 이수 교과목으로 규정하였다. 현재 보육실습의 기준도 '보육실습 세부기준'으로 구체화되어 실습 기간을 6주 240시간 이상을 원칙으로 하며, 실습의 평가 점수도 80점 이상을 받은 경우에만 실습을 이수한 것으로 인정한다고 명시하고 있다.

이처럼 보육실습에 대한 제도가 해를 거듭하면서 변화하는 것은 예비보육교사들이 보육현장에서 스스로 느끼고 얻게 되는 지식적이고 실제적인 경험들을 통해 보육교사로서의 사명감과 전문성, 자질 등을 완성해 가고, 무엇보다 보육교사직에 대한 인식과 태도의 형성이 시작되는 중요한 발판이 된다는 것을 알 수 있다.

즉 보육실습을 통해 예비보육교사는 교직에 대한 이해와 더불어 아동에 대한 이해, 교사의 역할, 브모, 동료 교사 간의 상호작용, 지역사회 자원 활용 등 광범위한 관계를 경험하면서 이전까지 이론적인 지식으로만 접해 왔던 것을 다양하고 실질적인 경험을 통해 알아봄으로써 보육교사로서의 진로를 좀 더 깊게 생각해 볼 수 있는 중요한 시간이 된다. 따라서 보육실습은 전문성을 갖춘 질 높은 교사를 양성한다는 측면에서 매우 중요한 역할을 한다.

보육실습은 보육교사가 되기 위한 기초과정이자 필수과정이다. 장차 보육교사가 되기를 희망하는 학생이 보육현장 교사의 지도를 받아 보육활동을 계획하여 실행해 보고, 하루 일과를 운영해 보는 등 다양한 보육교사의 역할을 경험해 보는 과정이다(윤희경 외, 2016). 또한 보육실습은 보육교사의 개인적 전문적 자질을 형성하여 보육교사 자격증을 취득하기 위한 필수적인 과정으로, 보육교사의 자질은 교사가 받은 고사 양성교육의 질을 크게 벗어날 수 없으며 교사 양성교육 가운데 실습과목은 현장에 대한 생생한 경험 때문에 교직에 대한 인식과 태도, 행동 등에 직접적인 영향을 미치게 된다(문혁준 외, 2015). 예비보육교사는 보육실습을 통해 다양한 상황에 대한 경험과 교육 대상이 지닌 발달적 수준에 적합한 판단 및 교수를 경험함으로써 교육 전문가로서 보다 넓은 안목을 지니게 된다(성은영, 2008). 보육실습은 보육교사의 자질을 향상시키기 위하여 현장을 경험하고 교사로서의 실무를 익히는 교사양성 교육과정의 하나이다. 예비보육교사를 보육이 이루어지는 현장에 참여하게 함으로써 보육교사에 대한 인식을 새롭게 하며, 보육교사에게 필요한 지식과 기술을 얻게 하는 데 의의가 있다. 이 과정을 통하여 예비보육교사는 기존에 습득한 관련 지식을 보육현장에 적용해 봄으로써 보육교사로서 자신의 적성과 능력을 점검하여, 보육 현실에 대한 새로운 시각을 형성하게 된다(Harford & MacRuairc, 2008; Perry, Hutchinson, & Thauberger, 2008).

보육실습은 보육이론에 대한 전반적인 내용을 바탕으로 어린이집 현장에서의 다양한 경험을 통해 현장 전문성을 갖춘 보육교사를 양성하는 것이 무엇보다 중요한 과제라 할 수 있다. 따라서 보육실습의 주요 목적은 예비보육교사가 양성기관에서 학습한 기초적인 교양과 전문적인 보육이론을 기반으로 실제 보육현장에서 실습을 통하여 교사로서의 적성 여부를 확인함과 동시에 교사 전문성 인식을 높이고 예비보육교사로서 교사효능감도 높여가는 데 있다. 그러다 보니 보육실습은 단순히 법적 자격증 취득을 위한 필수과정의 이수만이 아니라, 높은 자신감과 전문성을 갖춘 바람직한 보육교사 양성에 주안점을 두어야 한다. 그래서 실습 기관에서 보육실습생은 아이들 앞에서는 선생님으로서의 전문가적인 모습과 지도교사 앞에서는 학생으로서의 배움의 모습을 갖는다.

2. 보육실습의 목적

보육실습생들은 보육실습을 통해 학급 운영과 관리에 필요한 기술 및 문제 해결 능력을 습득하기도 한다. 한편 보육실습은 원장과 보육교사, 영유아, 학부모 등과 다양한 인간관계를 형성하며 어떤 방식으로 관계를 맺는 것이 바람직한 교사의 태도라고 할 수 있는가를 배우게 되는 사회적 학습의 장이다. 또한 보육교사로서의 자질과 진로에 대해 진지하게 생각해 보며 되돌아보는 시간을 갖고 교사로서의 신념을 재확인하고 수정할 수 있는 기회이기도 하다.

궁극적으로는 보육실습의 목적은 훌륭한 보육교사, 이상적인 보육교사를 만드는 것이다. 형식적으로는 보육교사 자격증을 획득하기 위하여 법령이 규정하는 바를 이수하는 것을 의미하지만, 실질적인 목표는 교육기관에서 학습한 기초적인 교양과 전문적인 보육이론을 기반으로 실제 보육현장에서 실천을 통하여 교사로서의 적성 여부를 재확인함과 동시에 교직의 전문성을 이해시키는 데 있다. 보육실습의 목적은 다음과 같다(허정경, 2019).

① 강의시간이나 책을 통해 익힌 보육 지식과 이론을 적용해 보고 익숙하게 한다.

② 보육교사의 역할 수행에 필요한 제반 업무나 대인관계 기술을 체험해 보게 한다.

③ 보육이론을 실제로 적용하는 데 있어서 나타나는 괴리와 문제점을 파악하고 의식하게 한다.

④ 단편적으로 익힌 지식과 기술을 통합적으로 재구성하여 보육활동 전반에 적절히 활용할 수 있는 능력을 갖게 한다.

⑤ 실습생의 입장에서, 보육교사로서 능력이나 적성을 시험해 볼 수 있다.

- 나는 참으로 보육교사라는 직업을 좋아하는가?
- 나는 보육교사로서 갖추어야 할 능력과 자질을 갖추고 있는가?
- 나는 교직에 대한 신념을 가질 수 있는가?
- 나에게 보육교사는 참으로 알맞은 직업인가?
- 나는 보육교사로서 동료의 신뢰와 유아들에게 호감을 얻을 수 있겠는가?

또한 한국보육진흥원(2017)은 보육실습생이 보육실습을 통해 성취할 수 있는 목표를 다음과 같이 제시하고, 보육실습생이 경험하게 될 보육실습의 의의를 7가지로 정리하였다.

보육실습에서 보육실습생의 성취 목표

- 보육의 철학과 목적 및 목표에 대한 생각을 발전시킨다.
- 보육의 실제 경험을 토대로 영유아에 대한 심화된 이해를 한다.
- 보육의 연령과 발달 수준에 적합한 구체적인 보육내용, 놀이 중심의 상호작용, 영유아의 흥미를 고려한 효과적인 교수법 등을 관찰하고 직접 수행해 본다.
- 보육실습 기관의 실내·외 환경 구성 및 자료의 적절한 활용을 경험한다.
- 보육교사의 전문적 역할과 책임, 태도를 직접 경험한다.
- 보육실습생 스스로 보육교사로서의 자질을 파악하고, 전문성을 향상시키기 위한 노력을 하며, 향후 진로를 탐색한다.
- 보육실습 기관과 가정, 지역사회와의 연계를 경험하고, 어린이집 내 조직문화 등을 이해한다.

3. 보육실습의 내용

보육실습은 일반적으로 관찰(observation), 참여(participation) 실무실습(practiceteaching)의 3단계로 구분하여, 보육실습생에게 스스로 구체적인 직접 경험에 의해서 교육활동을 과학적으로 파악하여 보육의 실제와 이론을 연결시킬 수 있도록 하는 것이다. 일반적으로 관찰실습은 현장실습 초기에 하게 되고, 참여실습은 중기에, 실무실습은 최종적으로 종기에 하게 된다.

먼저 관찰실습은 제반 보육활동, 즉 영유아의 생활, 보육환경, 보육교사의 보육방법 등을 제삼자의 입장에서 객관적으로 파악하는 것을 말한다. 그리고 참여실습은 보육활동에 적극적으로 가담하는 것이다. 즉 보조교사의 입장에서 교사를 도우면서 영유아의 생활에 들어가 보육활동과 영유아의 상태를 이해하는 것이다. 실무실습은 보육에 책임 있는 위치에 서서 영유아를 직접 보육하면서 보육교사로서의 기본적인 경험을 가지는 것이다.

1) 관찰실습의 내용

① 보육이론들이 보육현장에서 어떻게 활동되고 있는가를 객관적으로 파악한다.

② 교사, 영유아, 교재·교구 및 시설 등 보육활동을 성립시키는 제 조건을 정확하게 파악한다.

③ 관찰 능력과 관찰 태도를 기른다.

- 보육시설의 물리적·심리적 환경
- 원아의 특성, 행동 및 활동
- 보육과정과 프로그램
- 교사의 보육활동 방법과 행동
- 생활 지도와 학급 관리

2) 참여실습의 내용

① 원아의 실태 파악에 관한 사항

- 아동의 생활 배경 조사
- 신체 발달 상황 조사

② 보육활동의 참여

- 원아 관리: 등·하원 지도, 간식 지도, 자유놀이 지도 등
- 보육계획안 작성
- 교재 연구 및 교구 제작
- 보육교사의 보육활동의 보조

③ 사무적 사항의 참여

- 출석부 처리 보조
- 각종 서류 정리 보조
- 가정통신문 작성 보조

3) 실무실습의 내용

① 보육활동 실시에 관한 사항

- 보육활동 계획의 입안 – 교육목표 확인, 교재 연구, 교구 준비, 교육계획안 작성
- 활동의 전개 – 활동적이고 효과적인 프로그램의 전개, 개별 지도에 대한 배려
- 활동 효과의 평가

② 생활 지도에 관한 사항

- 아동의 이해
- 생활 지도의 실습

③ 학급 경영에 관한 사항

- 물리적 환경의 정비 – 설비, 비품의 정리정돈, 책걸상의 정비와 보수, 온도 체감의 조절, 실내의 청결 및 환경 미화
- 학급 사무의 처리, 원아 관리

실무실습을 통해 실습생들이 경험해야 하는 세부적인 내용은 다음과 같다.

- 영유아의 출석 관리
- 영유아의 영양 및 건강 관리
- 영유아의 관찰기록부 작성
- 공문서 작성 및 처리
- 어린이집의 시설 설비, 교구 및 비품 관리와 관리대장 작성
- 부모–교사 상담의 계획 및 수행
- 부모회 및 부모교육의 계획 및 수행
- 가정통신문의 작성

4. 보육실습의 단계

보육실습 계획은 실습생을 받는 보육실습 기관이나 지도교사의 교육관에 따라 달라질 수 있겠지만 일반적으로 다음과 같이 단계적으로 계획된다.

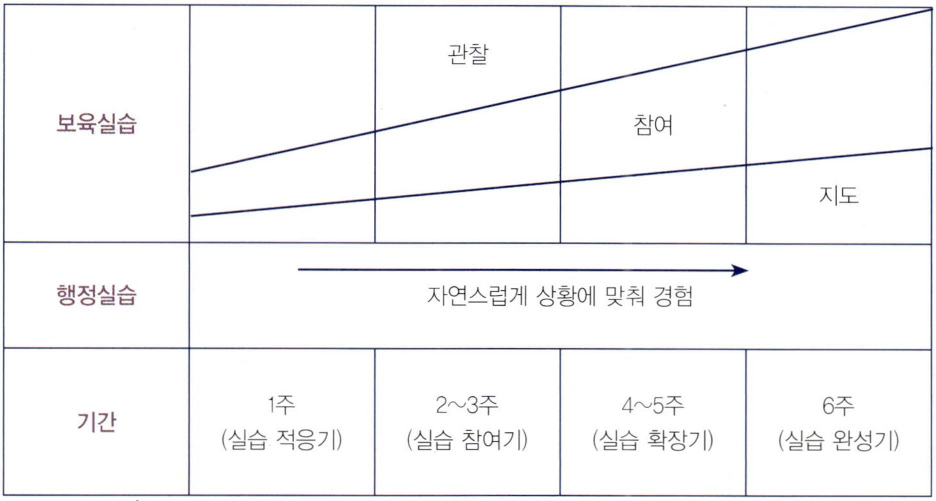

[그림 1-1] 보육실습의 단계

그림에서 보는 것처럼 실습의 초기에는 인적, 물리적 환경에 대한 관찰이 시간의 대부분을 차지하고, 중기에는 지도교사가 계획하고 주도하는 보육활동에 보조자로서 부분적으로 참여하게 되며, 실습의 후반기로 접어들면 실습생이 보육활동을 주체적으로 계획하여 실행하는 시간이 점차 늘어나는 것을 볼 수 있다.

1) 관찰

위 [그림 1-1]에서 제시한 바와 같이 관찰은 실습 초반부에 비중이 크며, 실습이 끝날 때까지 전반부에 거쳐 지속적으로 이루어진다. 그러다 보니, 실습 초기에 실습생을 무엇을 해야 할지 막막할 때, 이를 잘 고려한다면 현장실습에 훨씬 빨리 적응하게 된다.

(1) 관찰 주제 정하기

실습생 자신이 평소 보육과 관련하여 의문이 생긴 것을 중심으로 관찰의 주제를 정하기도 하지만, 당장 일지 작성을 생각한다면, 어린이집 시설 환경이나 배정받은 반의 환경, 지도교사의 보육활동과 지도 방법, 학급관리 등 외형적인 부분이 주를 이룬다. 하지만 결국 관찰은 '아동관찰 및 행동연구' 교과목에서 강조한 아동의 관찰이 가장 중요하다. 이처럼 실습생이 관찰해야 할 여러 분야들이 있는데 이를 정리해 보면 다음과 같다.

① 시설의 환경: 위치면, 건물면, 설비, 보육실, 직원 조직
② 아동: 첫인상, 실내활동, 활동성, 학습 상황, 자세, 실외활동, 신체 및 건강, 정서 발달 상태, 사회적 활동, 성별에 의한 차이
③ 보육과정 혹은 보육 프로그램: 계획과 구성, 내용, 평가와 개선
④ 보육활동과 지도 방법: 활동의 난이도와 내용의 적절성, 교재·교구 등 활동의 준비, 보육 및 지도의 실제, 교사의 태도, 아동의 활동과 참여도, 활동 효과의 평가
⑤ 생활 지도: 인식과 태도, 자료, 지도 계획과 실시
⑥ 학급 관리: 학급의 분위기, 학급의 비품 관리, 보건위생 관리, 장부 및 문서 관리
⑦ 부모교육 및 지역사회 교류활동: 가정통신문, 소식지, 부모회, 강연회, 지역의 시설 및 자연 자원 활용, 지역 인사들과의 교류

(2) 관찰 방법

아동의 행동을 관찰하기 위해서는 다음 절차를 따르는 것이 좋다. 주로 아동의 행동을 중심으로 구체적인 관찰 방법을 설명하면 다음과 같다.

① 관찰 대상 아동을 선별한다.
② 관찰 행동을 구체적으로 정의한다. 여기서 행동이란 관찰 가능한 것, 측정 가능한 것, 반복될 수 있는 것이어야 한다.
③ 관찰 방법 및 도구를 정하고 관찰한다.

2) 기간에 따른 실습의 단계

6주간의 보육실습은 기간에 따라 실습 적응기 → 실습 참여기 → 실습 확장기 → 실습 완성기로 나누어지며 그 내용은 다음과 같다.

〈표 1-1〉 6주 보육실습의 내용 예시

기간	내용
2~3일 전	• 보육실습생의 어린이집 방문 및 사전교육 • 원장 및 교사와 실습생의 인사
1주 (실습 적응기)	• 실습생 오리엔테이션 • 실습생과 아동 간의 인사 • 보육활동 참관 및 교사 보조 • 환경 정리 및 협의회
2~3주 (실습 참여기)	• 보육활동 참관 및 교사 보조 • 교재 연구, 교구 및 자료 제작 • 보육계획안 작성 및 지도교사의 지도 • 환경 정리 및 협의회
4~5주 (실습 확장기)	• 보육활동 참관 및 교사 보조 • 부분 보육활동 지도 및 평가회 • 보육계획안 작성 및 지도교사의 지도
6주 (실습 완성기)	• 실습 기간 전체의 보육활동 지도 및 평가회 • 환경 정리 및 자료 제작 • 보육계획안 작성 및 지도교사의 지도 • 하루 전체 보육활동 지도 및 평가회 • 종합 평가회

(1) 1주: 실습 적응기

실습이 처음 시작되는 시기로 활동에 직접 참여하기보다는 관찰자 혹은 보조자로서의 역할을 담당하는 것이 일반적이다. 되도록 빨리 영유아의 이름과 특성을 기억하여야 한다.

① 실습생과 영유아 간의 인사
② 보육활동 참관
③ 지도교사 보조
④ 정리정돈 및 뒷정리
⑤ 부분 수업 및 준비, 지도교사 지도받기
⑥ 교사협의회 참석
⑦ 실습 과제 수행(교재·교구 제작 등)

(2) 2~3주: 실습 참여기

지도교사의 주도 아래 부분적으로 수업활동에 참여하며 부분 수업활동에 대한 지도교사의 지도 및 평가가 따른다.

① 보육활동 참관
② 지도교사 보조
③ 부분 수업의 참여 및 평가
④ 정리정돈 및 뒷정리
⑤ 부분 수업 준비
⑥ 교사협의회 참석
⑦ 중간 총평
⑧ 실습 과제 수행(교재·교구 제작 등)

(3) 4~5주: 실습 확장기

두 번째 주보다는 수업활동에 보다 적극적으로 참여하게 되며 주제에 따른 환경 구성이나 연결 수업 등을 실시하기도 한다.

① 보육활동 참관
② 지도교사 보조
③ 반일 수업을 통한 참여 및 평가회
④ 정리정돈 및 뒷정리
⑤ 교실 환경 구성
⑥ 교사협의회 참석
⑦ 실습 과제 수행(교재·교구 제작 등)

(4) 6주: 실습 완성기

실습의 마지막 단계로 이 주의 하루 정도는 보육활동의 주도자로서 계획하고 실행하게 되며 실습생으로서의 종합 평가가 포함되어 있다.

① 보육활동 참관
② 지도교사 보조
③ 담임 역할 수행
④ 일일 보육계획안 작성 및 지도교사의 지도
⑤ 정리정돈 및 뒷정리
⑥ 종합평가회
⑦ 실습 과제 마무리 및 제출

5. 보육실습의 법적 기준

1) 보육실습에 관한 법적 기준

근거 법령: 「영유아보육법 시행규칙」 제12조 제1항 별표 4

가. 실습 기관: 법적으로 인가받은 정원 15명 이상으로 평가인증을 유지하는 어린이집 또는 교육과정과 방과 후 과정을 운영하는 유치원에서 보육교사 1급 또는 유치원 정교사 1급 자격을 가진 사람이 보육실습을 지도하여야 한다.

나. 실습 기간: 6주 이상 240시간 이상을 원칙으로 한다.

다. 실습의 평가: 보육실습일지와 보육실습 평가서에 근거하여 하되, 평가 점수가 80점 이상인 경우에만 보육실습을 이수한 것으로 인정한다.

※ 실습에 관한 지침은 한국보육진흥원 보육인력개발국(http://chrd.childcare.go.kr) 홈페이지에서 확인할 수 있으며, 학교의 실습 진행도 그 지침에 기본을 두고 있다.

2) 실습 기관 기준

법적으로 인가받은 정원 15인 이상으로 평가인증을 유지하는 어린이집 또는 교육과정과 방과 후 과정을 운영하는 유치원(교육청에 방과 후 과정 운영 유치원으로 등록되어야 함)이어야 한다.

유의 사항

- 보육정원 15인 미만인 어린이집에서의 실습은 인정 불가
- 평가인증을 유지 중인 어린이집에서 실습을 하여야 함
- 사회복지시설에서의 실습은 인정 불가
- 국 · 공립 외의 어린이집은 인가증에 보육정원이 기재되어야 함

3) 실습 시간 기준

(1) 1일 8시간(8시간 초과 불가), 주 5일(월~금) 연속 6주간 30일, 총 240시간 이상(하루 실습 시간 9~6시 혹은 9~5시, 평일 오전 9시~ 오후 7시 사이에 한 실습만 인정)이다.

※ 점심시간의 실습 시간 포함 여부는 실습 기관과 협의한다.

(2) 토요일 실습과 1일 8시간을 초과하는 야간실습은 인정되지 않는다(실습 기관에서 실습 시간을 인정해 주어도 추후 자격 발급 시 불인정).

(3) 실습 기간 중 공휴일이 포함되어 있는 경우, 휴일 일수만큼 실습 기간을 연장하여 실습 일수를 맞추도록 한다.

(예: 5/5 어린이날, 10/3 개천절, 10/4~6 추석 연휴, 10/9 한글날 등)

(4) 학교와 실습 기관의 사전 허락 없이 무단결근, 지각, 조퇴, 개인 외출 등으로 실습 날짜가 빠진 경우에 실습 기간을 연장할 수 없다(실습 인정 불가).

(5) 보육실습 교과목이 개설된 학기에 보육실습을 실시하여야 한다.

4) 실습 지도교사 자격 기준

실습 지도교사 자격 기준은 보육교사 1급 또는 유치원 정교사 1급 자격 소지자에 한한다.

(1) 보육교사 1급 승급교육을 이수했다 하더라도 발급 심사 중이거나 발급 예정자로 자격증이 미발급된 교사는 실습 지도교사로 부적격하므로 반드시 보육교사 1급 자격증을 발급받아 소지하고 있는 교사에게 지도를 받아야 한다.

(2) 유치원 정교사 2급 소지자로부터의 실습 지도 인정되지 않는다.

(3) 어린이집 원장은 실습 지도교사가 될 수 없다. 단, 소규모 가정어린이집의 경우 원장이 보육교사 1급 자격증을 소지하고 실제 학급을 담당하면서 담임교사

와 원장을 겸직으로 역할을 수행하는 경우에 한해서만 지도교사로 인정한다.

(4) 실습 지도교사 1명당 보육실습생을 3명 이내로 지도해야 한다.

(5) 실습 지도교사가 2인 이상인 경우, 대표교사(실습 중점교사) 한 명을 지정한다.

5) 실습생 자격 기준

실습생의 자격 기준은 실습 신청 시점에 선 이수 교과목 요건을 충족하는 학생이어야 한다.

6) 실습비

보육실습비에는 보육실습생 중식비, 보육활동 재료비 등이 포함된다. 실습비는 기관의 상황에 준하여 정해지며, 개별적으로 실습 시작일에 실습 기관에 납부해야 한다. 실습비 금액은 실습 기관과 협의하고 실습비 지급 후에 영수증은 보관한다.

7) 보육 관련 교과목 및 학점 기준

아동학대 사건 이후 제기된 '온라인 강좌를 통한 보육교사 자격 취득' 문제를 해소하고 보육교사의 인성과 자질을 향상시킴으로써 어린이집 내 보육의 질 개선에 기여하기 위해 보육 관련 교과목들이 강화되었다. 이러한 보육교사 자격 기준 강화에 따라 보육교사 2급 중 대학의 경우 2017년 1월 1일 이후 입학자부터, 학점 인정 기관의 경우 2018년 1월 1일 이후 학위 취득자부터 보다 강화된 다음의 보육 관련 교과목 및 학점 기준이 적용되니 다시 한번 기존에 수강했던 과목들을 꼭 체크해 봐야 한다. 보육교사 자격증 취득을 위해 제출해야 하는 증빙 서류 중 하나가 성적 증명서임을 생각해 볼 때 반드시 과목 수강의 혼돈이 없어야 하며,

특히 보육실습은 유일하게 B학점 이상을 취득해야만 한다.

보육 관련 교과목 및 학점 기준(「영유아보육법 시행규칙」 제12조 제1항)을 정리해 살펴보면 다음과 같다.

(1) 대학 등에서 이수해야 할 교과목 및 학점 일반

<table>
<tr><th>영역</th><th colspan="2">교과목</th><th>이수과목(학점)</th></tr>
<tr><td>가. 교사 인성</td><td colspan="2">보육교사(인성)론, 아동권리와 복지</td><td>2과목(6학점)</td></tr>
<tr><td rowspan="2">나. 보육 지식과 기술</td><td>필수</td><td>보육학개론, 보육 과정, 영유아 발달, 영유아 교수방법론, 놀이지도, 언어지도, 아동음악(또는 아동동작, 아동미술), 아동수학지도(또는 아동과학지도), 아동안전관리(또는 아동생활지도)</td><td>9과목(27학점)</td></tr>
<tr><td>선택</td><td>아동건강교육, 영유아 사회정서지도, 아동문학교육, 아동상담론, 장애아 지도, 특수아동 이해, 어린이집 운영 관리, 영유아 보육프로그램 개발과 평가, 보육정책론, 정신건강론, 인간행동과 사회환경, 아동간호학, 아동영양학, 부모교육론, 가족복지론, 가족관계론, 지역사회복지론</td><td>4과목(12학점) 이상</td></tr>
<tr><td>다. 보육 실무</td><td colspan="2">아동관찰 및 행동연구, 보육실습</td><td>2과목(6학점)</td></tr>
</table>

※ 비고

1. 교과목의 명칭이 서로 다르더라도 교과목의 내용이 비슷하면 같은 교과목으로 인정하고, 다목의 교과목 중 보육실습은 교과목 명칭과 관계없이 보육실습 기관과 보육실습 기간의 조건을 충족하면 보육실습으로 인정한다.
2. 각 교과목은 3학점을 기준으로 하되, 최소 2학점이여야 한다.
3. 17과목 이상, 51학점 이상 이수하여야 한다.

(2) 대면 교과목

영역	교과목
가. 교사 인성	보육교사(인성)론, 아동권리와 복지
나. 보육 지식과 기술	놀이지도, 언어지도, 아동음악(또는 아동동작, 아동미술), 아동수학지도(또는 아동과학지도), 아동안전관리(또는 아동생활지도)
다. 보육 실무	아동관찰 및 행동연구, 보육실습

※ 비고

1. 대면 교과목은 8시간 이상 출석 수업과 1회 이상 출석 시험을 실시한다.
2. 다목의 교과목 중 보육실습에 관한 기준은 다음 각 목에 따른다.
   가. 보육실습은 이론 수업과 보육현장 실습으로 운영한다.
   나. 보육현장 실습은 6주 이상 240시간 이상을 원칙으로 하되, 2회에 나누어 실시할 수 있다.
   다. 보육교사의 자격을 취득하려는 사람이 보육실습을 신청하는 때에 법적으로 인가받은 정원 15명 이상으로 평가인증을 유지하는 어린이집 또는 교육과정과 방과 후 과정을 운영하는 유치원에서 보육교사 1급 또는 유치원 정교사 1급 자격을 가진 사람이 보육실습을 지도하여야 한다. 이 경우 실습 지도교사 1명당 보육실습생은 3명 이하로 한다.
   라. 보육실습은 평일 오전 9시부터 오후 7시 사이에 한 경우에만 인정하며, 보육실습 시간은 하루 8시간을 초과할 수 없다.
   마. 보육실습의 평가는 보건복지부 장관이 정하는 보육실습일지와 보육실습 평가서에 근거하여 하되, 평가 점수가 80점 이상인 경우에만 보육실습을 이수한 것으로 인정한다.

6. 보육실습의 의의

보육실습은 우수한 보육교사 양성을 위한 매우 특별한 과제이다. 그러므로 보육실습의 중요성을 인식하고, 예비보육교사인 보육실습생이 이후 영유아 보육현장에서 훌륭한 보육교사로 성장할 수 있도록 체계적이며 실제적인 이론 수업과 보육현장에서의 실습 과정을 위한 계속적인 노력이 필요하다. 아무리 뛰어난 보육정책과 물리적 환경이 있으며 다양한 보육 프로그램들이 제공된다 하더라도 보육교사의 능력에 따라 그 활용도는 달라질 수 있다. 따라서 보육의 중요성을 강조할수록 보육활동의 주체인 교사의 역할은 더욱 중요하다고 할 수 있다. 그러므로 보육실습은 실습 지도교사를 통해 예비보육교사들이 교사로서 갖추어야 할 지식, 기술, 태도 등을 실제 현장에서의 모든 경험을 통하여 배우는 과정으로서, 전문적이고 실천적 능력을 갖춘 교사가 되기 위해서는 지금까지 배운 보육이론의 바탕에 현장에서의 실제를 통합시키고, 예비보육교사로서 다양한 역할을 체험해 보는 보육실습 과정이 정말 중요하다고 볼 수 있다(허정경, 2019).

최근 양질의 보육서비스를 제공함에 있어서 보육교사의 질적 수준을 향상시키는 것이 가장 중요하게 대두되고 있으며, 질적 향상의 구체적이고 실천적인 방안으로 보육교사의 전문성 인식 강화를 강조하고 있는 상황에서 예비보육교사인 보육실습생도 보육의 질적 향상을 위해 영유아에게 적절한 환경을 조성해 줄 수 있어야 하고, 우수한 프로그램을 제공할 수 있는 전문성을 갖출 기회를 갖게 되는 것이 어린이집이나 유치원에서 행해지는 현장 보육실습인 것이다. 따라서 보육실습에 대한 의의는 다음과 같다.

- 보육현장에 참여하여 직접 보육과정을 경험함으로써 보육교사직에 대한 인식을 새롭게 할 수 있다.
- 보육교사로서의 필요한 지식과 기술을 획득하는 과정을 알게 된다.
- 현직교사의 교수법을 관찰하고 배우는 기회를 갖게 된다.
- 영유아들과 직접 접촉하는 경험을 통해서 영유아에 대한 이해를 높이는 기회를 갖게 된다.
- 기관에서 정한 일정 기간의 직접적인 교수 경험을 통하여 교직의 단면을 체험하는 기회를 갖게 된다.
- 어린이집 내의 보육교직원들과 역동적인 인간관계를 체험함으로써 인간관계의 중요성을 인식하게 된다.
- 어린이집의 운영에 필요한 관리 기술을 관찰하고 배우는 기회를 갖게 된다.
- 어린이집의 전반적인 운영과정을 파악할 수 있다.
- 어린이집과 지역사회와의 연계에 대해 이해를 높이는 기회를 갖게 된다.
- 예비교사로서의 자신을 평가해 보는 기회를 갖게 된다.

■ ■ 2장 들어가며…

본 장은 보육실습을 위한 준비와 실습에 임하는 기본적인 자세에 대한 내용이다. 보육실습은 현장을 이해하는 중요한 단계이자 교사가 되기 위한 필수적인 과정이다. 본 장을 통해 실습을 하기 전에 이루어지는 사전 준비 내용을 이해하고 실습생의 기본적인 자세에 대해 이해함으로써 성공적인 보육실습이 이루어질 수 있도록 돕고자 한다.

2장

보육실습의 준비와 자세

1. 보육실습의 준비

1) 실습 기관 사전 방문

실습 기관의 방문은 실습을 시작하기 위한 첫 단계이자 실습이 잘 이루어질 수 있도록 하는 관계 형성의 시작이다. 서로에 대한 첫인상이 관계 형성에서 매우 중요하듯이 보육실습을 위한 사전 방문은 실습이 원활하게 이루어질 수 있도록 하는 출발점이 될 수 있다. 사전 방문은 실습생으로서 실습 기관에 인사를 드리는 시간이며 관계 형성의 시작이 되므로 좋은 인상을 줄 수 있도록 단정한 복장과 예의 있는 태도로 방문에 임하는 것이 필요하다. 이러한 실습 사전 방문은 실습 기관과 실습생 상호 간 실습에 대한 전반적인 이해를 돕고 체계적인 실습 절차가 이루어질 수 있도록 한다. 또한 실습생도 사전 방문을 통해 실습 기관의 교육철학이나 프로그램, 실습 기간 동안의 주제, 실습하게 될 반의 연령 등을 파악한다면 실습을 준비하는 데 도움이 된다.

(1) 실습 기관 사전 방문 준비

실습 기관이 선정되면 실습을 하는 학생은 보육실습을 하기 최소 일주일 전에 실습할 기관을 방문하는 것이 좋다. 이를 위해 실습생은 실습 기관에 전화하여 사전 방문 일정을 문의하고 실습 기관 방문을 위해 교통편, 소요 시간 등을 사전에 미리 알아 둔다. 실습 기관에 따라 사전 방문 시 실습과 관련해 사전교육을 실시하는 기관이 많으므로 시간을 여유 있게 하여 방문하도록 한다. 전염병 등 불가피한 상황으로 기관에서 사전 방문을 전화로 대신하는 경우가 간혹 있으므로 실습 기관 방문에 대해 사전에 문의하도록 한다. 다음은 사전 방문을 위하여 실습 기관에 전화할 때에 고려해야 할 사항이다.

〈표 2-1〉 실습 기관에 전화하기

전화 시 고려 사항	• 등 · 하원 시간은 되도록 피해 전화한다. • 사전에 통화할 내용을 간단히 기록해 두고 보면서 통화하면 좋다. • 위치를 확인하고 방문 날짜를 정한다. • 통화 시 통화 내용을 기록해 둔다. • 예의 있고 밝은 목소리고 공손하게 통화한다. • 시끄러운 장소에서 전화하지 않고 조용한 공간에서 차분히 전화하도록 한다. • 약속한 날 오전 중에 다시 한 번 확인 전화를 한다.
전화 통화 예시	안녕하세요? 저는 ㅇ월 ㅇ일부터 보육실습을 가게 된 ㅇㅇ대학교 ㅇㅇ과 ㅇㅇㅇ이라고 합니다. 통화 가능하신지요? 실습을 허락해 주셔서 감사드립니다. 다름이 아니오라, 실습 전에 미리 찾아뵙고 인사를 여쭈고자 합니다. 언제쯤 찾아뵈면 좋으실지 하여 전화를 드렸습니다. 네 알겠습니다. 말씀해 주신 ㅇ월 ㅇ일 ㅇ시에 찾아뵙겠습니다. (마무리 인사를 하고 받으신 분이 먼저 전화를 끊으면 전화를 끊는다.)

(2) 실습 기관 사전 방문

실습 기관에 사전 방문을 할 때에는 처음 방문하여 관계를 형성하는 중요한 시간이 되므로 복장을 단정히 하고 머리, 화장 등을 깔끔하게 한다. 실습 기관에 가지고 가야 하는 서류 등이 누락된 것은 없는지 확인하고 방문 약속 시간 5~10분

전에는 도착하도록 한다. 방문 시 웃는 얼굴로 공손하게 인사하고 전달해야 하는 관련 서류를 전한다. 원장이나 교사의 안내를 받아 출근 시간, 실습하게 되는 반, 점심 여부, 준비물 등의 전달 내용을 경청한다.

사전 방문 시 기관에서 실습 사전교육을 실시하는 기관도 많이 있으므로 필기구, 기록할 수 있는 수첩 등을 지참하여 방문한다. 사전 방문 시 실습 기간의 주제, 행사 등을 안내받아 알 수 있다면 실습을 준비하는 데 용이하다. 사전 방문 시 만나는 모든 분들에게 밝은 표정으로 예의 있게 인사를 한다.

실습생이 실습 기관에 제출해야 하는 서류는 사전에 가져가기도 하고 실습 당일 제출하기도 한다. 미리 작성해야 하는 서류는 사전에 확인하여 제출이 누락되는 서류가 없는지 점검한다. 최근 기관 내 건강과 위생에 대한 중요성이 더욱 강화되면서 실습생의 건강진단에 대한 점검을 강화하고 있다. 실습을 나가게 될 학생은 건강진단을 받아 건강진단 결과서(보건증)를 실습 기관에 제출한다. 건강진단 결과서 발급 절차 및 방법은 다음과 같다.

건강진단 결과서(보건증) 발급 절차 및 방법

실습을 나가기 전 보건소의 전염성 질환(예: 간염, 결핵, 장티푸스 등)에 대한 건강진단 결과서를 발급받아 제출하고 실습을 진행한다.

- 신청 및 검사
  - 보건소 방문, 신청서 작성 및 신분증 제시 후 검사 실시(결과 판정까지 약 5일 내외 소요)
- 발급
  - 오프라인: 신청 후 검사한 보건소 방문, 신분증 제시 후 수령
  - 온라인: 공공보건 사이트(www.g-health.kr) 접속 〉 온라인 민원서비스 〉 제증명 발급 〉 건강진단 결과서(보건증) 클릭
- 행안부 '정부24' 사이트(www.gov.kr)에서도 발급 가능

성범죄 경력 조회 및 아동학대 관련 범죄 전력 조회 동의 안내

성범죄 경력 조회 및 아동학대 관련 범죄 전력 조회는 어린이집 원장이 보육실습생의 동의를 얻어 경찰청 온라인시스템(범죄경력회보서 발급 시스템, http://crims.police.go.kr)을 통하여 신청하고 확인한다.

출처: 정부24 사이트(www.gov.kr).

2) 보육실습 사전 준비

보육실습을 가기 전에 필요한 내용을 사전에 찾아보고 정리해 두면 바쁜 실습 기간에 도움이 될 수 있다. 사전 방문을 통해 실습 대상 연령이나 주제 등에 대해 알 수 있었다면 방문 후 관련 주제, 연령 등과 관련된 활동 등을 찾아본다. 실습을 나가는 시기 등을 고려하여 예상 주제 등을 파악하여 동화, 동시, 새 노래, 미술 등의 다양한 활동을 찾아보고 정리해 둔다. 특히 개정된 표준보육과정과 누리과정에 대한 이해를 높이기 위하여 관련 내용을 살펴보고 개정된 보육과정에 따른 활동 사례들을 찾아본다. i-누리 사이트(www.i-nuri.go.kr) 등을 활용하면 관련 다양한 정보를 찾아볼 수 있다. 또한 실습 전 사전에 제작해 두면 도움이 될 만한 자료들을 미리 제작해 두거나 기존의 자료 중 활용할 만한 자료가 있는지 찾아본다.

보육실습을 위해 학생이 준비해야 하는 일반적인 준비물은 이름표, 실내화나 덧신, 필기도구나 수첩, 여분의 옷, 신분증 등이다. 준비해야 하는 물품은 실습 기관에 따라 약간씩 다를 수 있으며 사전에 실습에 필요한 준비물을 확인하고 미리 준비하도록 한다. 하루 일과를 기록하는 실습일지, 일지 파일 등도 사전에 준비해 둔다.

〈표 2-2〉 보육실습 준비물

이름표	• 실습생임을 나타내는 표시이므로 실습 기간 중 왼쪽 가슴에 이름표를 부착한다. • 코팅이나 아크릴 형태의 이름표보다는 헝겊 형태의 이름표가 안전하다.
앞치마	• 실습생의 앞치마는 활동이 편하고 깔끔한 형태의 것이 좋다. • 매일 앞치마를 입게 되는 경우 세탁 등을 자주 할 수 있도록 한다.
신발	• 실내화를 신거나 덧신을 신는 경우가 있으므로 필요시 기관에 맞게 준비한다. • 실외에서는 운동화나 편한 신발을 신을 수 있도록 한다.
필기도구	• 실습 기간 중 관찰하는 사항이나 수업 내용 등을 기록할 수 있도록 작은 수첩이나 필기도구 등을 소지하는 것이 좋다. • 실습 기간에 사용할 수첩이나 필기도구는 휴대가 간편한 것으로 준비한다.
여벌 옷	• 실습 시 옷이나 양말을 갈아 입을 상황이 생길 수 있으므로 여분의 양말이나 여벌 옷을 준비하는 것도 좋다.

준비물 예시

			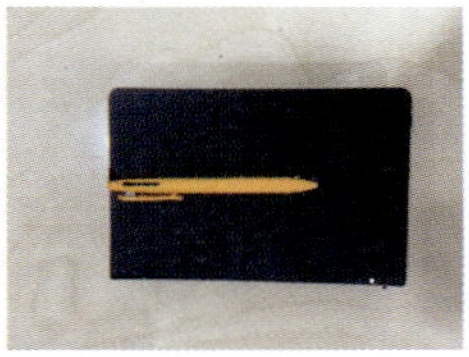
이름표	실내화(덧신)	앞치마	수첩과 필기도구

2. 보육실습생의 자세

1) 기본 자세

(1) 배움의 자세

실습은 현장을 이해하고 교사로서 자질을 함양할 수 있는 배움의 현장이다. 보육실습을 할 때는 학생으로서 성실하고 배우고자 하는 자세를 가지고 실습에 임해야 한다. 실습 시 배움의 자세로 수용적이며 적극적으로 현장을 이해하고자 노력하는 자세가 필요하다. 간혹 실습 기관에서 지도교사에 대한 불만을 나타내거나 많이 배우지 못한다는 생각을 하는 경우가 있다. 그러나 실습은 실제 현장을 이해하는 중요한 시간이며, 그 기회를 통해 현장을 배워 나가는 과정이다. 무조건적으로 모방만을 통한 현장 이해가 아니라 관찰과 성찰을 통한 배움의 장임을 인식하도록 한다.

(2) 긍정적인 자세

보육실습생은 실습에 대한 중요성과 필요성을 잘 이해하고 실습에 대해 긍정적인 자세로 임하도록 한다. 실습에 대한 긍정적인 자세는 실습생의 성공적인 실습을 위한 중요한 요소가 될 수 있다. 긍정적인 생각과 표정을 통해 상대방에게 호감을 주고 자기 자신의 실습 기간을 보다 적극적이고 능동적으로 보낼 수 있다. 실습 기간 중 다른 기관에 실습을 간 친구들과 비교하며 불만 사항만을 생각하다 보면 실습 기간이 더욱 힘든 시간이 될 수밖에 없다. 다른 사람과 비교하고 불평하는 것보다는 '나의 실습지는 이곳이며, 실습을 통해 나는 더 성장할거야.'라는 긍정적인 마음가짐과 웃는 얼굴로 실습에 임한다면 의미 있는 실습 기간을 보낼 수 있을 것이다.

(3) 예의 있고 성실한 자세

실습 기간 동안 학생은 성실하고 예의 있는 태도로 임할 수 있도록 한다. 지도교사에게 예의를 갖추며 겸손한 마음으로 조언을 진지하게 받아들인다. 지도교사가 실습생과 나이가 같거나 적은 경우라도 마찬가지이다. 실습 기관 내 원장, 교사뿐 아니라 모든 분들에게 예의를 갖추고 영유아는 물론 어린이집의 방문객에게도 항상 밝고 친절한 모습을 보인다. 실수를 두려워하지 말고 교육실습 활동에서 실수를 범했을 경우에는 이를 인정하며 원인을 분석하고 고쳐 나가는 자세가 바람직하다.

보육실습생은 보육실습을 통하여 예비교사로서의 자질을 향상하고 현장에 대한 이해를 높일 수 있으므로, 성실하고 책임감 있는 자세로 보육실습에 임해야 한다. 보육실습생이 지켜야 할 윤리 규정은 다음과 같다(한국보육진흥원, 2017).

보육실습생이 지켜야 할 윤리 규정

- 실습생은 신체적, 정신적, 사회적으로 건강해야 한다.
- 영유아를 존중하고 편견이나 차별 없이 그대로 수용해야 한다.
- 영유아를 돌보고 지도하는 것을 즐거워하며 인내심이 있어야 한다.
- 보육실습 지도교사 및 보육교직원에게 예의를 지키고 존중한다.
- 보육실습생 상호 간에 존중하고 예의를 지킨다.
- 특정 영유아를 편애하거나 언어적, 신체적 처벌 및 상벌을 하지 않는다.
- 실습 지도교사가 지시하기 전에 보육실습생으로서 자신이 해야 할 일들을 미리 솔선수범하여야 한다.
- 보육실습 기간 중에 부여된 일에 대하여 책임 있게 수행한다.
- 항상 긍정적이고 밝은 모습을 갖도록 노력한다.
- 학부모를 존중하고 예의를 지키되, 학부모와 개인적인 관계를 갖지 않는다.
- 영유아의 신상에 관련된 사항(주민등록번호, 가정사, 질병 등)을 외부로 유출하지 않는다.
- 실습 기관의 내부 정보를 외부로 유출하지 않는다.
- 실습 기관의 물품을 함부로 다루지 않으며, 개인적 용도로 사용하지 않는다.
- 실습 기관의 영유아 사진이나 이름, 보육실습 기관명 등을 실습생의 개인 홈페이지, SNS 등에 올리지 않는다.

출처: 한국보육진흥원(2017).

2) 근무 시간

근무 시간은 실습 기관의 근무 시간 규정에 따르도록 하며 성실하게 근무 시간을 잘 지킬 수 있도록 한다. 근무 시간을 잘 지키는 것은 성실한 실습 이행을 위한 기본 자세가 될 수 있으며 보육실습의 필수 자세이다. 정해진 시간에 출근하여 출근부에 기재하고 확인하며 퇴근을 할 때에는 지도교사와 원장에게 허락을 받고 퇴근하도록 한다.

실습 기간 동안 무단결근, 지각, 외출 및 조퇴를 해서는 안 되며 불가피할 경우 사전에 실습 기관의 허락을 받아야 한다. 부득이한 사유로 결석이나 지각을 하게 되는 경우에는 반드시 출근 시간 전에 전화를 직접 드리도록 한다. 간혹, 부모님이나 다른 사람을 통해 전화 등의 연락을 하는 경우가 있는데 건강상 이야기를 할 수 없는 특수한 상황이 아니고는 직접 연락을 한다. 실습 시간은 1일 8시간에 한해서 실습으로 인정되므로 부득이한 사유로 실습 기관을 결석하게 되는 경우에는 결석한 일수만큼 다른 날짜에 실습 시간을 보충해야 한다.

한국보육진흥원(2017)에서 제시하고 있는 보육실습생의 근무 시간은 다음과 같다.

보육실습생의 근무 시간

- 실습 기관의 출근 · 퇴근 시간 규정을 따른다.
- 실습 시간은 평일(월~금요일) 오전 9시부터 오후 7시 사이, 1일 8시간에 대해서만 실습으로 인정된다.
- 출근 시간을 엄수하고 무단결근, 지각, 외출 및 조퇴를 금한다. 부득이한 경우에는 사전에 실습 기관에 사유서를 제출하여 허락을 받는다.
- 부득이한 사유로 실습 기관에서 결근 허락을 받은 경우, 결근 일수만큼 다른 날짜에 보육실습을 하여 보육실습 총 시간 및 일수를 맞추도록 한다.
- 매일 정해진 시간에 출근하여 출근부에 날인하며, 퇴근 시 보육실습 지도교사와 원장에게 허락을 받고 퇴근한다.

출처: 한국보육진흥원(2017).

3) 근무 태도

보육실습생은 실습 기간 동안 성실하고 책임감 있게 실습에 임하도록 한다. 이러한 근무 태도는 실습을 잘 마치기 위해서 필요할 뿐 아니라 향후 교사가 되었을 때의 근무 태도에도 영향을 미칠 수 있다. 근무 시간의 준수, 실습 기관의 규칙 이행, 성실하고 적극적인 실습 참여 등이 이루어질 수 있도록 노력해야 한다. 한국보육진흥원(2017)에서 제시하고 있는 보육실습생의 근무 태도는 다음과 같다.

보육실습생의 근무 태도

- 보육실습 기간 동안 예비교사로서의 품위를 지키고, 매사에 영유아에게 본보기가 되도록 언행에 주의한다.
- 보육실습일지를 작성하며, 보육실습 지도교사의 조언을 받는다.
- 보육활동 전에 보육실습 지도교사에게 보육계획안(영역별 보육활동, 반일 보육활동 또는 일일 보육활동)을 제출하여 지도를 받은 후 보육활동에 임한다.
- 영유아의 일상생활 지도에 대한 지침은 해당 보육실습 기관의 내용에 따른다.
- 해당 보육실습 기관으로부터 영유아의 안전사고 예방에 대한 사전교육의 내용을 숙지하도록 한다.
- 실습 기관의 비품 및 기자재를 사용하고자 할 때는 보육실습 지도교사와 담당자의 허락을 받고 사용 방법에 유의하여 조심스럽게 사용한 후 반납한다.
- 보육활동에 필요한 교재·교구를 제작할 때에는 반드시 보육실습 지도교사와 사전에 협의한 후 제작한다.
- 보육실습 중 응급 상황이 발생했을 때는 즉시 보육실습 지도교사에게 알리고 지도를 받는다.
- 매일 작성하는 보육일지를 비롯하여 각종 제출물은 기일을 엄수하여 제출한다.
- 학부모 질문 시 친절한 태도로 보육실습생임을 밝히고 보육실습 지도교사에게 안내해야 하며, 실습생은 학부모 상담을 하지 않도록 한다.
- 보육교직원, 영유아, 부모는 물론이고 어린이집을 방문하는 방문객에게 공손하게 인사하며 항상 밝고 친절한 모습으로 대한다.
- 실습 기관에서의 흡연은 절대 금한다.
- 보육실습 중 휴대폰 사용을 금하고 보육실에 휴대폰을 가지고 들어가지 않는다.
- 커피 및 음료는 보육실 이외의 정해진 장소에서 음용한다.
- 동료 보육실습생들 간의 호칭은 'ㅇㅇㅇ선생님'으로 하고 실습생들 간에도 존대어를 사용하며 불필요한 이야기를 하지 않는다.
- 보육실습 기간 중 불만이나 갈등 상황이 발생했을 경우 실습 기관의 규정과 절차에 따라 해결한다.

출처: 한국보육진흥원(2017).

(1) 출근

정해진 출근 시간보다 되도록 일찍 출근하여 교실 환경을 정비하고 창을 열어 환기한다. 미리 실습을 준비하는 마음으로 출근을 여유 있게 한다. 늘 주변 환경을 돌아보고 해야 할 일이 있는지 점검하며, 실습생으로서 열의와 성실한 자세를 가지고 실습에 임한다.

(2) 약속 이행

실습 기관에서 실제 수업을 준비할 때 성실하게 수업을 준비하고 수업이 잘 이루어질 수 있도록 최선의 노력을 기울인다. 사전에 교사와 일정을 조율하고 수업하기로 한 날짜를 반드시 지키도록 한다. 부탁받은 일을 수행할 때에는 정확하게 일 처리가 될 수 있도록 한다. 어떤 일을 부탁받았는지 잘 이해가 되지 않을 때는 다시 질문하여 정확한 일의 내용을 확인한다.

(3) 용품 사용

실습 기관의 시설이나 물품을 사용할 때는 사전에 미리 허락을 받아야 한다. 실습 기관의 물품을 아껴서 사용하며 함부로 다루지 않는다. 여분의 종이나 이면지 등을 함부로 버리지 않고 재활용이 가능한 물품들이 있으면 사용이 용이하도록 정리해 둔다.

(4) 규칙 준수

실습 기관의 약속을 잘 지키며 규칙에 따른다. 실습 기관의 교육 방침을 이해하고 기관의 규칙이나 방침에 적극 협조한다. 실습 기관 유아의 개인 정보, 초상권 등의 문제가 발생하지 않도록 각별히 주의하며 실습생의 핸드폰 번호 등은 유아에게 되도록 공개하지 않는 것이 좋다. 핸드폰의 경우 실습 시간 동안 꺼두는 것이 좋다. 이를 위해 실습 기간 중 핸드폰 연락이 어려울 수 있음을 사전에 주변 지인에게 말해 두는 것도 좋다. 현금을 너무 많이 가지고 다니지 않고 기본적인 소지품을 지참하도록 한다.

(5) 건강

실습 기간 동안 아프지 않고 건강하게 실습을 잘 마칠 수 있도록 자신의 건강을 잘 관리한다. 실습은 누구에게나 체력적으로 힘든 시기이므로 자신의 건강 상태를 늘 점검하고 지나치게 피곤하지 않도록 한다. 실습 기간에는 주말과 주일에 충분한 휴식을 갖도록 하며 평소 청결과 위생에 신경을 많이 써야 한다. 특히 실습 기관은 영유아가 있는 공간이므로 더욱 교사의 건강 관리가 매우 중요하다.

(6) 인사

인사는 상대에 대한 예의이며, 원만한 대인관계 형성의 시작이 될 수 있다. 인사를 정중히 하고 인사 예절을 지키는 것은 실습뿐 아니라 평소 생활화해야 하는 중요한 부분이다. 실습 기관의 모든 분들에게 예의 있게 밝은 표정으로 인사할 수 있도록 한다. 처음 만났을 때는 허리를 굽혀 "안녕하십니까?"라고 밝은 목소리로 정중히 인사를 한다. 여러 번 마주칠 경우에는 미소를 지으며 가벼운 목례를 한다. 실습 기관에서 마주치는 분들이 누군지 모르는 경우에도 공손하게 인사를 한다.

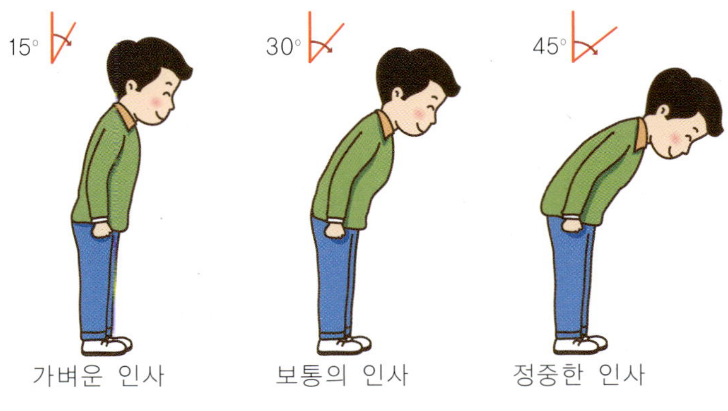

[그림 2-1] 인사법

(7) 전화

실습 기관에서 실습생이 전화를 직접 받는 경우는 많지 않으나 전화를 직접 받아야 하는 상황이 생길 수 있으므로 전화를 받는 방법에 대해서도 알아 둔다. 전화를 받을 때는 기관명을 밝히고 전화를 받는 사람을 이야기한다. 예를 들면 "안녕하십니까? ○○어린이집입니다. 저는 실습생 ○○○입니다."라고 먼저 인사하고 전화 건 사람이 통화하고 싶은 사람을 바꾸어 준다. 이때 전화 연결을 어떻게 하는지 사전에 알아 두면 좋다. 전화 건 사람이 통화하고 싶은 사람이 부재중일 경우에는 메모를 남겨 두고 전달될 수 있도록 한다.

전화 통화를 할 때에는 얼굴이 보이지 않으므로 더욱 친절하고 공손하게 전화를 받는 것이 좋고 분명하고 정확한 어조로 통화하도록 한다.

4) 용모와 복장

실습생의 단정한 용모는 실습에 임하는 마음가짐을 외적으로 나타내는 모습일 수 있다. 또한 단정하고 위생적인 용모와 복장은 영유아들이 함께 있는 실습 기관에서의 안전과 위생을 위한 실습의 기본 자세이다. 머리, 화장, 복장, 액세서리, 손톱 등 실습 시 실습생이 유의해야 할 사항에 대해 살펴보면 다음과 같다.

(1) 머리

너무 긴 머리는 되도록 가지런히 묶는다. 머리가 흘러내리다 보면 활동에 방해가 될 수도 있고 영유아와 상호작용 시에도 불편을 줄 수 있다. 머리가 흘러내릴 경우에 대비하여 여분의 고정핀이나 머리끈을 가지고 다닌다. 위생적이고 안전한 실습을 위해 단정히 머리를 하고 밝고 긍정적인 표정으로 실습에 임한다.

(2) 화장

실습 기간 중 실습생의 화장은 너무 진하게 하지 않고 엷은 화장을 하도록 한다. 영유아들과 함께 생활해야 하는 실습 기관에서는 강한 향과 색조가 있는 진한 화장보다 엷은 화장이 더 적합하며 거부감을 주지 않는다. 특히 영아반의 경우 신체적 접촉도 많이 이루어지게 되므로 보다 자연스러운 엷은 화장을 하도록 한다.

(3) 복장

실습 기간 중 실습생의 복장은 지나치게 화려하지 않은 단정한 복장을 하도록 한다. 특히 너무 짧은 치마나 반바지, 찢어진 청바지, 앞이 너무 파인 웃옷, 길이가 너무 짧아서 등이나 배꼽이 보이는 셔츠, 민소매, 너무 꽉 끼는 옷, 지나치게 노출이 심한 옷은 피하도록 한다. 너무 짧거나 꽉 끼는 옷을 입을 경우 영유아들과 활동 시 불편할 수 있고 편안하게 활동에 참여하기 어려울 수 있다.

또한 복장은 실습생의 인상이나 실습에 임하는 태도를 드러내는 것이기도 하므로 항상 단정하고 깔끔한 옷차림을 한다. 특히 실습 앞치마를 입는 경우 앞치마를 자주 빨아서 깨끗하게 앞치마를 착용하도록 한다. 물놀이나 현장 견학 시 보다 편안한 옷차림을 해야 하는 경우 지도교사에게 사전에 복장에 대해 문의하도록 한다.

(4) 액세서리

실습 기관에서 가장 중요한 것 중 하나가 영유아의 안전이다. 안정상의 이유로 실습 중 되도록 불필요한 액세서리를 하지 않는 것이 좋다. 특히 지나치게 화려한 액세서리, 날카로운 액세서리, 영유아가 잡아당길 수 있는 줄이 늘어지는 액세서리 등은 영유아의 안전에 문제가 될 수 있으므로 피한다. 실습생 명찰도 되도록 천으로 된 것이 좋으며 아크릴 등의 명찰일 경우 가장자리가 날카롭지는 않은지

옷핀은 안전한지 등을 사전에 점검하는 것이 좋다.

(5) 손톱

영유아는 피부가 여리고 우연히 발생하는 접촉에도 상처가 생기기 쉽다. 따라서 실습생은 손톱은 짧게 깎도록 하고 수시로 손톱을 점검한다. 손톱에 진한 매니큐어 등을 바르는 것을 삼가며 손톱 위에 붙이는 장식 등도 되도록 하지 않도록 한다. 영유아보육 기관에서 손 위생은 건강한 환경을 위한 필수적인 요소이므로 항상 청결한 손이 유지될 수 있도록 수시로 손을 씻도록 한다.

(6) 신발

실습 중 보육 기관의 상황에 따라 실내에서는 실내화나 덧신을 신는다. 실내에서 신는 실내화나 덧신을 항상 깨끗하게 신을 수 있도록 자주 빨아서 신도록 한다. 또한 양말이 젖을 경우를 대비하여 여분의 양말을 가지고 다니면 좋다. 굽이 너무 높거나 불편한 신발을 신으면 바깥놀이 활동에 적극적으로 참여하기 어려울 수 있으므로 실외활동 시 활동하기 편한 신발을 신도록 한다.

5) 언어 사용

실습생은 실습 기관에서 교사와 영유아 외에도 많은 사람들을 만나고 이야기를 나누게 된다. 실습 기관에서 실습생은 자신의 의사를 전달할 때 정확하고 부드럽게 이야기하고 예의 있는 언어 사용이 되도록 각별히 신경을 써야 한다. 한국보육진흥원(2017)에서 제시하고 있는 보육실습생의 언어 사용은 다음과 같다.

보육실습생의 언어 사용

- 음성의 톤이 너무 높거나 빠르지 않도록 유의하며 부드럽게 이야기한다.
- 발음은 분명하게 하며 되도록 표준어를 사용한다.
- 어린이집 보육교직원, 부모는 물론 영유아에게 예의에 어긋난 언어를 사용하지 않는다.
- 영유아를 부를 때는 이름을 부른다.
- 언어뿐 아니라 비언어 행동, 즉 표정, 손짓, 몸짓, 제스처 등도 교사로서의 품위를 지키며 영유아의 의사를 적극 수용하도록 한다.

출처: 한국보육진흥원(2017).

실습 기간 중 실습생은 기관 내에서 여러 사람들을 만나게 되고 다양한 의사소통을 하게 된다. 언어 사용은 자신의 생각과 감정을 나타내는 중요한 수단이 되므로 각별히 언어 사용에 주의를 기울여야 한다. 특히 유아, 교직원, 동료 실습생, 학부모와 의사소통을 할 시 고려해야 할 사항에 대해 살펴보면 다음과 같다.

(1) 영유아

실습생은 하루 일과 중 영유아와 다양한 의사소통을 한다. 평상시 영유아와 상호작용을 할 때 존중하는 언어를 사용하며 친절하고 상냥한 말투를 사용한다. 너무 빠르거나 큰 소리로 이야기하기보다 정확한 발음으로 부드럽게 이야기를 나눈다. 지나치게 하대하는 말이나 과한 존대어를 사용하지 않도록 한다. 경청하는 태도로 귀 기울여 주고 영유아와 친밀하게 이야기를 나눈다. 특히 교사의 언어나 행동은 영유아에게 모델링이 될 수 있으므로 모범적인 언어 사용을 할 수 있도록 한다.

영유아를 부를 때는 이름을 부르도록 하며 영유아를 존중하는 언어를 사용한다. 실습을 시작하며 영유아의 이름을 되도록 빨리 외우는 것이 좋다. 이름이 생각이 나지 않을 경우 “얘야, 야” 이렇게 부르지 않고 되도록 이름을 빨리 확인하여 친근한 어조로 이름을 부른다.

처음 실습을 할 때는 유아들과 어떤 이야기를 어떻게 나누어야 하는지 생각보다 쉽지 않다. 영유아와 다양한 상황에서 나눌 수 있는 발문들을 적어 보고 잘 작성된 좋은 발문 사례를 많이 읽어 두면 실습현장에서 유아들과 이야기를 나눌 때 도움이 된다.

(2) 교직원

실습생과 지도교사 간의 친밀하고 신뢰로운 의사소통은 좋은 관계 형성에 영향을 미친다. 상호 간에 예의 있게 공손한 언어를 사용하여 우호적인 관계가 잘 유지될 수 있도록 한다. 무시하거나 예의 없게 느껴지는 어투로 이야기하여 상호 간에 오해가 생기지 않도록 한다.

특히 실습생은 지도교사와 이야기 나눌 때 말끝을 올려 이야기하거나 크고 강한 억양으로 이야기하다 보면 대들거나 건방지게 이야기하는 것처럼 느낄 수 있으므로 언어 사용에 각별히 유의하도록 한다. '말 한마디에 천 냥 빚을 갚는다.'라는 속담이 있다. 실습생의 밝은 표정과 친절한 언어 사용만으로도 실습이 잘 이루어질 수 있는 원동력이 될 수 있다.

실습 기관에는 지도교사 외에 보육 기관에서 만나는 모든 분들에게 적절한 호칭을 사용하고 예의 있는 언어를 사용하며 상냥한 말투로 이야기한다.

(3) 동료 실습생

실습 기관에 실습생이 여러 명이 있는 경우도 종종 있다. 같은 실습생끼리도 존대어를 사용하며 선생님이라는 호칭을 사용한다. 실습생끼리 지나치게 잡담을 하거나 반말로 말하지 않도록 한다. 동료 실습생 상호 간에 존중하는 언어를 사용하고 서로 돕고 친절하게 행동한다.

(4) 학부모

실습 기관에서 학부모를 만나게 될 때는 정중하게 인사를 한다. 처음 보는 학부모라도 먼저 밝은 표정으로 인사를 건넨다. 필요할 시 어떤 일로 방문하였는지 묻고 담임교사에게 안내한다. 교실에서 영유아와 함께 지내는 실습생에 대한 좋지 않은 인상이 생기기 않도록 학부모와 소통 시 각별히 유의하여 예의 있는 태도와 친절한 언어 사용이 이루어질 수 있도록 한다.

■ ■ 3장 들어가며…

본 장에서는 새롭게 적용되는 제4차 표준보육과정(개정 누리과정)을 간단하게 소개하고 영유아 · 놀이 중심의 어린이집 하루 일과를 소개한다. 제4차 표준보육과정의 적용은 보육교사와 영유아가 함께 만들어 가는 보육과정으로, 영유아의 권리가 존중될 때 영유아·놀이 중심 일과운영이 가능하게 된다. 이에 보육실습생으로서 일과운영 시 아동권리존중을 기반으로 한 보육교사의 역할이 무엇인지를 학습함으로써 보육실습을 준비하고자 한다.

3장

보육과정 및 일과운영의 이해

1. 제4차 표준보육과정(개정 누리과정)의 이해

어린이집 표준보육과정은 어린이집을 이용하는 0~5세 영유아를 대상으로 국가 수준의 보편적이고 공통적인 보육의 목표와 내용을 제시한 것이다.

2019년 9월 '공교육 혁신' 국정 과제의 일환으로 보건복지부는 교육부와 공동으로 개별 유아의 다양한 특성을 고려하고, 유아의 자유놀이를 권장하며 현장의 자율성을 강화하는 방향으로 '3~5세 연령별 누리과정'을 개정하였다. 보건복지부는 3~5세 누리과정의 개정에 따라 0~5세 영유아의 연속적 경험과 연령 간 발달 연계를 위하여 누리과정 개정 방향 및 내용을 고려하여 '제3차 어린이집 표준보육과정'을 개정하였다. 이에 보건복지부 장관은 2020년 4월 9일 '제4차 어린이집 표준보육과정'을 고시하고, 2020년 9월 1일부터 시행함을 공표하였다. 보건복지부에서 제시한 「제4차 어린이집 표준보육과정」의 내용은 다음과 같다.

1) 표준보육과정의 성격

어린이집 표준보육과정은 0~5세 영유아를 위한 국가수준의 보육과정이며 0~1세 보육과정, 2세 보육과정, 3~5세 보육과정(개정 누리과정)으로 구성되어 있다. 표준보육과정의 성격을 살펴보면 다음과 같다.

- 국가수준의 공통성과 지역, 기관 및 개인 수준의 다양성을 동시에 추구한다.
- 영유아의 전인적 발달과 행복을 추구한다.
- 영유아 중심과 놀이 중심을 추구한다.
- 영유아의 자율성과 창의성 신장을 추구한다.
- 영유아, 교사, 원장, 부모 및 지역사회가 함께 실현해 가는 것을 추구한다.

2) 표준보육과정의 구성 방향

(1) 추구하는 인간상

표준보육과정에서 '추구하는 인간상'은 영유아가 일상에서 놀이하며 배우는 현재의 모습에서 발견할 수 있으며, 동시에 영유아가 앞으로 배우며 성장해 가야 할 모습을 명료히 제시하고 있다. 또한 미래의 핵심 역량을 반영한 초·중등학교 교육과정의 인간상과도 연계된다. 표준보육과정(개정 누리과정)에서 추구하는 인간상은 다음과 같다.

〈표 3-1〉 표준보육과정의 추구하는 인간상

건강한 사람	몸과 마음이 고루 발달하고 스스로 건강함을 유지하며 안정적이고 안전한 생활을 하는 사람
자주적인 사람	자신에 대해 잘 알고 존중하며 자신감을 가지고 스스로 할 수 있는 일을 주도적으로 해 나가는 사람
창의적인 사람	주변 세계에 열려 있고 호기심이 많으며 자기만의 방식으로 상상하고 느끼고 표현하고 탐구하는 가운데 새롭고 독창적인 생각을 하는 사람
감성이 풍부한 사람	예술과 문화를 사랑하고 존중하며 자신을 둘러싼 주변 세계에 경이감과 아름다움을 느끼고 즐길 수 있는 풍부한 문화적 감수성을 지닌 사람
더불어 사는 사람	내가 속해 있는 사회에 소속감을 느끼며 다른 생명과 사람을 존중하고 배려하며 나은 사회를 만들기 위해 사회 문제에 관심을 갖고 협력하며 나눔을 실천해 가는 민주시민

(2) 목적과 목표

표준보육과정의 목적은 영유아가 놀이를 통해 심신의 건강과 조화로운 발달을 이루고, 바른 인성과 민주시민의 기초를 형성하는 데에 있다. 이를 실현하기 위한 목표는 다음과 같다.

〈표 3-2〉 표준보육과정의 연령별 목표

0~2세	3~5세
• 자신의 소중함을 알고, 건강하고 안전한 환경에서 즐겁게 생활한다. • 자신의 일을 스스로 하고자 한다. • 호기심을 가지고 탐색하며 상상력을 기른다. • 일상에서 아름다움에 관심을 가지고 감성을 기른다. • 사람과 자연을 존중하고 소통하는 데 관심을 가진다.	• 자신의 소중함을 알고, 건강하고 안전한 생활 습관을 기른다. • 자신의 일을 스스로 해결하는 기초 능력을 기른다. • 호기심과 탐구심을 가지고 상상력과 창의력을 기른다. • 일상에서 아름다움을 느끼고 문화적 감수성을 기른다. • 사람과 자연을 존중하고 배려하며 소통하는 태도를 기른다.

(3) 구성의 중점

표준보육과정 구성의 중점은 다음과 같다.

- 영유아는 개별적인 특성을 지닌 고유한 존재임을 전제로 구성한다.
- 0~5세 모든 영유아에게 적용할 수 있도록 구성한다.
- 추구하는 인간상 구현을 위한 지식, 기능, 태도 및 가치를 반영하여 구성한다.
- 표준보육과정은 다음의 영역을 중심으로 구성한다.
  - 0~1세 보육과정과 2세 보육과정: 기본생활, 신체운동, 의사소통, 사회관계, 예술경험, 자연탐구의 6개 영역을 중심으로 구성한다.
  - 3~5세 누리과정: 신체운동·건강, 의사소통, 사회관계, 예술경험, 자연탐구의 5개 영역을 중심으로 구성한다.
- 0~5세 영유아가 경험해야 할 내용으로 구성한다.
- 초등학교 교육과정과의 연계성을 고려하여 구성한다.

3) 표준보육과정의 운영

(1) 편성·운영

어린이집에서 영유아·놀이 중심 보육과정을 편성하고 운영하기 위해 고려해야 할 공통적 기준은 다음과 같다.

- 어린이집의 운영 시간에 맞추어 편성한다.
- 표준보육과정을 바탕으로 각 기관의 실정에 적합한 계획을 수립하여 운영한다.
- 하루 일과에서 바깥놀이를 포함하여 영유아의 놀이가 충분히 이루어지도록 편성하여 운영한다.

- 성, 신체적 특성, 장애, 종교, 가족 및 문화적 배경 등에 따른 차별이 없도록 편성하여 운영한다.
- 영유아의 발달과 장애 정도에 따라 조정하여 운영한다.
- 가정과 지역사회와의 협력과 참여에 기반하여 운영한다.
- 교사 연수를 통해 표준보육과정의 운영을 개선할 수 있도록 한다.

(2) 교수·학습

표준보육과정에서는 교사를 영유아의 놀이 지원자로 제안하고 있다. 교사는 놀이의 특성, 의미, 가치를 이해하여 영유아가 즐겁게 놀이하면서 배우는 경험을 지원할 수 있으며, 적절한 환경을 구성하고, 영유아와 바람직한 상호작용을 하여 영유아가 놀이에 몰입하고 놀이를 확장하도록 돕는 역할을 한다.

교수·학습은 영유아가 즐겁게 놀이하며 스스로 배울 수 있도록 교사가 지원할 때 고려해야 하는 사항이며, 교사는 다음 사항에 따라 영유아를 지원한다.

- 영유아의 의사 표현을 존중하고 민감하게 반응한다.
- 영유아가 흥미와 관심에 따라, 놀이에 자유롭게 참여하고 즐기도록 한다.
- 영유아가 놀이를 통해 배우도록 한다.
- 영유아가 다양한 놀이와 활동을 경험할 수 있도록 실내외 환경을 구성한다.
- 영유아와 영유아, 영유아와 교사, 영유아와 환경 사이에 능동적인 상호작용이 이루어지도록 한다.
- 각 영역의 내용이 통합적으로 영유아의 경험과 연계되도록 한다.
- 개별 영유아의 요구에 따라, 휴식과 일상생활이 원활히 이루어지도록 한다.
- 영유아의 연령, 발달, 장애, 배경 등을 고려하여 개별 특성에 적합한 방식으로 배우도록 한다.

(3) 평가

표준보육과정에서 평가는 어린이집에서 영유아가 중심이 되고 놀이가 살아나는 표준보육과정의 운영을 되돌아보고 개선해 가는 과정이다. 평가는 다음 사항에 중점을 두고 실시한다.

- 표준보육과정 운영의 질을 진단하고 개선하기 위해, 평가를 계획하고 실시한다.
- 영유아의 특성 및 변화 정도와 표준보육과정의 운영을 평가한다.
- 평가의 목적에 따라 적합한 방법을 사용하여 평가한다.
- 평가의 결과는 영유아에 대한 이해와 표준보육과정 운영 개선을 위한 자료로 활용할 수 있다.

4) 표준보육과정의 내용

제4차 표준보육과정(개정 누리과정)은 영유아가 보육과정을 통해 자연스럽게 경험하거나 경험해야 할 보육 내용을 영역으로 나누어 제시하였다.

0~1세 보육과정과 2세의 보육과정은 기본생활, 신체운동, 의사소통, 사회관계, 예술경험, 자연탐구의 6개 영역으로 구성되어 있으며, 0~1세 보육과정은 40개 내용으로, 2세 보육과정은 43개의 내용으로 구성되었다. 구성 영역에 따른 세부 내용은 다음과 같다.

〈표 3-3〉 0~1세, 2세 표준보육과정 영역과 내용

영역		0~1세	2세
기본 생활	건강하게 생활하기	도움을 받아 몸을 깨끗이 한다.	자신의 몸을 깨끗이 해 본다.
		음식을 즐겁게 먹는다.	음식에 관심을 가지고 즐겁게 먹는다.
		하루 일과를 편안하게 경험한다.	하루 일과를 즐겁게 경험한다.
		배변 의사를 표현한다.	건강한 배변 습관을 갖는다.
	안전하게 생활하기	안전한 상황에서 놀이하고 생활한다.	일상에서 안전하게 놀이하고 생활한다.
		안전한 상황에서 교통수단을 이용해 본다.	교통수단을 안전하게 이용해 본다.
		위험하다는 말에 주의한다.	위험한 상황에 대처하는 방법을 경험한다.
신체 운동	감각과 신체 인식하기	감각적 자극에 반응한다.	감각 능력을 활용한다.
		감각으로 주변을 탐색한다.	
		신체를 탐색한다.	신체를 인식하고 움직인다.
	신체활동 즐기기	대소근육을 조절한다.	대소근육을 조절한다.
		기본 운동을 시도한다.	기본 운동을 즐긴다.
		실내외 신체활동을 즐긴다.	실내외 신체활동을 즐긴다.
의사 소통	듣기와 말하기	표정, 몸짓, 말과 주변의 소리에 관심을 갖고 듣는다.	표정, 몸짓, 말에 관심을 갖고 듣는다.
		상대방의 이야기를 들으면서 말소리를 낸다.	상대방의 이야기를 듣고 말한다.
		표정, 몸짓, 말소리로 의사를 표현한다.	표정, 몸짓, 단어로 의사를 표현한다.
			자신의 요구와 느낌을 말한다.
	읽기와 쓰기에 관심 가지기	주변의 그림과 상징에 관심을 가진다.	주변의 그림과 상징, 글자에 관심을 가진다.
		끼적이기에 관심을 가진다.	끼적이며 표현하기를 즐긴다.
	책과 이야기 즐기기	책에 관심을 가진다.	책에 관심을 가지고 상상한다.
		이야기에 관심을 가진다.	말놀이와 이야기에 재미를 느낀다.

영역		0~1세	2세
사회관계	나를 알고 존중하기	나를 인식한다.	나와 다른 사람을 구별한다.
		나의 욕구와 감정을 나타낸다.	나의 감정을 표현한다.
		나와 친숙한 것을 안다.	내가 좋아하는 것을 한다.
	더불어 생활하기	안정적인 애착을 형성한다.	가족에게 관심을 가진다.
		또래에게 관심을 가진다.	또래와 함께 놀이한다.
		다른 사람의 감정과 행동에 관심을 가진다.	다른 사람의 감정과 행동에 반응한다.
		반에서 편안하게 지낸다.	반에서의 규칙과 약속을 알고 지킨다.
예술경험	아름다움 찾아보기	자연과 생활에서 아름다움을 느낀다.	자연과 생활에서 아름다움을 느끼고 즐긴다.
		아름다움에 관심을 가진다.	아름다움에 관심을 갖고 찾아본다.
	창의적으로 표현하기	소리와 리듬, 노래로 표현한다.	익숙한 노래와 리듬을 표현한다.
			움직임과 춤으로 자유롭게 표현한다.
		감각을 통해 미술을 경험한다.	미술 재료와 도구로 표현해 본다.
		모방 행동을 즐긴다.	일상생활 경험을 상상놀이로 표현한다.
자연탐구	탐구과정 즐기기	주변 세계와 자연에 대해 호기심을 가진다.	주변 세계와 자연에 대해 호기심을 가진다.
		사물과 자연탐색하기를 즐긴다.	사물과 자연을 반복하여 탐색하기를 즐긴다.
	생활 속에서 탐구하기	친숙한 물체를 감각으로 탐색한다.	친숙한 물체의 특성과 변화를 감각으로 탐색한다.
		물체의 수량에 관심을 가진다.	물체의 수량에 관심을 가진다.
		주변 공간과 모양을 탐색한다.	주변 공간과 모양을 탐색한다.
		규칙성을 경험한다.	규칙성에 관심을 가진다.
			주변 사물을 같고 다름에 따라 구분한다.
			생활 도구에 관심을 가진다.
	자연과 더불어 살기	주변의 동식물에 관심을 가진다.	주변의 동식물에 관심을 가진다.
		날씨의 변화를 감각으로 느낀다.	날씨와 계절의 변화를 감각으로 느낀다.

3~5세의 보육과정(누리과정)은 신체운동·건강, 의사소통, 사회관계, 예술경험, 자연탐구의 5개 영역과 총 59개의 내용으로 구성되어 있다. 영역에 따른 세부 내용은 다음과 같다.

〈표 3-4〉 3~5세 표준보육과정 영역과 내용

<table>
<tr><th colspan="2">영역</th><th>3~5세</th></tr>
<tr><td rowspan="12">신체운동·건강</td><td rowspan="4">신체활동 즐기기</td><td>신체를 인식하고 움직인다.</td></tr>
<tr><td>신체 움직임을 조절한다.</td></tr>
<tr><td>기초적인 이동 운동, 제자리 운동, 도구를 이용한 운동을 한다.</td></tr>
<tr><td>실내외 신체활동에 자발적으로 참여한다.</td></tr>
<tr><td rowspan="4">건강하게 생활하기</td><td>자신의 몸과 주변을 깨끗이 한다.</td></tr>
<tr><td>몸에 좋은 음식에 관심을 가지고 바른 태도로 즐겁게 먹는다.</td></tr>
<tr><td>하루 일과에서 적당한 휴식을 취한다.</td></tr>
<tr><td>질병을 예방하는 방법을 알고 실천한다.</td></tr>
<tr><td rowspan="4">안전하게 생활하기</td><td>일상에서 안전하게 놀이하고 생활한다.</td></tr>
<tr><td>TV, 컴퓨터, 스마트폰 등을 바르게 사용한다.</td></tr>
<tr><td>교통안전 규칙을 지킨다.</td></tr>
<tr><td>안전사고, 화재, 재난, 학대, 유괴 등에 대처하는 방법을 경험한다.</td></tr>
<tr><td rowspan="12">의사소통</td><td rowspan="6">듣기와 말하기</td><td>말이나 이야기를 관심 있게 듣는다.</td></tr>
<tr><td>자신의 경험, 느낌, 생각을 말한다.</td></tr>
<tr><td>상황에 적절한 단어를 사용하여 말한다.</td></tr>
<tr><td>상대방이 하는 이야기를 듣고 관련해서 말한다.</td></tr>
<tr><td>바른 태도로 듣고 말한다.</td></tr>
<tr><td>고운 말을 사용한다.</td></tr>
<tr><td rowspan="3">읽기와 쓰기에 관심 가지기</td><td>말과 글의 관계에 관심을 가진다.</td></tr>
<tr><td>주변의 상징, 글자 등의 읽기에 관심을 가진다.</td></tr>
<tr><td>자신의 생각을 글자와 비슷한 형태로 표현한다.</td></tr>
<tr><td rowspan="3">책과 이야기 즐기기</td><td>책에 관심을 가지고 상상하기를 즐긴다.</td></tr>
<tr><td>동화, 동시에서 말의 재미를 느낀다.</td></tr>
<tr><td>말놀이와 이야기 짓기를 즐긴다.</td></tr>
</table>

영역		3~5세
사회관계	나를 알고 존중하기	나를 알고 소중히 여긴다.
		나의 감정을 알고 상황에 맞게 표현한다.
		내가 할 수 있는 것을 스스로 한다.
	더불어 생활하기	가족의 의미를 알고 화목하게 지낸다.
		친구와 서로 도우며 사이좋게 지낸다.
		친구와의 갈등을 긍정적인 방법으로 해결한다.
		서로 다른 감정, 생각, 행동을 존중한다.
		친구와 어른께 예의 바르게 행동한다.
		약속과 규칙의 필요성을 알고 지킨다.
	사회에 관심 가지기	내가 살고 있는 곳에 대해 궁금한 것을 알아본다.
		우리나라에 대해 자부심을 가진다.
		다양한 문화에 관심을 가진다.
예술경험	아름다움 찾아보기	자연과 생활에서 아름다움을 느끼고 즐긴다.
		예술적 요소에 관심을 갖고 찾아본다.
	창의적으로 표현하기	노래를 즐겨 부른다.
		신체, 사물, 악기로 간단한 소리와 리듬을 만들어 본다.
		신체나 도구를 활용하여 움직임과 춤으로 자유롭게 표현한다.
		다양한 미술 재료와 도구로 자신의 생각과 느낌을 표현한다.
		극놀이로 경험이나 이야기를 표현한다.
	예술 감상하기	다양한 예술을 감상하며 상상하기를 즐긴다.
		서로 다른 예술 표현을 존중한다.
		우리나라 전통 예술에 관심을 갖고 친숙해진다.

<table>
<tr><th colspan="2">영역</th><th>3~5세</th></tr>
<tr><td rowspan="12">자
연
탐
구</td><td rowspan="3">탐구과정
즐기기</td><td>주변 세계와 자연에 대해 지속적으로 호기심을 가진다.</td></tr>
<tr><td>궁금한 것을 탐구하는 과정에 즐겁게 참여한다.</td></tr>
<tr><td>탐구과정에서 서로 다른 생각에 관심을 가진다.</td></tr>
<tr><td rowspan="6">생활 속에서
탐구하기</td><td>물체의 특성과 변화를 여러 가지 방법으로 탐색한다.</td></tr>
<tr><td>물체를 세어 수량을 알아본다.</td></tr>
<tr><td>물체의 위치와 방향, 모양을 알고 구별한다.</td></tr>
<tr><td>일상에서 길이, 무게 등의 속성을 비교한다.</td></tr>
<tr><td>주변에서 반복되는 규칙을 찾는다.</td></tr>
<tr><td>일상에서 모은 자료를 기준에 따라 분류한다.</td></tr>
<tr><td>도구와 기계에 대해 관심을 가진다.</td><td></td></tr>
<tr><td rowspan="3">자연과
더불어 살기</td><td>주변의 동식물에 관심을 가진다.</td></tr>
<tr><td>생명과 자연환경을 소중히 여긴다.</td></tr>
<tr><td>날씨와 계절의 변화를 생활과 관련짓는다.</td></tr>
</table>

출처: 보건복지부(2020).

영유아의 경험은 대부분 놀이를 통해 이루어지므로 제4차 표준보육과정(개정 누리과정)의 각 영역 내용은 통합적 실천으로 이해하도록 하며, 교사는 영유아가 놀이를 통해 배우는 실제 내용을 존중하고 지원해 가면서 자연스럽게 영유아·놀이 중심 보육과정으로 실천하도록 한다.

2. 일과운영의 이해

영유아기는 연령에 따른 발달적 차이가 크고 개인차가 많이 나타난다. 따라서 어린이집의 일과는 영유아의 연령적 특성뿐만 아니라 영유아 개개인의 발달 차이, 반의 특성을 고려하여 운영하여야 한다. 본 장에서는 0세, 1세, 2세, 3~5세반의 어린이집 일과운영 및 교사의 역할을 이해하도록 한다.

1) 영아반 일과운영의 원칙

(1) 영아반 일과운영의 원칙

영아는 먹고, 자고, 놀이하는 일상생활의 규칙적인 리듬을 자연스럽게 익히는 것이 중요하다. 이와 같은 영아기의 발달 및 행동 특성에 대한 이해를 바탕으로 영아반 일과운영의 원칙을 살펴보면 다음과 같다.

① 등원에서 귀가 시간까지 일상생활에 대한 계획을 반영한다.

어린이집에서의 일과는 가정에서의 일상생활과 유사하게 이루어지는 것이 좋다. 따라서 어린이집의 일과는 영아가 보육교사와 상호작용하고 놀이하는 등의 교육적 활동을 경험함과 동시에 식사, 휴식, 낮잠, 대소변 가리기, 씻기 등의 일상생활을 함께 경험하도록 계획해야 한다.

② 0세: 영아의 개별적인 생리적 욕구를 충분히 반영한 일상생활을 계획하도록 한다.

0세는 일과 중 수유 및 이유, 기저귀 갈기, 낮잠 등의 일상생활 시간이 많은 부분을 차지한다. 0세의 경우 정해진 일과를 그대로 따르기보다는 영아의 생리적 욕구에 우선하여 개별적으로 일과운영을 하도록 한다. 또한 0세라 하더라도 일상생활과 놀이를 포함하여 일과를 운영한다.

③ 1세: 일상생활과 함께 점차 놀이의 시간이 늘어나도록 계획한다.

1세는 수유 대신 점심 및 간식, 기저귀 갈기나 배변 활동, 낮잠 등의 일상생활을 운영한다. 또한 0세에 비해 놀이활동 시간이 늘어나도록 일과를 구성한다.

④ 2세: 일상생활보다 놀이의 비중이 점차 커지도록 계획한다.

2세는 점심 및 간식, 배변 활동, 낮잠 등의 일상생활을 운영한다. 또한 일상생활 놀이 시간이 점차 많아지도록 일과를 구성한다.

⑤ 영아의 일과 중 실내놀이 시간을 2시간 이상, 바깥놀이 시간을 30분 이상 충분하게 계획하여 운영한다.

영아 반의 경우 오전과 오후에 실내놀이가 충분히 이루어질 수 있도록 하루 2시간 이상의 시간을 확보하여 계획하도록 한다. 또한 바깥놀이 시간을 하루에 최소 30분 이상 계획하도록 한다. 영아가 한 가지 놀이에 집중하는 시간이 짧다고 하더라도 놀이 시간을 계획할 때는 탐색과 놀이가 반복적으로 이루어지도록 충분한 시간을 확보하여 제공하는 것이 좋다.

⑥ 일과운영 시간은 어린이집의 특성과 상황, 계절, 영아의 상태 등을 고려하여 융통성 있게 운영한다.

일과에 대한 계획을 철저하게 수립하였을지라도 어린이집의 공간 배치나, 그날의 날씨, 영아의 건강 상태 등에 따라 융통성 있게 운영한다. 예를 들어, 바깥놀이를 계획하는 경우 한여름에는 오전이나 오후 시간으로 배치하고 겨울에는 낮 시간으로 변경하여 진행할 수도 있다.

(2) 영아반 연령에 따른 일과운영의 실제

영아반의 일과운영의 예를 연령별로 살펴보면 다음과 같다.

① 0세 반의 일과운영

0세 반의 일과는 등원 및 맞이하기, 수유 및 이유, 기저귀 갈기, 낮잠 및 휴식, 실내 자유놀이, 바깥놀이, 귀가로 이루어진다. 0세 반의 일과는 일상 양육과 놀이를 위한 시간을 중심으로 계획하고 영아 개별적으로 생리적 욕구를 충족시킬 수 있는 시간과 공간을 충분히 마련하도록 한다. 예를 들어, 놀이 시간에 잠들어 있는 영아를 일부러 깨우기보다는 잠을 잘 수 있도록 하여 영아 개인의 생체 리듬에 맞추어 일과를 진행하도록 한다. 특히 수유 및 이유, 기저귀 갈기 등의 일상적 양육활동은 영아가 자발적으로 의사를 표현하기 어려우므로 교사가 영아를 민감하게 관찰하며 즉각적으로 반응하도록 한다.

0세 반은 일과를 통해서 안정감을 가지고 양육자와 애착 형성을 하는 것이 중요하다. 따라서 교사가 영아의 욕구에 신속하게 반응하여야 하며 신체 접촉을 통한 따뜻하고 민감한 상호작용을 할 수 있도록 일과를 구성해야 한다.

0세 반 일과운영의 예를 살펴보면 다음과 같다.

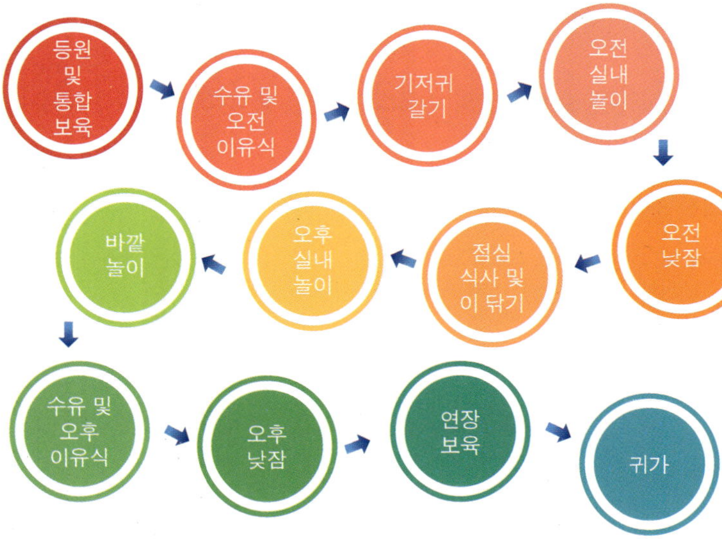

[그림 3-1] 0세 반 일과운영의 예

② 1세 반의 일과운영

1세 반의 일과는 등원 및 맞이하기, 점심 및 간식, 낮잠, 기저귀 갈기·배변 훈련, 실내놀이, 바깥놀이, 귀가 및 가정과의 연계로 구분하여 이루어진다. 1세 반의 일과는 일상생활과 놀이활동을 중심으로 운영하되, 일상생활이 놀이처럼 흥미롭고 의미 있는 경험이 될 수 있도록 안내한다.

1세가 되면서 영아는 분유나 모유를 덜 먹고 간식 및 식사를 통해 다양한 맛을 경험하는데, 영아가 스스로 충분히 먹을 수 있도록 개별적으로 기회를 제공한다.

일과 중 0세에 비해 놀이활동의 비중이 점차 커지도록 운영한다. 또한 실내와 실외, 정적활동과 동적활동, 개별활동과 휴식 등의 균형을 고려하여 일과를 운영하도록 한다. 1세 역시 영아의 개별적인 생리적 욕구를 충족시킬 수 있는 일과운영이 되도록 해야 하며 영아의 상태, 날씨, 보육실 상황 등에 따라 융통성 있게 일과를 운영한다.

1세 반의 일과운영의 예를 살펴보면 다음과 같다.

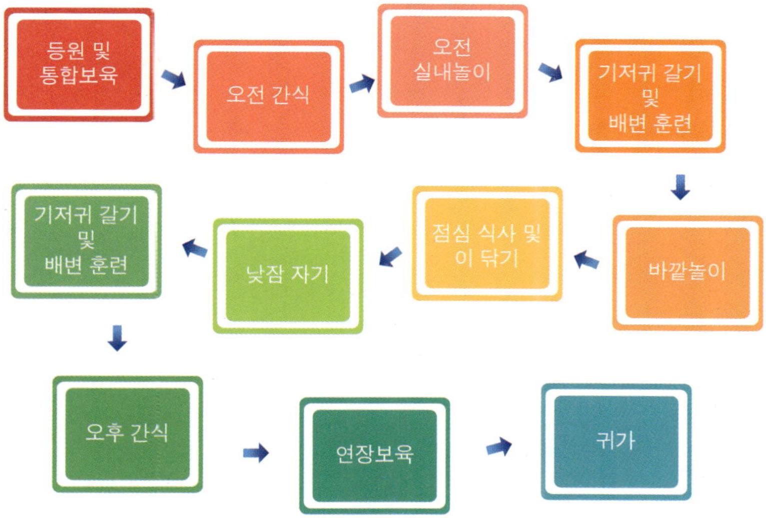

[그림 3-2] 1세 반 일과운영의 예

③ 2세 반의 일과운영

2세의 영아는 자율성과 소근육이 발달하면서 옷을 입고 이를 닦는 등의 일상생활을 스스로 하려는 욕구가 강해진다. 따라서 영아의 일상생활이 완벽하진 않더라도 어린이집의 일과 중에 영아가 스스로 탐색하고 시도해 볼 기회를 충분히 제공하는 것이 필요하다. 또한 영아마다 개인차가 많이 나타나므로 영아의 개별적인 욕구와 발달 수준을 고려하며 일과를 운영하는 것이 중요하다.

2세의 일과는 점심 및 간식, 배변활동, 낮잠 등의 일상생활을 충분히 경험하면서도 1세에 비해 놀이 시간 비중이 점차 늘어나도록 운영한다. 또한 실내와 바깥놀이, 정적인 놀이와 동적인 놀이, 개별놀이와 휴식 등의 균형을 고려하여야 하며 영아의 상태나 날씨, 보육실 상황 등에 따라 융통성 있게 일과를 운영한다.

2세 반의 일과는 등원 및 맞이하기, 점심 및 간식, 배변 훈련, 실내놀이, 바깥놀이, 귀가 및 가정과의 연계 활동으로 이루어진다.

2세 반의 일과운영의 예를 살펴보면 다음과 같다.

[그림 3-3] 2세 반 일과운영의 예

2) 유아반 일과운영의 원칙

유아기는 영아기만큼 빠른 발달 속도를 보이는 것은 아니나 다양한 측면에서의 발달이 꾸준히 이루어지는 시기이다. 특히 신체 조절력과 의사소통 능력이 발달하고 주변과 다양한 관계를 형성하게 되면서 유아반의 일과는 영아반과는 매우 다른 모습을 보인다. 유아의 균형적인 발달을 도모하기 위해서는 영아반과 마찬가지로 유아들의 기본적인 욕구가 충족되고 의미 있는 다양한 놀이 경험이 균형 있게 제공되도록 해야 한다.

(1) 유아반 일과운영의 원칙

유아는 자조 능력이 발달하고 일상적 양육활동 시간이 줄어들게 되면서 영아반보다 놀이 시간이 늘어나게 된다. 이와 같은 유아기의 발달 및 행동 특성에 대한 이해를 바탕으로 유아반 일과운영의 원칙을 살펴보면 다음과 같다.

① 일과를 등원에서 귀가까지 상호작용이 이루어지도록 계획한다.

유아가 어린이집에서 등원, 실내놀이, 대소집단 활동, 바깥놀이, 점심 및 낮잠, 귀가 지도 및 가정과의 연계 등의 활동을 통해 보육교사와 애정적이고 긍정적인 상호작용을 하도록 일과를 계획한다.

② 일과를 통해 따뜻한 보호와 교육적 경험이 동시에 이루어져야 한다.

유아반의 일과는 영아반보다 놀이 시간의 비중이 높지만 오랜 시간 동안 어린이집에서 지내는 유아의 신체적·심리적 욕구를 충족할 수 있는 시간을 충분히 계획해야 한다. 따라서 하루의 일과 중에는 휴식, 간식, 배변활동 등의 경험도 함께 포함되어야 한다.

③ 일과는 실내놀이와 바깥놀이, 활동 등 유아의 흥미에 따라 융통성 있게 운영한다.

유아는 어린이집에서 많은 시간을 보내므로, 실내놀이와 바깥놀이, 개별놀이와 또래 간의 놀이 등 다양한 형태의 놀이가 이루어질 것을 예상하여 운영하여야 한다. 특히 바깥놀이에서 자유롭고 활기차게 자신의 에너지를 충분하게 발산할 수 있도록 운영하는 것이 필요하다. 실내놀이 중 대그룹으로 진행하는 활동은 지양하고 소집단으로 진행하도록 한다. 유아의 연령이 어릴수록, 학기 초일수록 활동

보다는 개별놀이나 또래 간의 놀이 기회를 더 많이 제공하여 유아가 놀이에 적극적으로 참여할 수 있도록 한다. 유아가 주도적으로 활동을 계획하고 수행하고 또래 간 협력을 통한 놀이의 즐거움을 경험하도록 하는 기회를 제공한다.

④ 일과 중에 유아와 교사, 유아와 유아, 유아와 환경과의 상호작용이 능동적으로 이루어지도록 한다.

유아는 주위 환경과 능동적으로 상호작용하며 발달해 가는 존재이다. 따라서 교사가 일방적으로 안내하고 설명하는 방식이 아니라 유아와 교사, 유아와 유아 간에 서로 생각을 나누면서 함께 배우는 경험을 제공하는 것이 필요하다. 유아는 다양한 형태의 상호작용을 통해 물리적인 지식뿐만 아니라 사회적 지식과 기술, 가치관을 배울 수 있다.

⑤ 유아반의 일과는 유아의 흥미나 요구, 예상치 못한 상황이나 사건을 고려하여 융통성 있게 운영하도록 한다.

일과 중 유아의 놀이에 대해 보육교사가 예측하거나 기대하더라도 개별 유아의 건강 상태나 보육실의 상황, 날씨, 유아의 흥미도 등에 따라 융통성 있게 일과운영을 할 수 있다. 예를 들어, 바깥놀이를 계획하였으나 갑자기 비가 오는 경우 강당이나 유희실 등 넓은 공간에서 유아가 자유롭게 신체를 움직이며 활동할 수 있도록 계획을 변경할 수 있다.

(2) 유아반 연령에 따른 일과운영의 실제

① 3~5세 반의 일과운영

유아기는 신체 조절력과 언어 능력이 발달하고 주변과 다양한 관계를 맺게 되면서 다양한 측면의 발달이 지속적으로 이루어지는 시기이다. 유아기의 균형적인 발달을 돕기 위해서는 일과를 통해 교육적 경험과 따뜻한 보호의 경험이 동시에 이루어질 수 있도록 해야 한다. 즉, 유아들의 신체적·심리적 욕구를 충족시킬 수 있는 놀이를 다양하게 제공하는 것뿐만 아니라 휴식, 식사, 배변활동 등의 경험도 함께 제공해야 한다.

주위 환경과 능동적으로 상호작용하며 발달하는 유아기에는 일과 속에서 다양한 형태의 교류가 이루어질 수 있는 기회를 마련해 주어야 한다. 말하자면, 교사와 유아 간에 생각을 나눌 수 있는 기회, 친구들과 함께 놀이하고 협력하여 문제를 해결 할 수 있는 기회, 주변 환경을 탐색하고 실험해 볼 수 있는 기회 등 유아가 다양한 방식으로 상호작용을 할 수 있도록 일과를 운영하는 것이 중요하다. 또한 유아 스스로, 혹은 친구들과 협력하여 문제 해결을 해 볼 수 있도록 놀이나 다양한 형태의 활동들을 제공할 수 있도록 일과를 구성해야 한다.

유아반의 일과는 등원, 실내놀이, 활동, 바깥놀이, 점심, 낮잠 및 휴식, 연장보육, 귀가로 구성하여 운영한다.

3~5세 반의 일과운영의 예를 살펴보면 다음과 같다.

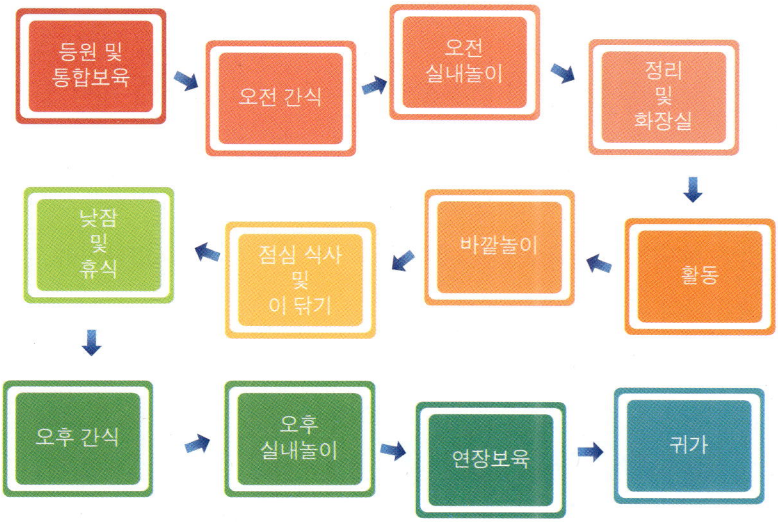

[그림 3-4] 3~5세 반 일과운영의 예

3) 권리존중 일과운영과 보육교사의 역할

영유아는 신체, 언어, 인지, 정서, 사회 등 모든 영역에서 발달과정에 있다. 따라서 영유아에게는 발달의 권리가 있고, 이를 보장하기 위한 특별한 보호와 배려가 필요하다. 모든 영유아는 자신의 존재 가치와 존엄성을 인정받아야 하며, 어떠한 상황과 조건에서도 처벌받지 않아야 한다. 이를 기반으로 어린이집 일과운영에 따른 보육교사의 역할에 대해 살펴보고자 한다. 영유아의 권리존중을 기반으로 한 일과운영을 위해서 다음 몇 가지 원칙을 기억해야 한다.

- 어떠한 상황에서도 영유아의 이익을 최우선으로 한다.
- 애매한 상황에서는 교사가 일방적으로 정하지 않고 영유아와 함께 고민해본다.
- 영유아가 선택하고 결정할 수 있는 기회와 충분한 시간을 준다.
- 실수하고 습득할 기회를 얻는 것은 아이들의 권리다.
- 영유아의 자유와 방종에 대해 구분 점을 갖는다.

영유아가 일상생활을 경험하며 가지게 되는 발달, 갈등, 책임, 선택 등과 관련된 어려움을 교사가 영유아의 입장에서 민감하게 이해하고 개선할 수 있도록 도와주어야 한다. 교사는 영유아의 입장을 이해하고 감정 이입 할 수 있는 공감 능력 등의 감수성을 발휘하여 영유아 권리존중 보육이 실현되도록 노력하여야 한다.

또한 영유아의 관심, 요구, 흥미, 의도, 행동 등에 민감하게 반응하고 지지해줌으로써 영유아가 어린이집에 있는 동안 편안하고 안정적으로 생활할 수 있도록 일과를 운영하여야 한다. 교사의 보호와 존중을 통해 자신에 대한 긍정적인 개념을 갖고 타고난 잠재력을 발휘하며 건강하게 성장하는 것은 그 무엇보다 중요하다고 할 수 있다. 즉, 교사가 공감과 인정, 격려를 통해 개별 영유아를 하나의 인격체로 존중하고, 영유아의 다양한 배경 및 조건과 관계없이 평등하게 대하여야 하는 것을 잊지 말아야 할 것이다.

영아반과 유아반의 시간에 따른 일과는 다음과 같다.

〈표 3-5〉 영아반의 일과

구분	시간	하루 일과	
기본 보육	7:30~9:00	통합보육	
	9:00~16:00	등원	놀이 (실내외)
		오전 간식(이유식)	
		화장실/기저귀 갈기	
		점심	
		낮잠 및 휴식	
		오후 간식(이유식)	실내놀이
연장 보육	16:00~17:00	기본보육반 귀가	
		통합보육 (연장보육반 이동)	
	17:00~19:30	연장보육반 실내놀이	놀이
		연장보육반 귀가	
야간 연장 보육	19:30~21:30	저녁	놀이 (실내외)
		야간연장반 귀가	

〈표 3-6〉 유아반의 일과

구분	시간	하루 일과	
기본 보육	7:30~9:00	통합보육	
	9:00~16:00	등원 오전 간식 화장실 활동 점심 정리정돈 바깥놀이 낮잠 및 휴식 오후 간식	놀이 (실내외)
연장 보육	16:00~17:00	기본보육반 귀가 연장보육반 이동	
	17:00~19:30	연장보육반 실내놀이 연장보육반 귀가	놀이
야간 연장 보육	19:30~21:30	저녁 야간연장반 귀가	놀이 (실내외)

(1) 등원 및 맞이하기

등원 및 맞이하기	• 각 교실과 어린이집 전체 환기
	• 실내외 놀이터 시설 점검 및 현관 청소
	• 통합보육실에 밝은 음악 틀어 놓기
	• 등원하는 영유아 맞이하기
	• 신발을 놓고 싶은 곳에 놓을 수 있도록 기다려 주기
	• 시진하기(영유아의 신체 및 정서적인 상태 살피기)
	• 부모님과 인사하기
	• 영유아의 개별적 상태에 따라 환경 조성하기
	• 담임교사에게 전달할 사항 기록하기
	• 당직일지 작성하기

● 각 교실과 어린이집 전체 환기

오전 당직교사가 가장 먼저 하루를 시작한다. 밤새 묵혀 있던 공기를 환기함으로써 영유아와 교직원이 상쾌하고 신선한 공기로 하루를 시작할 수 있도록 교실 등 어린이집 전체 창문을 열어 둔다.

● 실내외 놀이터 시설 점검 및 현관 청소

영아가 등원하기 전 현관 및 실내외 놀이터 시설을 점검한다. 놀이 시설에 위험

요소는 없는지, 동물의 배설물 또는 비 온 다음 날 놀이 시설의 먼지 및 물기 등이 없는지 확인하여 실내외 놀이터를 안전하고 청결하게 관리한다.

- 통합보육실에 밝은 음악 틀어 놓기

오전 통합보육 시간에 등원하는 영유아는 맞벌이 부모님의 자녀가 대부분으로 이른 시간에 등원하기 때문에 잠에서 완전히 깨지 못하고 등원하는 경우가 많다. 따라서 영유아가 등원하였을 경우 기분 좋은 하루를 시작할 수 있도록 밝은 분위기를 조성한다.

- 등원하는 영유아 맞이하기

등원하는 영유아를 맞이할 때 교사는 영유아를 기다리고 있었다고 느낄 수 있도록 다른 업무로 인해 영유아를 맞이하는 시간이 지연되지 않도록 한다(등원 시간에 영유아를 맞이하는 것보다 먼저 해야 할 일은 없다). 보육교사는 개별적이고 따뜻하게 영유아를 맞이하여 영유아가 안정감을 가지고 보육실에 들어오도록 한다.

- 신발을 놓고 싶은 곳에 놓을 수 있도록 기다려 주기

교사는 영유아가 자신의 신발을 놓고 싶은 곳에 스스로 정리하도록 기다려 준다.

- 시진하기(영유아의 신체 및 정서적인 상태 살피기)

교사는 등원하는 영유아의 건강 상태를 살펴야 한다. 혹여 아픈 곳은 없는지, 상처 난 곳은 없는지 등을 살핀 후 아프거나 상처 난 곳이 발견되면 부모님께 상황에 대해 확인하고 알게 된 것을 담임교사에게 전달한다. 또한 정서적인 상태도 살펴야 한다. 영유아가 시무룩하거나 울거나 하는 등의 모습이 보이면 부모와의 상호작용을 통해 얻은 정보에 기초하여 개별적 특성에 따라 적절한 지원을 한다. 등원 시 부모와 영유아의 건강 상태나 기분, 배변 상태, 식사 여부, 투약 여부 등의 정보를 나눌 수 있다.

- 부모님과 인사하기

부모님과 분리되는 것에 대해 영유아가 불안해할 경우 부모님과 충분히 인사하고 헤어질 수 있도록 기다린다.

- 영유아의 개별적 상태에 따라 환경 조성하기

영아일 경우 수유나 이유식을 하지 못하고 등원한 경우 영아의 개별적 욕구에 따라 수유나 이유식을 제공한다. 유아일 경우 아침 식사를 하지 못하고 등원한 경우 유아의 개별적 욕구에 따라, 부모님이 준비해 준 아침 등을 먹을 수 있도록 배려한다. 영유아가 잠이 덜 깼을 때는 조용한 곳에서 잠을 자거나 휴식을 취하게 할 수 있다.

- 담임교사에게 전달할 사항 기록하기

오전 당직 시 어린이집과 영유아에게 일어난 상황에 대하여 각 반 담임교사와 원장에게 전달할 사항을 기록하여 구체적이고 정확한 사실을 전달한다.

- 당직일지 작성하기

오전 당직 시 영유아 보육의 내용을 작성한다.

보육실습생의 역할

〈영아〉

보육실습생은 실습 지도교사가 영아를 맞이하는 태도와 방법을 잘 관찰하여 익힐 뿐만 아니라 실습 지도교사를 도와 영아를 친절하게 맞이하고 영아의 소지품이나 약 등을 챙기고 확인한다. 등원한 영아가 일과를 즐겁고 편안하게 시작할 수 있도록 돕는다.

〈유아〉

유아가 등원하기 전에 실습 지도교사를 도와 보육실의 환경을 재점검한다. 유아가 등원하면 친근감을 가지고 따뜻하게 맞이해 주며 유아가 가지고 온 약이나 소지품을 확인하고 유아 스스로 정리해 보도록 격려한다. 정리를 마친 유아는 실내놀이를 시작할 수 있도록 도와주고 유아들을 지속해서 관찰하며 함께 놀이에 참여한다.

(2) 오전 간식 및 실내놀이

오전 간식	• 각 교실에 컵과 마실 물 준비하기
	• 각 교실에서 영유아 맞이하기
	• 시진하기(영유아의 신체 및 정서적인 상태 살피기)
	• 간식 자유롭게 먹을 수 있는 환경 구성하기
실내놀이	• 흥미 영역의 활동 재료 및 교구를 다양하고 충분하게 준비하기
	• 영유아가 관심 있는 놀이하기
	• 교사는 놀이 영역에서 또래가 되어 함께 놀기
	• 영유아들이 놀이에 몰입할 수 있도록 교사의 목소리 낮추기 (속한 영역 안에서 적절한 크기로 상호작용하기)
	• 영유아의 의견이나 결과물에 관심을 두고 긍정적으로 강화해 주기
	• 놀이 영역에서 이루어진 활동에 대해 영유아의 작품 스스로 게시하기
	• 정리 시간 예고하기 – 상황에 따라 정리 시간 연장하기
	• 영유아의 기질, 욕구와 흥미, 습관 등 개별적 특성 파악하기

● 각 교실에 컵과 마실 물 준비하기

영유아가 언제든지 물을 마실 수 있도록 음수대를 마련하고 위생적으로 관리한다. 보육실에는 물병과 컵을 비치하여 수시로 물을 마실 수 있도록 한다. 컵은 사용 전과 후로 분리하여 보관하고 위생적으로 관리한다.

● 각 교실에서 영유아 맞이하기(다양한 인사 방법)

인사하는 방법은 다양하므로 한 가지 인사법만 강요하지 않는다. 또한 영유아의 컨디션에 따라 인사를 하고 싶지 않을 수 있으니 영유아의 상태를 잘 살피며 반갑고 편안하게 인사하도록 한다. 다양한 인사 방법은 다음과 같다.

– 두 손 배꼽에 올리고 고개를 숙여 인사하기

– 하이파이브로 인사하기

– 윙크하며 인사하기

– 악수하며 인사하기

– 손 흔들며 인사하기

● 시진하기(영유아의 신체 및 정서적인 상태 살피기)

등원하는 영아의 건강 상태를 살펴야 한다. 혹여 아픈 곳은 없는지, 상처 난 곳은 없는지 등을 살핀다. 또한 정서적인 상태도 살펴야 한다. 영유아가 시무룩하거나 우는 등의 모습이 보이면 부모님과의 상호작용을 통해 얻은 정보에 기초하여 개별적 특성에 따라 적절한 지원을 한다. 등원 시 부모와 영유아의 건강 상태나 기분, 배변 상태, 식사 여부, 투약 여부 등의 정보를 나눌 수 있다.

● 간식 자유롭게 먹을 수 있는 환경 구성하기

오전 간식은 실내놀이 시간 속에 자유롭게 먹고 싶은 시간에 먹고 싶은 만큼 먹도록 환경을 구성한다. 남겨도 괜찮고 천천히 먹어도 괜찮다는 것을 알 수 있도록 이야기해 준다. 정해진 시간에 간식을 먹도록 한다거나 간식을 먹은 후에 실내놀이를 하도록 하지는 않는지 점검해 본다.

● 실내놀이 재료 및 교구를 다양하고 충분하게 준비하기

놀이 교구 선정 시 영유아의 성별이나 인종, 종교, 가정 환경, 장애 등에 대한 편견을 가지거나 차별하지 않도록 구성한다. 영아반은 같은 교구를 여러 개 준비하여 분쟁을 예방하도록 한다.

● 영유아 스스로 흥미로운 놀이를 선택하도록 기다려 주기

영유아는 개인별 관심 있는 놀이나 흥미로운 놀이가 다 다르다. 영유아가 하고 싶은 놀이를 하도록 교사는 격려해 준다.

● 교사는 영유아의 놀이 속에서 또래가 되어 함께 놀기

교사는 영유아가 놀이할 때 또래가 되어 함께 놀이한다. 교사가 영유아와 친구가 되어 놀이할 때 영유아의 놀이는 더 확장되고 자유로워진다.

● 영유아가 놀이에 몰입할 수 있도록 교사의 목소리 낮추기

교사와 영유아가 함께 놀이할 때 교사의 목소리가 너무 클 경우 다른 놀이를 하던 영유아가 교사의 큰 목소리에 반응하게 되고 그러할 경우 영유아는 놀이의 흐름이 끊기거나 몰입도가 떨어져 놀이에 방해를 받을 수 있다. 따라서 교사는 영유아와 놀이할 때 적당한 크기의 목소리(주변 영유아와 대화할 수 있는 크기)로 상호작용한다.

● 영유아의 의견이나 결과물에 관심을 가지고 긍정적으로 강화해 주기

● 놀이 영역에서 이루어진 활동에 대해 작품 전시 및 게시하기

스스로 게시하게 하거나 교사가 작품 사진을 찍어서 게시하여 영유아의 성취감을 높인다.

- 영유아의 생각과 의견, 작품 등의 결과물을 선입견 없이 있는 그대로 인정해 주고 이에 관해 이야기를 나눈다.
- 영유아의 의견이나 결과물에 대해 구체적인 칭찬과 격려를 표현해 준다.
- 놀이 영역에서 이루어진 활동의 결과물에 대해 영유아 스스로 작품을 게시할 수 있도록 손 높이에 맞는 게시 공간을 구성해 준다.
- 게시할 수 없는 작품일 경우(블록 영역의 작품이나, 소꿉 영역의 상차림 등)는 교사가 사진을 찍어서 게시해 주어 영유아의 성취감을 높인다.

● 정리 시간 예고하기- 상황에 따라 정리 시간 연장하기

실내놀이가 마무리되는 시간을 미리 예고해 주면 영유아는 놀이를 계획하고 정리하는 시간을 조절할 수 있다. 교사가 예고 없이 갑자기 정리하도록 하면 영유아는 놀이가 중단되는 것으로 느끼며 정리하는 것에 대한 거부감이 있을 수 있다. 정리 시간을 반복해서 안내하면 영유아는 놀이를 예측할 수 있어서 안정감을 느끼며 놀이를 마무리할 수 있다. 또한 영유아가 교사의 예고 시간보다 더 놀이하기를 원하는 경우 실내놀이 시간을 충분히 연장하여 영유아의 놀이가 확장되고 놀이의 질과 만족도가 높아지도록 운영한다.

● 영유아의 기질, 욕구와 흥미, 습관 등 개별적 특성 파악하기

민감하고 주의 깊은 일상적 관찰을 통해 개별 영유아의 특성을 파악한다. 관찰은 특정 시간을 정하여 실시하는 것이 아니라 일과 중 수시로 모든 영역의 다양한 행동에 대해 이루어진다. 관찰한 사항 중 기록이 필요한 내용은 개별 관찰 기록에 기록해 둔다.

보육실습생의 역할

〈영아〉

보육실습생은 실습 지도교사가 영아와 상호작용하는 태도와 방법을 잘 관찰하여 익힐 뿐만 아니라 영아와 함께 개별적으로 상호작용하며 영아의 놀이를 지원해 준다. 특히 안전하고 위생적인 놀이 환경을 유지하도록 관리하여야 하며 영아 간 갈등 상황에서 안전사고가 발생하지 않도록 유의하며 관찰한다. 보육실에서 문제 상황이 발생하면 즉시 지도교사에게 알리도록 한다.

〈유아〉

실내놀이 시간 동안 유아들은 개별적으로 놀이하기도 하지만 다른 친구들과 놀잇감을 공유하고 함께 놀이하는 과정에서 많은 갈등 상황이 발생하기 마련이다. 따라서 보육실습생은 실습 지도교사와 유아가 함께 정한 규칙을 빨리 익히고 이 기준에 따라 일관성 있게 지도해야 한다. 갈등 상황이나 문제 상황이 발생했을 경우 섣부르게 개입하기보다는 실습 지도교사에게 알리고 지도교사의 문제 상황 지도 방법을 잘 관찰하여 익히도록 한다. 실내놀이 중 유아가 한 영역의 놀이를 마치면 자신의 놀잇감을 스스로 정리할 수 있도록 도와준다.

(3) 화장실 및 손 씻기

화장실 및 손 씻기	• 영유아 화장실 이용 및 용변 처리 도와 주기
	• 기저귀 갈아 주기
	• 옷에 실수한 영유아 다른 친구들이 보지 않는 곳에서 처리해 주기 • 불쾌하거나 창피한 감정이 들지 않도록 안심시키며 처리해 주기
	• 자연스럽게 위생교육하기
	• 감각 자극되는 상호작용하기 (예: 물 느낌이 어때? 비누 거품 향기는 무슨 향기야? 등)

● 화장실을 이용하고 싶은 영유아 다녀오기

영유아의 개별적 욕구에 따라 자유롭게 화장실에 다녀올 수 있도록 한다. 배변 훈련이 진행 중인 영아의 경우 개별적 관찰에 따라 일정 시간(1시간 30분마다 또는 2시간마다)에 영아에게 화장실에 다녀오도록 교사가 체크하며 지원해 준다. 영아가 화장실에 갈 때는 교사가 동행하여 개인차에 따라 배변 훈련을 지원한다.

● 기저귀 갈아 주기

영아를 개별적으로 관찰하면서 필요할 때 기저귀를 갈아 주어 편안하고 위생적으로 지내도록 한다. 같은 시간에 모든 영아의 기저귀 갈기가 의례적으로 실시되는 것이 아니라, 각 영아의 상태에 따라 개별적으로 진행한다.

- 대변인 경우 교사에게 도움 요청하기

유아의 신체 발달상 팔의 길이가 짧아서 스스로 뒤처리가 불가능하다. 따라서 대변일 경우 교사가 반드시 뒤처리를 해 주어야 하므로 유아는 반드시 대변 후 선생님에게 도움을 청하도록 한다.

- 옷에 실수한 영유아 다른 친구들이 보지 않는 곳에서 처리해 주기

영유아가 옷에 대소변을 실수했을 경우는 다른 친구들이 보지 않는 곳에서 옷을 갈아입혀 주어 영유아의 사생활을 보호해 주어야 한다. 또한 불쾌하거나 창피한 감정이 들지 않도록 안심시키며 처리해 주어야 한다. 그뿐만 아니라 실수한 것에 대해 부끄럽거나 창피해 할 영유아의 심리를 안심시키기 위하여 혼자만의 실수가 아닌 누구나 할 수 있는 실수임을 이야기해 주어 일반화한다.

- 자연스럽게 위성교육하기

화장실 사용 후 물 내리기, 손 씻는 과정 등을 이야기해 줌으로써 자연스럽게 위생교육을 진행한다.

- 감각 자극되는 상호작용하기

영아반은 손 씻기 등의 활동을 통해 감각 발달을 유도하는 자연스러운 상호작용을 해도 좋다. '물의 느낌은 어떠니?', '비누 거품 향기는 무슨 향기일까?' 등의 상호작용을 통해 자연스럽게 감각을 발달시킬 수 있다.

보육실습생의 역할

〈영아〉
보육실습생은 영아의 배변 행동을 주의 깊게 관찰하여 영아의 발달 단계에 따라 도움을 줄 수 있다. 배변 훈련 전의 영아들의 기저귀는 배변 주기에 따라 민감하게 확인한다. 배변 훈련을 시작한 영아들도 놀이에 몰입하거나 변기에 대한 불안이 있는 경우에는 배변 의사를 표현하지 않을 수도 있다. 이때, 영아에게 배변 의사를 파악하여 '쉬 할래?', '응가 했구나?' 등의 언어로 표현해 줄 수 있다. 실습 지도교사가 영아의 기저귀를 갈아 주거나 씻기는 동안 보육실습생은 다른 영아들을 지속해서 관찰하며 함께 놀이한다.

(4) 활동

활동	• 활동 지양하기(전혀 하지 않아도 됨)
	• 활동 시간을 20분 내로 진행하기
	• 앉는 공간 넓게 준비하기
	• 유아가 앉고 싶은 자리에 앉아 활동 진행하기
	• 시청각 자료는 대그룹에 적절한 크기로 준비하기

● 활동 지양하기

유아반이라고 해서 어린이집의 일과에서 활동의 비중을 무조건 높이는 것은 바람직하지 않다. 학기 초나 유아의 연령이 어리면 개별이나 소집단으로 충분히 경험하도록 하여 심리적으로 안정감을 느끼고 새로운 환경에 적응하면서 교실에서의 놀이에 적극적으로 참여할 기회를 제공하는 것이 좋다.

● 활동 시간을 20분 내로 진행하기

활동의 운영 시간 또한 주의 집중 시간이 짧고 흥미의 흐름이 자꾸 바뀌는 유아의 특성을 고려하여 15~20분 정도로 짧게 진행한다.

● 앉는 공간 넓게 준비하기

활동 시 유아의 앉는 공간을 넓게 준비하여 공간의 불편함을 최소화한다. 교실 안에 교구장으로 영역이 구분되어 있어서 대집단활동을 하기에 좁은 공간이라면 교구장을 벽 쪽으로 밀어 놓아 활동 공간을 넓게 준비한다.

● 유아가 앉고 싶은 자리에 앉아 활동 진행하기

활동 시 유아가 앉고 싶은 자리에 앉을 수 있는 권리를 존중한다. 교사가 일방적으로 정해 준 자리에 유아를 앉히지 않는지 점검해 본다.

● 시청각 자료는 활동을 위해 모인 영유아 수에 맞는 크기로 준비하기

시청각 자료를 준비할 경우 활동에 적절한 크기로 준비한다. 너무 크면 앞에 앉은 유아는 전체 보기에 불편할 수 있고 너무 작으면 뒷자리의 유아들은 보이지 않을 수 있으며 집중도가 떨어질 수 있다. 시청각 자료는 교실 한쪽에 전시해 줄 수 있다.

보육실습생의 역할

〈유아〉

활동의 특성에 따라 반원, 동그라미, 두 줄 등 모이는 대형이 달라질 수 있으므로 실습 지도교사의 안내에 따라 유아들이 활동 준비를 할 수 있도록 돕는다. 유아들은 주의 집중 시간이 짧으므로 개별 집중하지 못하는 유아가 있을 수 있다. 이때 활동의 흐름을 방해하지 않도록 개별 유아에게 적절한 지원을 한다. 또한 실습생도 활동에 집중하고 참여하는 모습을 보인다.

(5) 바깥놀이

바깥놀이	• 바깥놀이 시 비상 약품 챙기기
	• 바깥놀이 경로를 얘기해 주거나 영유아가 바깥놀이 정하기
	• 안전하게 이동하기
	• 탐색과 관찰이 활발히 이루어지도록 충분히 기다려 주기
	• 산책 시 채집한 물건 교실에 가져오도록 허용하기
	• 물 준비해 가기
	• 산책 후 손 씻기
	• 세수한 후 로션 바르기

● 바깥놀이 시 비상 약품 챙기기

바깥놀이 시 발생 될 수 있는 안전사고에 대비하여 바깥놀이용 응급처치 가방을 챙긴다.

● 바깥놀이 경로를 얘기해 주거나 영유아가 바깥놀이 정하기

교사가 바깥놀이의 경로를 영유아에게 알려 주면 영유아는 바깥놀이에 대해 예측하여 안정감과 기대감을 갖는다. 또한 교사는 영유아에게 하고 싶은 바깥놀이를 정하도록 하여 영유아가 바깥놀이에 대해 더욱 적극적으로 참여하도록 유도할 수 있다.

- 안전하게 이동하기

– 짝꿍 영유아가 스스로 정하기: 바깥놀이 시 짝꿍 없이 진행해도 좋다. 하지만 짝꿍을 정해서 진행하고자 하면 교사가 정해 주지 않고 영유아가 스스로 짝꿍을 정하거나 제비뽑기 등의 방법으로 짝꿍을 정한다. 영유아는 권리 행사의 주체자로서, 자기 생활에 영향을 주는 일에 대하여 자기 생각과 의견을 적극적으로 표현할 수 있는 참여권의 권리를 누리도록 한다.

– 반드시 두 줄로 다니지 않아도 되기: 바깥놀이 시 두 줄(기차)로 다니도록 강요하고 있지는 않은지 점검해 본다. 두 줄을 맞추어 걷다 보면 영유아들이 자연 및 주변 환경을 더 많이 관찰할 기회를 놓칠 수 있다.

- 탐색과 관찰이 활발히 이루어지도록 충분히 기다려 주기

영유아는 바깥놀이를 하다 보면 예상치 못한 곤충이나 식물에 호기심을 느낀다. 영유아가 충분히 관찰할 수 있도록 교사는 재촉하지 않고 기다려 준다.

- 바깥놀이 시 채집한 물건 교실에 가져오도록 허용하기

영유아가 바깥놀이 시 관심이 있는 자연물을 채집하는 경우가 많다. 이런 경우 채집한 자연물을 교실에 가져오도록 허용하고 채집한 자연물을 교실에서 자연스럽게 탐색할 수 있도록 지원해 준다.

- 물 준비해 가기

교사는 바깥놀이 활동 시 물을 준비해 가서 영아가 물을 먹고 싶어 할 경우를 대비한다. 영유아는 물을 마시고 싶을 때 언제든지 마실 수 있어야 한다.

- 바깥놀이 후 손 씻기

바깥놀이 후에는 반드시 손을 씻을 수 있도록 안내한다.

- 세수한 후 로션 바르기

세수한 후 로션을 바르며 향기롭고 상쾌한 기분을 느끼도록 한다.

보육실습생의 역할

〈영유아〉

영유아가 신발을 신고 바깥놀이 공간으로 이동할 수 있도록 돕는다. 보육실습생은 실습 지도교사를 도와 영유아의 놀이가 유지 · 확장될 수 있도록 놀이에 개입하거나 안전하게 놀이할 수 있도록 관리하고 관찰한다. 안전사고가 발생했거나 영유아 간 갈등 상황이 발생했을 시 실습 지도교사에게 즉시 알리도록 한다. 놀이가 끝난 후에는 유아 스스로 놀잇감을 정리하고 손을 씻도록 돕는다.

(6) 점심 식사 및 이 닦기

점심 식사 및 이 닦기	
	• 메뉴에 대해 기대감 높이기
	• 식품 알레르기 영유아 확인하기
	• 자연스럽게 영양교육하기
	• 먹고 싶은 만큼 먹도록 하기
	• 먹기 싫은 음식 아주 소량만 경험하도록 권유하기
	• 식판, 자기 식사 자리 등 영유아 스스로 정리해 보기
	• 투약 아동을 확인하여 정해진 시간에 투약하기
	• 이 닦기

● 메뉴에 대해 기대감 높이기

점심 식사 메뉴의 음식 냄새를 맡고 예측해 보며, 맛있고 즐거운 점심 식사에 대한 기대감을 높인다.

● 식품 알레르기 영유아 확인하기

식단마다 식품 알레르기 영유아가 있는지 확인한 후 알레르기 식품이 있는 경우 반드시 대체 식품을 제공하여야 한다.

● 자연스럽게 영양교육하기

매일 점심 메뉴마다 우리 몸에 도움이 되는 영양소에 관해 이야기하며 자연스럽게 영양교육을 진행한다.

● 먹고 싶은 만큼 먹도록 하기

식사의 개인차를 인정하여 강압적으로 실시하지 않는다. 즉, 음식의 선호와 섭취량, 식사 속도에는 개인차가 있음을 인정하고 강압적으로 먹이지 않는다. 식사 속도가 느린 영유아는 마지막까지 편안하게 식사할 수 있도록 배려해야 한다. 영유아가 식사 중일 때 식탁을 정리하거나 식사 중인 영유아의 자리를 예고 없이 마음대로 옮기지 않아야 한다. 먼저 식사를 끝낸 영유아들의 이동이나 정리 등을 이유로, 아직 식사 중인 영유아를 혼자 두고 교사가 자리를 비우지 않는다.

● 먹기 싫은 음식 아주 소량만 경험하도록 권유하기

먹기 싫은 음식은 아주 소량만 경험하도록 하나 그마저도 먹기 싫어하는 경우 강압적으로 먹이지 않는다. 교사가 맛있게 먹는 시범을 보이거나 잘 먹는 친구를 칭찬하여 영유아가 먹어 보고 싶도록 긍정적인 점심 식사 분위기를 조성한다.

● 식판, 자기 식사 자리 등 영유아 스스로 정리해 보기

점심 식사를 다 마친 영유아는 교사의 도움을 받아 식판과 자신이 앉았던 자리를 스스로 정리해 본다.

● 투약 아동 확인하여 정해진 시간에 투약하기

점심 식사 후 투약이 필요한 영아가 있으면 정해진 시간에 정해진 용량을 확인한 후 투약한다.

● 이 닦기

이를 닦을 때 영아의 경우 치약의 양을 교사가 조절해 준다. 이 닦을 때는 앞니, 어금니, 윗니뿐만 아니라 혀와 입천장도 닦을 수 있도록 교사가 지원한다.

보육실습생의 역할

〈영유아〉

보육실습생은 수유 및 이유식, 식사 준비를 도울 수 있다. 영유아가 스스로 먹기나 다양한 먹기를 시도하는 경우에 적극적으로 격려해 주며 식사 시간이 즐겁고 편안한 분위기에서 이루어질 수 있도록 한다. 식사 후에 자리를 깨끗하게 정리하고 영유아의 입 주변, 손, 옷 등을 닦아 주도록 한다. 영유아의 이 닦기를 개별적으로 도와주거나 식사를 먼저 마친 영유아가 휴식을 취하거나 놀이할 수 있도록 도와준다.

(7) 낮잠 및 휴식 시간

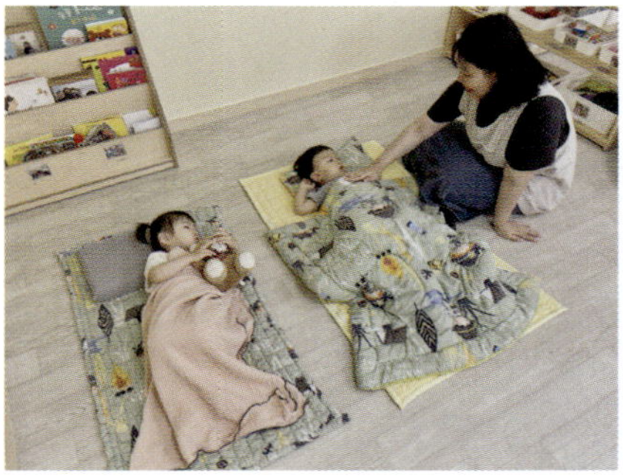

<table>
<tr><td rowspan="10">낮잠
및
휴식 시간</td><td>• 영유아 스스로 눕고 싶은 자리에 누울 수 있도록 하기</td></tr>
<tr><td>• 개별 이불과 요 제공하기</td></tr>
<tr><td>• 여벌 이불과 요 준비해 두기</td></tr>
<tr><td>• 조용한 음악 틀어 주기</td></tr>
<tr><td>• 낮잠 준비를 위해 옷을 갈아입을 때, 멍 자국, 피부의 상처나 염증 등이 있는지 관찰하기</td></tr>
<tr><td>• 개인적 잠자리 스타일 존중하기
(예: 등 긁어 주기, 머리 쓰다듬어 주기, 토닥여 주기 등)</td></tr>
<tr><td>• 낮잠 자기 싫어 하는 경우 다른 영유아들에게 방해가 되지 않는 범위에서 조용한 놀이를 할 수 있도록 지원하기</td></tr>
<tr><td>• 낮잠 시간 후 기분 좋게 깨어나도록 배려하기</td></tr>
<tr><td>• 낮잠 후 교사의 도움을 받아 영유아 스스로 잠자리를 정리하도록 지원하기</td></tr>
<tr><td>• 개별적인 상호작용을 통해 영유아의 특성과 요구 파악하기</td></tr>
</table>

● 영유아가 눕고 싶은 자리에 누울 수 있도록 하기

낮잠 자는 자리를 교사가 지정해 주지 않고 영유아 스스로 자고 싶은 곳을 정하도록 한다. 영유아가 자고 싶은 곳에 교사와 함께 개별 이불을 펴고 누울 수 있도록 지원한다.

● 개별 이불과 요 제공하기

개인의 위생을 위해 개별 이불과 요를 준비한다.

● 여벌 이불과 요 준비해 두기

개별 이불과 요를 준비하지 못했거나 개별 이불과 요가 오염되었을 경우(소변 등) 어린이집에서 여벌 이불과 요를 준비해 두어 영유아에게 제공한다.

● 조용한 음악 틀어 주기

조용한 음악을 들으며 편안하게 낮잠을 잘 수 있는 환경을 제공한다.

● 낮잠 준비를 위해 옷을 갈아입을 때, 멍 자국, 피부의 상처나 염증 등이 있는지 관찰하기

가정에서 또는 오전 놀이 시간에 생길 수 있는 상처를 관찰한다. 상처가 발견되면 언제 어디서 어떻게 생긴 상처인지를 확인한 후 적절한 조치를 취한다.

● 개인적 잠자리 스타일 존중하기

개별적인 수면 습관 및 요구를 파악하고 반영해 주어 편안하게 잠들 수 있도록 돕는다. 이를테면 담요나 인형 등 애착물을 제공하거나 그림책을 읽어 주거나 조용한 목소리로 이야기를 들려줄 수 있다. 영유아마다 잠드는 데 필요한 시간과 습관(예: 등 긁어 주기, 머리 쓰다듬어 주기, 토닥여 주기 등)이 각기 다르므로 모두 똑바로 누워서 잠들도록 강요하지 말고 여유를 가지고 상호작용한다.

● 낮잠 자기 싫어 하는 경우 다른 영유아들에게 방해가 되지 않는 범위에서 조용한 놀이를 할 수 있도록 지원하기

낮잠 시간에 잠이 오지 않아 뒤척이는 영유아를 억지로 재우지 않으며, 자지 않는 것에 대해 부정적으로 말하거나 혼내지 않고 다른 영유아가 방해가 되지 않도록 조용한 놀이를 할 수 있도록 지원한다.

● 낮잠 시간 후 기분 좋게 깨어나도록 배려하기

낮잠 시간이 끝나기 전에 미리 일어날 시간임을 예고해 주고 한 번에 너무 밝게 불을 켜기보다는 커튼을 열어서 서서히 밝아지도록 한다.

일어나기 힘들어하는 영유아의 경우, 따뜻하게 안아 주거나 쓰다듬어 주면서 천천히 잠에서 깨어나도록 하는 등의 개별적인 배려가 필요하다. 필요한 경우 별도의 휴식 공간 또는 언어 영역에서 일과 중에 휴식을 취하며 좀 더 편안하게 안정을 취할 수 있도록 한다.

● 낮잠 후 교사의 도움을 받아 영유아 스스로 잠자리를 정리하도록 지원하기

낮잠 후에는 교사의 도움을 받아 영유아 스스로 이불과 요를 정리하도록 한다.

● 개별적인 상호작용을 통해 영유아의 특성과 요구 파악하기

집단으로서가 아니라 일대일 상호작용을 통해 개별적인 관계 맺기가 이뤄진다. 일상에서 낮잠 시간에 재워 주면서, 영유아와 둘이서만 이동하는 시간 등 개별적인 상호작용의 시간을 가질 수 있다.

보육실습생의 역할

〈영유아〉

보육실습생은 실습 지도교사를 도와 침구를 준비하거나 정리한다. 영유아가 낮잠을 자거나 휴식을 취하는 동안 쾌적한 환경을 마련하기 위해 채광 및 온도를 조절하거나 창문을 열어 공기를 환기한다. 낮잠 자기를 힘들어하는 영유아에게 안정감을 주며 다독여 주고 시간이 걸려도 편안하게 잠들 수 있도록 기다려 준다. 그러나 잠들기 힘들어하는 영유아에게는 지나치게 낮잠을 강요하지 않고 휴식을 취할 수 있도록 한다. 낮잠 시간 동안 실습 지도교사가 관찰일지 작성, 수업 자료 준비를 하는 경우 영유아의 상태를 지속해서 관찰하도록 한다. 영유아가 낮잠에서 깨면 옷을 입고 침구를 정리하는 것을 도와준다.

(8) 오후 간식, 실내놀이 및 귀가

오후 간식 및 실내 놀이	• 개별적 간식 시간 존중하기
	• 오전 실내놀이 시간을 연장하여 놀이하도록 충분한 시간 제공하기
	• 옷과 머리 단정히 하기
	• 하루 놀이 평가하기
	• 내일 놀이 기대하며 귀가하기
	• 충분한 스킨십하며 귀가하기

- 개별적 간식 시간 존중하기

먹고 싶은 양만큼 자율적으로 먹을 수 있는 환경을 제공한다.

- 오전 실내놀이 시간을 연장하여 놀이하도록 충분한 시간 제공하기

오전 실내놀이 시간을 연장해 놀이가 확장되도록 지원한다.

- 옷과 머리 단정히 하기

옷과 머리를 단정히 하여 귀가하도록 돕는다.

● 하루 놀이 평가하기

영유아가 하루 중 가장 즐거웠던 놀이나 속상했던 일 등을 회상하며 하루를 평가한다.

● 내일 놀이 기대하며 귀가하기

내일 하고 싶은 놀이를 계획하고 기대하며 귀가하여 다음 날 등원이 즐거울 수 있도록 한다.

● 충분한 스킨십하며 귀가하기

영유아가 충분히 사랑받고 있음을 느낄 수 있도록 교사는 다양한 방법으로 스킨십을 한다.

보육실습생의 역할

〈영아〉

영아의 귀가 준비를 위해 얼굴, 머리, 옷차림 등을 살펴 주며 빠진 소지품이 있는지 확인한다. 영아와 밝은 표정으로 인사를 나누고 부모님께도 공손하게 인사한다. 실습 지도교사의 허락 없이 임의로 영아를 귀가시키지 않는다. 어린이집의 통학 차량을 이용하는 영아가 있는 경우 실습 지도교사를 도와 안전하게 차량에 탑승할 수 있도록 돕는다. 영아가 모두 귀가한 후 활동 자료나 보육실 정리정돈을 돕는다.

〈유아〉

보육실습생은 실습 지도교사를 도와 유아가 미처 챙기지 못한 소지품을 챙기거나 옷차림 정리를 돕는다. 어린이집의 경우 통합보육을 하며 개별 귀가하는 유아가 많으므로 가정통신문이나 자신의 활동 결과물을 잘 챙길 수 있도록 돕는다. 보육실습생 또한 밝은 표정으로 유아와 인사를 나누고 부모님이 오신 경우 예의 바르게 인사하도록 한다.

(9) 연장보육 및 실내외 놀이

연장보육실로 이동하기	• 담임교사와 인사하기(헤어짐) • 연장반 교사와 인사하기(만남) • 형, 동생과 반갑게 인사하기
연장보육 및 실내놀이	• 영유아의 흥미에 따라 놀이하기 • 형, 동생과의 사회성 발달 증진을 위해 지원하기 • 장시간 어린이집에 머무는 영유아의 정서적 안정을 위해 따뜻하게 지원하기(영유아 및 학부모) • 퇴근 전 어린이집 전체를 돌아보고 잠금장치 및 전기 등 확인하기

- 헤어짐: 담임교사와 인사하기

- 만남: 연장반 교사와 인사하기
  형, 동생과 반갑게 인사하기

영유아와 함께 연장보육실로 이동하여 연장보육 교사에게 영유아의 수, 신체 및 정서적 상태 등에 대해 인계한다.

영유아는 연장보육실로 이동하며 바뀐 교실을 어색해할 수 있어 영유아가 연장보육실에서 편안함을 느낄 수 있도록 담임교사는 잠시 머무른 후 연장반 교사에게 영유아를 인계한다.

- 영유아의 흥미에 따라 놀이하기
- 형님, 동생과의 사회성 발달 증진을 위해 지원하기
- 장시간 어린이집에 머무는 영유아의 정서적 안정을 위해 따뜻한 지원하기

- 퇴근 전 어린이집 전체를 돌아보고 잠금장치 및 전기 등 확인하기

통합 연령으로 운영되는 시간이므로 형, 동생과의 사회적 관계 증진이 향상되는 기회를 가질 수 있도록 지원한다. 또한 연장반 교사는 장시간 어린이집에 머무는 영유아의 정서적 안정을 위해 영유아와 학부모에게 따뜻한 지원을 한다.

■ ■ 4장 들어가며…

본 장에서는 보육실습일지의 구성과 작성 방법에 대해 알아보고자 한다. 보육실습일지는 실습생의 실습 내용과 실습 기관의 실습 지도가 잘 진행되었는지를 확인할 수 있는 문서이다. 다양한 보육실습일지의 구성 및 포함하여 작성되어야 하는 내용을 확인하여 보육실습을 준비할 수 있도록 한다.

4장

보육실습의 실제

1. 관찰 기록 작성

1) 놀이 관찰

실습생은 하루 일과 중 가장 많은 비중을 차지하고 있는 놀이와 지도교사의 놀이 지원 방법을 민감하게 관찰할 필요가 있다. 나아가 실습생은 영유아의 놀이 모습과 지도교사의 놀이 지원 방법을 관찰하고, 실제에 적용하기 위한 노력을 해야 한다.

(1) 놀이 관찰과 기록의 필요성

놀이가 '일' 또는 '공부'가 아닌 '놀이'가 되기 위한 가장 중요한 요소는 내적 동기화이다. 놀이의 내적 동기화는 놀이의 주도성을 영유아가 갖는 것을 의미한다. 영유아 스스로 놀이를 시작하여 유지될 때 놀이는 놀이의 성격을 갖게 된다. 영유아는 놀이를 하면서 인지적 갈등을 경험하고 그 갈등을 해결하는 과정에서 스스로의 유능성에 대해 확인하고 즐거움을 경험하게 된다. 즉, 놀이는 영유아에게 학습의 기회가 되며 교사에게는 교수의 기회가 된다. 따라서 교사는 영유아가 놀이의 주도성을 가질 수 있도록 영유아의 놀이를 민감하게 관찰하고 지원해 주어야 할 것이다.

제4차 표준보육과정(개정 누리과정)에서도 놀이의 주인으로서 영유아를 강조하고 있다. 영유아·놀이 중심 교육과정 운영을 위하여 교사는 사전 계획이나 준비를 고민하기보다는 영유아의 놀이를 읽어 주는 것이 필요하다. 즉, 교사는 영유아의 흥미에 따라 놀이가 이루어질 수 있도록 하루 일과를 수정하여 운영하는 것이 필요하다. 이와 같은 하루 일과의 융통적 운영은 교사의 놀이 관찰에서 시작된다. 교사는 영유아 놀이의 의미, 놀이를 통한 변화와 성장, 영유아의 생각 등을 관찰하여 기록으로 남겨야 하며, 적절한 놀이 개입의 시기와 상황을 판단하여야 한다(경기도교육청, 2018).

보육실습에서 실습생이 해야 할 가장 중요한 실습 내용은 보육현장의 관찰이며, 관찰의 시작과 중심은 바로 놀이이다. 영유아의 놀이를 관찰하고 기록에 남기기 위하여 몇 가지 고려할 사항이 있으며 그 내용은 다음과 같다.

첫째, 놀이의 무엇을 어떠한 도구로 관찰할 것인지를 결정해야 한다. 예를 들어 사회, 인지놀이 변화를 관찰할 것인지, 사회극놀이의 변화를 관찰할 것인지 등에 대한 고려가 있어야 한다. 목적에 따라 놀이 관찰 및 평가 방법 도구를 선택해야 하며, 몇 가지의 도구는 함께 사용될 수도 있다.

둘째, 영유아의 놀이는 자연스러운 상황에서 충분한 시간을 두고 진행되어야 한다. 자연스럽고 익숙한 상황에서 관찰이 이루어지지 않는다면 영유아는 자신이 평가받고 있다고 생각하게 된다. 그렇게 되면 놀이가 지속적으로 유지 및 확장되지 않고, 놀이 시간이 짧아져 놀이 전체의 의미를 읽기 어렵게 된다.

셋째, 영유아와 영유아의 개인 간 평가보다는 영유아의 개별적인 변화에 중점을 두어 놀이를 평가하는 것이 좋다.

(2) 놀이 관찰 및 평가 방법

놀이 관찰 및 평가 방법은 관찰척도, 평정척도, 일화 기록, 포트폴리오 등의 방법이 사용될 수 있다. 관찰 방법을 선택할 때에는 관찰 목적에 따라 그 방법이 쉬운 것을 선택하는 것이 좋다. 관찰 이후의 평가는 한 가지 관찰 방법에 따라 진행되는 것보다 다양한 종합적인 자료를 근거로 해야 하며 객관적인 사실에 기초하여 포괄적인 평가가 이루어질 수 있도록 소개되는 것이 바람직하다.

① 관찰척도

관찰척도는 구조적인 관찰 도구이다. 관찰과 기록 방법이 정해져 있기 때문에 체계적이며 사용하기 쉽다. 구체적인 관찰척도의 예로 〈표 4-1〉의 놀이 관찰척도, 〈표 4-2〉의 놀이 영역 참여 관찰척도 등이 있다.

놀이 관찰척도의 경우 타당도와 신뢰도가 확보된 척도로서 간편하고 편하게 놀이를 관찰할 수 있다.

〈표 4-1〉 놀이 관찰척도

번호	평가 문항	예	아니오
1	놀이를 계획하여 목표 지향적 놀이를 한다.		
2	놀이를 위해 충분히 탐색한다.		
3	놀잇감에 적합한 특징을 인식한다.		
4	놀이가 전개되는 상황에 대해 인식한다.		
5	놀이 도중 잘못된 것을 스스로 바꾸고 재시도해 본다.		
• • •			

출처: 지성애(2007).

놀이 관찰척도의 경우 5분 간격으로 각 놀이 영역에 참여하고 있는 영유아를 관찰하는 것이다. 5분이라는 관찰 기록 방법이 정해져 있으며, 구체적인 영역이 표시되어 있기 때문에 관찰자가 쉽게 적용할 수 있는 관찰 방법이다.

〈표 4-2〉 놀이 영역 참여 관찰척도

반 이름:				관찰 일자:				관찰자:	
시간	쌓기	역할	언어	수· 조작	과학	조형	음률	바깥 놀이	기타
9:20									
9:25									
9:30									
9:35									

출처: Lindberg & Swedlow(1980): 박찬옥, 정남미, 곽현주(2020), 재인용.

② 평정척도

평정척도는 관찰척도와 동일하게 놀이 행동을 관찰하고 평가를 위한 기록 체계를 제공한다. 그 결과의 사용이 편리하며, 시간도 절약할 수 있다. 관찰척도는 행동의 유·무를 기록한다면, 평정척도는 행동의 유무와 함께 그 정도와 질에 대한 평가를 할 수 있다는 점이 차이점이다. 그러나 다음과 같은 오류를 범하기 쉽다(박찬옥 외, 2020, 재인용).

- 관대함의 오류: 친숙한 사람을 관대하게 평가하는 경향
- 집중 경향치의 오류: 아주 높거나 낮은 점수를 피하려는 경향
- 후광 효과: 정확하지 않은 정보가 관찰 및 평가에 영향을 미치는 경향

〈표 4-3〉 5점 평정척도의 예

내용	매우 그렇지 않다	그렇지 않다	보통이다	그렇다	매우 그렇다
유아의 동작이 잘 협응되어 있다. 놀이 시 신체적으로 능동적이다.					

〈표 4-4〉 3점 평정척도의 예

내용	그렇지 않다	보통이다	그렇다
유아의 동작이 잘 협응되어 있다. 놀이 시 신체적으로 능동적이다.			

여기서 잠깐 평정척도 오류의 예

1) 예시 1

실제로는 가위질도 잘하고, 평균대 위도 잘 걸어가는 이△△이다. 평정척도를 실시하던 김 교사는 복도에 넘어져 있던 이△△ 영유아의 모습이 떠올랐다. 교사는 아래의 표와 같은 평정척도를 실시하였다. 이때 교사가 범한 오류는 후광 효과이다.

○: 실제 발달 / ○: 교사의 평가 발달

내용	매우 그렇지 않다	그렇지 않다	보통이다	그렇다	매우 그렇다
유아의 동작이 잘 협응되어 있다.	○			○	

2) 예시 2

김 교사는 재원생인 이△△, 신입생인 박◇◇의 신체적 자발성에 대한 평가를 실시하였다. 실제로는 동일한 발달을 보이는 두 유아지만 다음과 같이 평가를 하였다. 이때 교사가 범한 오류는 관대함의 오류이다.

○: 이△△ / ○: 박◇◇

내용	매우 그렇지 않다	그렇지 않다	보통이다	그렇다	매우 그렇다
유아의 동작이 잘 협응되어 있다.	○			○	

3) 예시 3

김 교사는 이△△에 대한 평가를 다음과 같이 실시하였다. 이때 교사가 범한 오류는 집중 경향치의 오류이다.

내용	매우 그렇지 않다	그렇지 않다	보통이다	그렇다	매우 그렇다
유아의 동작이 잘 협응되어 있다.			○		
놀이 시 신체적으로 능동적이다.			○		
다른 유아와의 놀이를 시작하고 주도한다.			○		
재미있는 이야기를 말한다.			○		

③ 일화 기록

일화 기록은 사건이 일어나는 것을 관찰하면서 동시에 기록하거나 일어난 직후에 기록하는 관찰 방법을 말한다. 일화 기록은 관찰 목적에 따라 개발된 관찰척도, 평정척도보다는 구조적이지 않다. 따라서 일화 기록의 장점은 영유아의 모든 발달 영역을 관찰하여 기록할 수 있다는 점이다. 그러나 관찰과 기록의 과정에서는 관찰척도, 평정척도보다 더 많은 시간이 소요된다.

일화 기록 시 가장 중요한 부분은 놀이 관찰에 대한 객관적 사실과 주관적 해석 및 평가에 대한 분리이다. 놀이 시 관찰한 영유아의 행동, 영유아와 주변 사람의 상호작용 등을 정확하고 객관적으로 기록해야 한다. 그리고 그 놀이에 대한 평가는 관찰이 끝난 후 객관적인 사실과 분리하여 기록한다.

여기서 잠깐 일화 기록 연습

다음의 일화 기록 관찰 내용을 확인하고 수정이 필요한 내용을 찾아 바로 고치시오.

<table>
<tr><th colspan="2">일화 기록 관찰</th></tr>
<tr><td colspan="2">• 관찰 유아(생년월일): 김ㅇㅇ(2016. 1. 23)</td></tr>
<tr><td colspan="2">• 관찰일: 2020년 5월 21일</td></tr>
<tr><td colspan="2">• 관찰 장면: 역할 영역의 병원놀이</td></tr>
<tr><td colspan="2">• 관찰 장소: 바다반 역할놀이 영역</td></tr>
<tr><td>• 관찰 내용
몇몇 영유아가 역할놀이 영역에서 병원놀이를 하고 있다. 이@@이가 의사가 되어 "다음 환자분 들어오세요!"라고 말한다. 김ㅇㅇ은 이@@이에게 다가가 "배가 아파서 왔어요."라고 이야기한다. 이@@은 "많이 아픈 것이 아니니 차가운 음식은 드시지 마세요."라고 이야기한다. 김ㅇㅇ은 화난 목소리로 "아니! 처방전을 줘! 처방전을 줘야지 약국에 가서 약을 타지. 빨리 처방전 줘!"라고 이야기한다. 동생이 태어난 이후로 김ㅇㅇ은 짜증이 많아졌다.</td><td>• 관찰 내용
몇몇 영유아가 역할놀이 영역에서 병원놀이를 하고 있다. 이@@이가 의사가 되어 "다음 환자분 들어오세요!"라고 말한다. 김ㅇㅇ은 이@@이에게 다가가 "배가 아파서 왔어요."라고 이야기한다. 이@@은 "많이 아픈 것이 아니니 차가운 음식은 드시지 마세요."라고 이야기한다. 김ㅇㅇ은 ~~화난 목소리로~~(화가 났다는 것은 영유아의 행동을 보고 교사가 해석한 것이다. 화난 목소리보다는 큰 목소리로 또는 발을 구르며와 같이 관찰한 객관적 사실로 기록하도록 한다.) "아니 , 처방전을 줘야지 약국에서 가서 약을 타지. 빨리 처방전 줘!"라고 이야기한다. 동생이 태어난 이후로 김ㅇㅇ은 짜증이 많아졌다.→ 평가로 이동하여 제시</td></tr>
<tr><td></td><td>• 평가
동생이 태어난 이후로 김ㅇㅇ은 짜증이 많아졌다.</td></tr>
</table>

④ 포트폴리오

포트폴리오 평가는 상대 평가, 표준화된 검사, 지필 검사가 갖고 있는 한계점을 보완한 관찰 평가 방법이다. 글자를 알지 못하는 영유아에게 지필 검사를 실시할 수 없는 한계, 지필 검사를 대신하여 관찰자가 문항을 읽고 답하는 방식에서 발생될 수 있는 문제점을 보완할 수 있다.

그러나 포트폴리오 평가는 비용과 시간이 많이 든다. 또한 평가과정에서 교사의 편견이나 주관적인 해석이 포함될 수 있으므로 평가 내용 및 결과에 대한 신뢰성, 타당성, 객관성의 확보가 어렵다.

포트폴리오는 영유아의 발달에 관한 다양한 기록물을 체계적으로 모아 평가하는 것으로 결과뿐만 아니라 과정에 대한 평가를 가능하게 한다. 관찰척도, 평정척도보다 종합적이며, 연속성을 갖고 진행되기 때문에 영유아 발달의 변화와 발달과정에 대한 전체적이면서도 지속적인 평가가 가능하다. 또한 영유아와 교사가 함께 포트폴리오를 보면서 평가 시간을 가질 수 있으며, 영유아 스스로가 자신에 대한 평가를 할 수 있다는 특징을 갖고 있다.

(3) 영유아의 놀이 이해하기

영유아의 놀이를 이해하기 위한 놀이 관찰과 기록의 과정은 놀이 기록 남기기, 놀이 속 의미 찾기의 과정으로 구분할 수 있다. 놀이 기록 및 놀이 속 의미 찾기의 과정은 앞서 살펴본 관찰의 기본 원리를 따라야 할 것이다.

① 놀이 기록 남기기

영유아의 놀이를 기록으로 남기는 방법은 여러 가지로 나누어 생각해 볼 수 있다. 영유아의 놀이를 사진으로 찍을 수도 있으며, 녹음 또는 간단한 메모를 남길 수도 있다. 그리고 이후 그 기록을 다시 돌아보며 어떤 의미가 있는지 생각해 볼 수 있으며, 이 과정을 통해 영유아의 놀이를 더 잘 이해할 수도 있다.

놀이 기록의 방법은 다양하며 관찰의 목적 및 교사의 선호에 따라 달라질 수 있다. 놀이 흐름, 개별 영유아, 기록의 주체, 보육계획안과 통합의 방법 등이 있을 수 있다(경기도 교육청, 2018). 그 구체적인 내용은 아래와 같다.

가. 놀이 흐름

교사의 목적과 선호에 따라 놀이 흐름을 기록으로 남긴다. 기록으로 남길 수 있는 방법으로는 〈표 4-5〉의 저널 형식, [그림 4-1]의 의미 있는 단어를 중심으로 기록하는 것과 같은 다양한 방법이 존재한다.

〈표 4-5〉 저널로 놀이 흔적 남기기

○○○○년 ○월 ○일 ○요일	
놀이의 흐름	역할 영역에 플라스틱 구슬을 놓아 주면서 아이스크림에 얹어 주는 토핑으로의 사용을 제안한다. 유아는 아이스크림을 뜨는 것처럼 그릇에 담고, 플라스틱 구슬을 얹어서 손님에게 준다. 아이스크림을 받은 유아는 아이스크림의 가격을 묻고 돈으로 다시 플라스틱 구슬을 준다. 어제의 놀이 후에 역할 영역에서 아이스크림 가게놀이가 시작되었다. 유아들은 아이스크림을 숟가락으로 뜨고 그 위에 여러 가지 가루를 뿌려서 빙수처럼 파는 놀이를 하고 있다.
오늘의 놀이 흔적	"여기 아이스크림 가게에는 빙수는 없나요?"라는 질문을 받고 한 유아가 놀이를 하다가 선생님에게 요청한다. "선생님, 빙수 팔려면 그릇도 있어야 하고, 다른 음식과 가격 표시가 있는 메뉴판이 필요해요!" 유아들은 서로 모여 종이 위에 그림을 그리고 음식의 이름과 가격을 표시하여 메뉴판을 만들고 있다.
교사의 지원	아이스크림 가게는 점차 커피숍, 가게, 음식점 등의 놀이로 확장되어 가고 있다. 아이들의 놀이를 확장하기 위하여 교실의 공간을 넓혀 주고 모형 화폐 등을 제공하는 것도 필요하다.

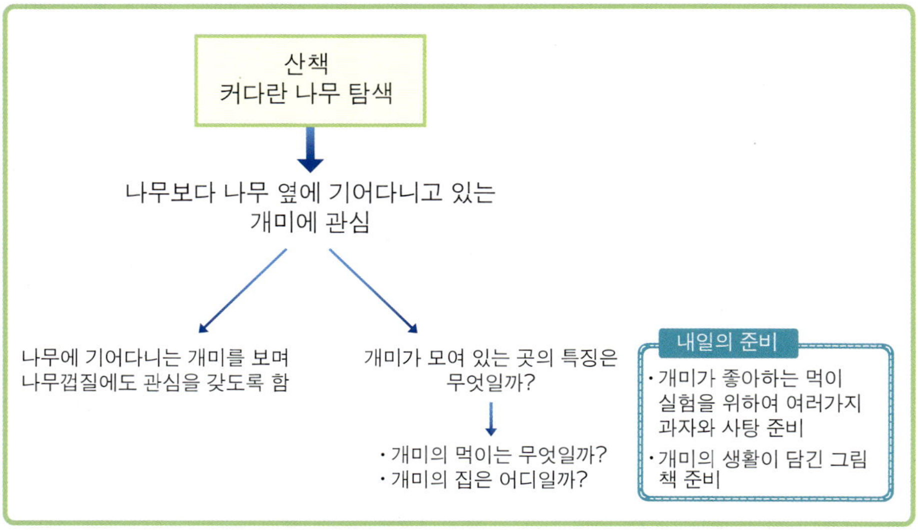

[그림 4-1] 단어 중심으로 놀이 흔적 남기기

나. 개별 영유아

한 명 한 명 영유아의 관심은 서로 다르다. 따라서 개별 영유아에 대한 기록을 남겨 놓는다면 개별 영유아의 발달과정을 이해할 수 있는 좋은 자료가 될 것이다. 관찰의 기본 원리인 객관적 사실과 해석 및 지원 내용은 〈표 4-6〉과 같이 분리하여 작성한다.

〈표 4-6〉 개별 영유아 놀이 흔적 남기기

영유아 이름: 김○○	
놀이 관찰 내용	해석 및 지원 내용
4월 10일 친구의 놀이를 지켜보며 혼잣말을 하고 있다.	놀이에 참여하고 싶은 것일까? 놀이하고 있는 이○○에게 관심이 있는 것일까?

다. 기록의 주체

기록의 주체에 따른 구분은 교사–영유아, 영유아 스스로로 나누어 볼 수 있다. 첫 번째, 교사–영유아가 함께하는 놀이 기록은 영유아에게 자신의 놀이가 매우 가치 있음을 알 수 있게 도와준다. 또한 기록의 과정에 영유아가 함께 참여한다면 자신의 놀이과정에 대해 되돌아볼 수 있으며, 영유아 스스로 새로운 놀이를 발견할 수 있는 좋은 기회가 될 수 있을 것이다. 두 번째는 영유아 스스로 놀이 기록을 남기는 것이다. 영유아는 자신이 새롭게 발견한 내용, 흥미 있는 상황을 그림이나 사진을 찍어 기록으로 남길 수 있다.

라. 보육계획안과 통합

영유아가 놀이의 주체가 될 수 있도록 하루 일과 속에서 놀이의 의미를 민감하게 관찰하여 보육일지에 제시하고 다음 보육 계획에 반영할 수 있도록 한다. 이와 같은 과정을 반복하면서 영유아의 놀이는 수정되고 확장되는 과정을 거치며 발전한다. 보육계획안의 양식은 다양하게 제시될 수 있으며, 〈표 4–7〉과 같이 교사의 관찰 내용에 따라 구체적으로 제시하도록 한다.

〈표 4-7〉 일일 보육계획안과 통합하여 놀이 흔적 남기기

<table>
<tr><th colspan="4">○○ 반 보육일지 (만 세)</th></tr>
<tr><td>날 짜</td><td>20 년 월 일 날씨:</td><td>담임</td><td>원장</td></tr>
<tr><td>교사의 기대</td><td></td><td></td><td></td></tr>
<tr><td>일과(시간)</td><td>계획 및 실행</td><td colspan="2">놀이 평가 및
다음 날 지원 계획</td></tr>
<tr><td>등원 및 통합보육
(7:30~9:00)</td><td></td><td colspan="2" rowspan="11">• 유아들이 자동차 경주 게임을 진행하며 속도의 차이에 대한 호기심이 생겼고, 경사도나 바닥의 촉감에 따라 속도가 달라짐을 발견하게 되었다.

• 유아들이 바닥의 촉감에 관심이 많아 내일은 다양한 촉감 길을 구성해 볼 수 있도록 재료를 추가로 제시해 주어야겠다.

• 유아들이 만든 자동차 길이 공간의 제약으로 끊기지 않고 이어질 수 있도록 교구장 및 책상을 정리하여 공간을 확장해 주어야겠다.</td></tr>
<tr><td>오전 간식
(9:00~9:20)</td><td></td></tr>
<tr><td>오전
실내놀이
(9:20~10:40)</td><td>• 데굴데굴 자동차를 굴려요
자동차 굴리기를 하는 유아의 곁에 다른 친구들이 관심을 보이며 모여 들어 놀이가 시작되었다. 바닥에서 자동차를 움직여 굴려 보다가 유아들은 어떤 자동차가 더 빠른지 알기 위해 책상 위, 매트 등 공간을 바꾸어 가며 자동차를 굴리는 놀이를 하였다.
• 내가 만드는 자동차 길
유아들이 자동차를 굴리며 놀이하다가 "자동차가 가는 곳은 어디지?"라는 한 유아의 질문에 "음, 도로야!"라고 대답하는 것을 듣고 자동차 길을 만들기 시작하였다.</td></tr>
<tr><td>활동
(10:40~11:00)</td><td></td></tr>
<tr><td>바깥놀이(대체)
(11:00~12:20)</td><td>• 바깥놀이 : 놀이터에서 자동차 굴리기
• 대체놀이 : 유희실에서 자동차 굴리기</td></tr>
<tr><td>점심 식사
(12:20~13:20)</td><td></td></tr>
<tr><td>낮잠 및 휴식
(13:20~14:20)</td><td></td></tr>
<tr><td>오후 놀이
(14:20~15:40)</td><td></td></tr>
<tr><td>오후 간식
(15:40~16:00)</td><td></td></tr>
<tr><td>귀가 및 통합보육
(16:00: 19:30)</td><td></td></tr>
<tr><td></td><td></td></tr>
<tr><td>반 운영 특이 사항</td><td colspan="3">• 부모 개별면담 진행 : ○○○, ○○○</td></tr>
</table>

② 놀이 속 의미 찾기

놀이 기록을 남기는 과정의 반복은 영유아와 교사, 그리고 교실에서 이루어지는 놀이의 의미 있는 변화를 이끌어 낼 수 있다. 기록의 과정을 거치면서 교사는 예민하게 영유아의 놀이를 관찰하게 되고 그 안에서 새로운 의미를 발견하게 된다. 그리고 영유아의 놀이 유지 및 확장을 위해 필요한 다양한 지원을 하며 영유아의 발달을 돕게 된다.

영유아의 놀이를 관찰하고, 이해하고, 확장하는 과정에서 동료 교사, 지역사회와 협력하게 되면서 더욱 다양한 놀이 발달이 이루어질 수 있다. 놀이를 관찰하여 기록한 이후 의미 찾기 과정에서 살펴보아야 하는 내용은 다음과 같다(경기도교육청, 2018).

- 영유아가 왜 이런 이야기와 행동을 하는 걸까?
- 영유아는 무엇을 원하고 있을까?
- 이 놀이는 영유아에게 어떤 의미가 있을까?
- 이 놀이가 그동안 어떻게 변화되어 왔는가?
- 영유아가 이전에 경험한 것과 어떤 관련이 있을까?
- 반복적으로 놀이하는 이유는 무엇일까?
- 새로운 놀이 공간을 찾는 이유는 무엇일까?

2) 상호작용 관찰

어린이집에서의 하루 일과는 일상생활, 놀이, 활동으로 구분될 수 있다. 영유아와의 상호작용은 하루 일과 중 계속 반복적으로 다양하게 나타난다. 따라서 보육실습생은 하루의 다양한 상황에서의 보육교사–영유아, 영유아–영유아의 상호작용을 관찰해야 하며 그때 고려 사항은 다음과 같다.

첫째, 실습생은 관찰한 내용에 대한 개인적 판단 또는 해석을 하지 말고 객관적이고 사실적으로 관찰하여 그 내용을 기록해야 한다. 또한 실습 지도교사의 상호작용에 대한 의문점이 있을 경우에는 하루 일과를 마치고 지도교사에게 질문을 한다.

둘째, 6주의 보육실습에서 관찰은 충분히 이루어져야 한다. 특히 첫 주에서는 영유아, 영유아와 교사의 상호작용을 다양하게 관찰하고 수시로 기록하여 보육실습에 적응할 수 있어야 한다. 관찰할 때 유의점은 다음과 같다(보건복지부, 한국보육진흥원, 2017).

- 다양한 상황과 장소에서 관찰 실시
- 일회성이 아닌 지속적인 관찰 실시
- 관찰 내용은 일정한 형식에 따라 기록
- 관찰자의 주관이나 편견이 개입되지 않도록 객관적 내용으로 기록
- 해석이나 평가는 관찰 내용 기록과 구분하여 기록

(1) 영유아 관찰 시 유의점

영유아 관찰은 관찰척도, 평정척도, 일화 기록, 포트폴리오 등을 활용할 수 있다. 실습생은 일화 기록을 가장 많이 활용할 수 있다. 관찰은 언제나 객관적인 사실로 기록되어야 한다. 일화 기록의 방법으로 영유아를 관찰 때에는 다음의 내용을 고려한다.

- 매일 1명의 집중 관찰 대상 영유아 선정
- 활동, 놀이, 일상생활에서의 모든 행동을 관찰
- 영유아의 흥미, 발달, 또래관계 등의 다양한 특성을 파악

- 언제든지 즉시 관찰이 가능하도록 메모지와 필기구를 항시 소지하며, 필기구에 영유아가 찔리지 않도록 주의
- 하루 일과 중에는 키워드 중심으로 기록하고 일과를 마친 후 구체적으로 작성

영유아 관찰을 마친 후 영유아의 발달과 행동에 대해 분석하고, 지도교사의 지도를 받아 영유아 발달 지원 계획을 세워 실행해 보도록 한다. 이때 다음의 내용을 확인한다(보건복지부, 한국보육진흥원, 2017).

- 영유아의 놀이 및 행동 특성과 행동의 원인에 대해서는 반드시 보육실습 지도교사와 협의
- 중재 전, 중재 후의 영유아의 변화된 내용을 관찰하여 기록

(2) 지도교사의 상호작용 관찰 내용

지도교사의 상호작용 관찰 시에는 하루 일과 전반에서 지속적으로 관찰을 실시해야 한다. 특히 자신이 맡은 학급의 특성, 영유아의 발달, 문제 행동의 중재에 대한 기초 지식 등의 이해가 선행되어야 한다. 구체적인 내용은 다음과 같다.

첫째, 영유아의 발달 수준이나 흥미에 적합하게 상호작용하는지를 확인해야 한다. 이를 위해 실습생은 자신이 맡은 학급의 영유아 발달에 대한 특징을 이해하고 있어야 한다. 또한 학급의 특성, 영유아의 흥미에 대한 사전 지식도 필요하다.

둘째, 영유아와 영유아의 다툼이나 문제 상황에 대한 교사의 개입 시의 상호작용 방법에 대해 확인한다. 일반적인 문제 행동 중재 방법에 대해 이해하고 있어야 하며, 갈등 상황이 일어나기 전, 중재, 중재 후에 대한 정보를 충분히 확보해야 한다.

이와 함께 교사와 영유아의 상호작용 관찰 시 집중해야 하는 내용은 다음과 같다(보건복지부, 한국보육진흥원, 2017).

- 영유아에 대한 존중 및 영유아의 다양한 시도에 대한 수용적인 상호작용을 하는지 여부
- 영유아의 요구에 민감하게 반응하고 긍정적으로 상호작용을 하는지 여부
- 영유아를 편견이나 차별 없이 대하고 상호작용을 하는지 여부
- 영유아가 스스로 문제를 해결하도록 지원하고 상호작용을 하는지 여부
- 영유아의 부정적인 정서에 적절한 중재를 제공하고 상호작용을 하는지 여부
- 영유아의 다툼이나 문제 상황에 대한 중재와 상호작용 방법
- 영유아의 놀이를 민감하게 관찰하고 적절한 지원과 상호작용을 하는지 여부
- 또래와의 긍정적인 상호작용을 격려하는지 여부

(3) 지도교사의 상호작용 관찰 시 유의점

보육교사와 영유아의 상호작용은 보육의 질을 결정하는 중요한 요소 중 하나이다. 따라서 실습생은 보육교사와 영유아의 상호작용을 관찰하여 자신의 상호작용 능력을 갖춰야 한다.

교사와 영유아의 상호작용은 활동, 일상생활, 놀이 모든 과정에서 관찰되어야 한다. 또한 영유아의 문제 행동이 발생되었을 때 부정적 정서를 다루는 내용 역시 관찰하여야 한다. 이때 실습생이 유의해야 할 점은 다음과 같다(보건복지부, 한국보육진흥원, 2017).

- 하루 일과의 모든 상호작용을 지속적으로 관찰
- 실습생 개인적 판단 및 해석보다는 객관적이고 사실적인 상호작용을 관찰
- 관찰 내용은 일과가 끝난 후 교사에게 질문

2. 보육계획안 작성

보육실습 일정 중 실습생이 직접 놀이 및 활동을 계획하여 실행해 보는 과정은 매우 중요하다. 이 과정에서 실습생은 국가수준의 표준보육과정과 누리과정을 바탕으로 연령별 특성과 영유아의 요구를 고려하여 적합한 계획을 수립하여 운영해 볼 수 있다. 실습생은 사전에 지도교사와 협의하여 놀이, 일상생활, 활동에 대한 단위 계획안을 작성해 보고, 학급 상황에 따라 연계보육 계획안과 반일 보육계획안 또는 일일 보육계획안을 작성하여 실행해 볼 수 있다.

- 놀이 계획안
- 일상생활 계획안(영아)
- 연계보육 계획안
- 활동 계획안(유아)
- 안전활동 계획안
- 반일 또는 일일 보육계획안

1) 놀이 계획안

실습생이 보육계획안을 작성하기 위해서는 사전에 실습반 영유아의 놀이를 충분히 관찰하여 발달 특성과 흥미를 파악해야 한다. 영유아가 실제로 이루어지는 경험에서 실습생은 유아의 요구와 흥미에 따라 놀이를 지원해 줄 수 있는 환경 및 놀이 자료를 제공해 주는 것에서부터 계획이 이루어진다. 교사는 계획된 놀이 및 활동을 실행할 때 유아의 흥미에 따라 융통성 있게 진행하도록 한다. 보육실습생은 계획한 활동을 모두 해야 한다거나 정해진 순서나 방법으로 진행하려고 하기보다는 교사가 준비한 환경 속에서 영유아가 주도하는 놀이 흐름에 따라 융통성 있게 실행하도록 하는 것이 중요하다. 또한 실제적으로 영유아가 경험한 놀이를 기록하고 평가를 통해 다음 지원 계획에 반영하도록 한다. 영유아의 흥미에 따라 이루어지는 놀이 계획 및 실행과정은 다음 그림과 같다.

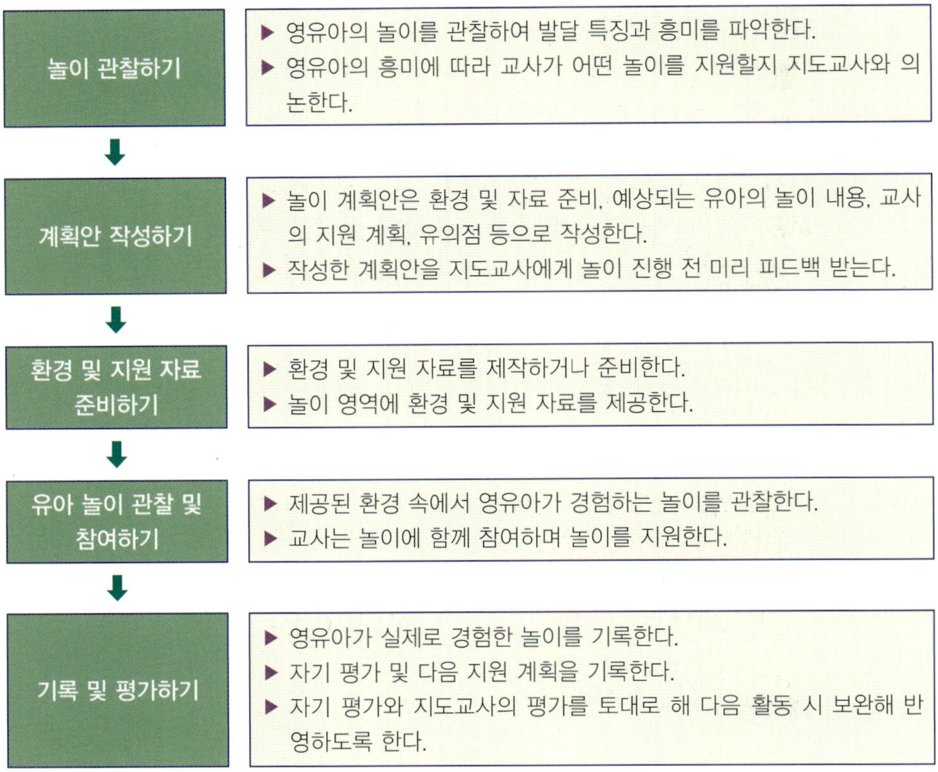

[그림 4-2] 놀이 계획 및 실행과정

영유아가 주도하는 놀이는 미리 계획하여 운영하기 어려우나 예비보육교사로서 영유아의 놀이를 지원하는 계획안을 작성해 보는 것은 필요하다. 놀이 계획의 경우에는 실행 후 실제로 이루어진 놀이 기록을 관찰하여 기록하고, 간단한 평가와 다음 날 지원 계획을 세워 반영하여 반복적으로 진행해 볼 수 있다. 실습 기관에 따라 다양한 놀이 계획안이 작성될 수 있으며, 놀이 계획안 및 실행 후 기록의 예는 〈표 4-8〉, 〈표 4-9〉와 같다.

TIP 놀이 계획안 작성

- 놀이 주제: 어린이집 특성에 따라 진행되는 놀이 주제가 있을 경우에는 작성을 하고, 주제가 없는 경우 작성하지 않아도 된다.
- 준비 사항: 교사가 영유아의 놀이를 촉진하기 위해 제공하는 놀잇감, 교재·교구, 자료, 사진 게시물 등을 기록한다.
- 교사의 기대
  - 예측되는 활동명과 영유아의 놀이를 작성하도록 한다.
  - 예상되는 놀이에 따라 교사의 지원을 작성한다. 영유아의 놀이를 따라 하기, 격려하기, 공감하기, 확장하기, 제안하기 등의 상호작용을 중심으로 기록한다.
- 고려할 사항: 놀이를 하며 공간, 자료, 일과, 안전에 대한 교사 지원 및 유의점, 연계 및 확장 등을 기록한다.

TIP 놀이 실행 후 기록

- 놀이 기록: 실제로 이루어진 영유아의 놀이 경험을 관찰하여 기록한다. 교사의 지원 내용이 있으면 함께 적는다.
- 평가 및 다음 날 지원 계획: 놀이 평가에서는 영유아의 놀이에 따라 교사가 다음 놀이 시 지원해야 하는 것을 기록한다. 교사 지원은 공간, 자료, 일과, 상호작용, 안전 등을 고려하여 계획할 수 있다.

〈표 4-8〉 영아반 놀이 계획안의 예

<table>
<tr><th colspan="4">놀이 계획안 (영아반)</th></tr>
<tr><td rowspan="2"></td><td>실습생</td><td>지도교사</td><td>원장</td></tr>
<tr><td></td><td></td><td></td></tr>
</table>

<table>
<tr><td colspan="2">놀이 주제</td><td colspan="3">느낄 수 있어요</td></tr>
<tr><td colspan="2">대상</td><td>만 1세 (바다반)</td><td>일시</td><td>2020년 4월 14일 (화) 10:00~11:00</td></tr>
<tr><td colspan="2">유형</td><td>실내놀이</td><td>영역</td><td>신체 영역</td></tr>
<tr><td colspan="2">준비 사항</td><td colspan="3">영아용 촉감 신발(비닐 신발, 솜공 신발, 털실 신발, 스펀지 신발), 매트</td></tr>
<tr><td rowspan="3">교사의 기대</td><td>활동명</td><td colspan="3">촉감 신발을 신고 걸어요</td></tr>
<tr><td rowspan="2">예상 놀이</td><td>영아의 놀이</td><td colspan="2">교사의 지원</td></tr>
<tr><td>• 놀이의 시작〉 영역에 비치된 촉감 신발에 관심 갖기
• 촉감 신발을 다양한 방법으로 탐색한다(만져 보기, 두드려 보기, 신어 보기).
• 촉감 신발을 신고 걷는다.</td><td colspan="2">• 영아가 촉감 신발을 탐색할 때 행동을 언어로 표현해 준다.
– “신발에 털실이 있구나. 만져 보니까 부들부들하네.”
– “ㅇㅇ이는 초록색 신발을 만지고 있구나. 바닥에 알록달록 뽕뽕이가 붙어 있네.“
• 신발을 신으려고 하면 스스로 신어 보도록 하고, 어려워하는 영아는 신을 수 있도록 도와준다.
– “ㅇㅇ이가 신발을 신어 보고 싶었구나.”
• 신발을 신고 걷거나 움직이는 모습을 격려한다.
– “ㅇㅇ아 발바닥에서 어떤 느낌이 나니?”
– “ㅇㅇ이가 걸으니까 부스럭부스럭 소리도 나는구나.”
– “ㅇㅇ이가 발을 신나게 구르는구나.”</td></tr>
<tr><td colspan="2">고려할 사항
(안전, 유의점)</td><td colspan="3">• 영아가 신발을 스스로 탐색할 시간을 충분히 준다.
• 신발을 신을 때 발을 안쪽까지 넣어서 신고 안전하게 걸을 수 있도록 한다.</td></tr>
</table>

<table>
<tr><th colspan="2">놀이 실행 후 기록</th></tr>
<tr><td>놀이 기록</td><td>촉감 신발에 관심을 보이며 신발을 앉아서 손으로 만져 보는 영아도 있고, 바로 신발을 신어 보는 영아도 있었다. 손으로 만져 보는 영아는 신발 바닥에 붙어 있는 뽕뽕이, 털실을 손으로 눌러 보기도 하고, 신발에 손을 넣어 보기도 하는 모습이었다. 처음에는 영아들이 신발을 신었다가 “간지러.”라며 다시 벗기도 하였는데, 신발을 신고 걷는 다른 영아의 모습을 보고 다시 신발을 신고 걸어 보았다. 교사한테 손을 잡아 달라고 하여 걷기도 하고, 친구들과 같이 손을 잡고 걸어 보기도 하였다.</td></tr>
<tr><td>평가 및
다음 날
지원 계획</td><td>촉감 신발에 영아들이 관심을 보이며 신고 다니는 것을 즐거워하였다. 영아들이 알록달록 솜공이 붙어 있는 신발을 좋아하며 서로 신겠다고 하는 모습이었다. 영아들이 선호하는 신발은 여러 개 제공해 주어야겠다.</td></tr>
</table>

〈표 4-9〉 유아반 놀이 계획안의 예

<table>
<tr><th colspan="4">놀이 계획안 (유아반)</th></tr>
<tr><td rowspan="2"></td><td>실습생</td><td>지도교사</td><td>원장</td></tr>
<tr><td></td><td></td><td></td></tr>
</table>

<table>
<tr><td colspan="2">놀이 주제</td><td colspan="4">여름 이야기</td></tr>
<tr><td colspan="2">대상</td><td>만 4세 (한라반)</td><td>일시</td><td colspan="2">2020년 7월 8일 (수) 10:00~11:00</td></tr>
<tr><td colspan="2">유형</td><td>실내놀이</td><td>영역</td><td colspan="2">쌓기 · 역할 영역</td></tr>
<tr><td colspan="2">준비 사항</td><td colspan="4">여러 가지 블록(비닐 블록, 와플 블록, 빅 블록 등), 수영장 사진, 파란 비닐</td></tr>
<tr><td rowspan="3">교
사
의

기
대</td><td>활동명</td><td colspan="4">블록으로 수영장 만들기</td></tr>
<tr><td rowspan="2">예상
놀이</td><td>유아의 놀이</td><td colspan="3">교사의 지원</td></tr>
<tr><td>• 놀이의 시작〉 영역에 제시한 수영장 사진과 자료에 관심 갖기
• 다양한 블록을 이용하여 수영장을 만든다.
• 친구와 협력하여 수영장 만들기에 참여한다.</td><td colspan="3">• 다양한 자료를 이용하여 구성할 수 있도록 격려한다.
– “(수영장 사진에 관심을 보이면) ㅇㅇ이는 수영장 다녀온 적 있니?”
– “ㅇㅇ이는 △△ 블록을 이용하여 만들었구나.”
– “수영장에는 또 무엇이 필요할까?”
– “ㅁㅁ은 무엇으로 만들면 좋을까?”
– “ㅇㅇ이가 ◇◇이랑 수영장을 만들어 주었구나.”</td></tr>
<tr><td colspan="2">고려할 사항
(안전, 유의점)</td><td colspan="4">• 블록으로 만들기를 할 때 공간을 넓게 활용할 수 있도록 한다.</td></tr>
</table>

<table>
<tr><th colspan="2">놀이 실행 후 기록</th></tr>
<tr><td>놀이 기록</td><td>벽면에 새롭게 붙어 있는 사진과 파란 비닐을 발견하고 “야! 우리 이거 만들자.”라며 수영장 만들기가 시작되었다. 파란 비닐을 바닥에 깔고 가장자리 위에 벽돌 블록과 비닐 블록을 놓았다. 블록을 가져가며 바닥에 비닐이 자주 움직이자 미술 영역에서 테이프를 가지고 와 비닐을 바닥에 붙이고 다시 수영장을 만들었다. 수영장을 만들어 안에 들어가 놀이하다 보니 블록이 자꾸 움직이자 빅 블록을 끼워서 다시 수영장을 만들어 놀이하였다. 수영장을 다 만든 후 비치볼과 인형을 가지고 와서 수영장놀이를 하였다.</td></tr>
<tr><td>평가 및
다음 날
지원 계획</td><td>수영장을 다 만든 후 놀이는 수영놀이, 역할놀이로 자연스럽게 연계되었다. 수영장과 관련된 역할놀이 용품을 추가로 더 제공해 주어야겠다.</td></tr>
</table>

2) 활동 계획안

영유아·놀이 중심 보육과정에서 교사가 활동을 운영할 때는 교사가 미리 정해진 생활 주제에 따른 활동이 아닌 유아가 주도하는 놀이의 내용과 연계하여 유아가 즐겁게 배울 수 있도록 지원하는 것이 중요하다. 예를 들어, 현재 유아가 하고 있는 놀이에 부합하면서 유아의 흥미와 관심과 관련된 동화 듣기, 노래 부르기, 요리하기, 게임 등을 제안하여 놀이하는 방식으로 활동을 할 수 있다. 또한 유아가 자신이 하고 있는 놀이를 친구들에게 소개하기, 놀이 규칙 정하기, 특정 관심사에 대해 함께 알아보기 등 상황에 따라 이야기 나누는 것도 가능하며, 계획된 활동을 유아의 흥미와 요구에 따라 융통성 있게 진행한다. 활동 계획 및 실행과정은 다음 그림과 같다.

놀이 관찰 및 활동 선정	▶ 유아의 놀이를 관찰하여 흥미와 요구를 파악한다. ▶ 지도교사와 의논하여 유아 놀이의 흥미 유지, 확장 등을 지원해 주기 위한 활동을 선정한다.
⬇	
활동 계획안 작성하기	▶ 활동 계획안은 누리과정을 바탕으로 목표, 준비물, 활동 내용, 상호작용 등을 자세히 계획한다. ▶ 활동 내용은 유아의 흥미와 경험을 토대로 진행되도록 작성한다. ▶ 확산적, 개방적 발문을 중심으로 상호작용을 작성한다. ▶ 작성한 계획안을 활동 진행 전 지도교사에게 미리 피드백 받는다.
⬇	
활동 자료 준비 및 제작	▶ 활동 진행에 필요한 자료와 교재 · 교구를 제작한다. ▶ 활동 진행에 필요한 준비 사항을 확인하고 준비한다. ▶ 활동 계획안을 토대로 활동 진행 및 상호작용 등을 연습한다.
⬇	
활동 진행	▶ 활동 진행 전 활동 유형에 따라 준비물, 동선, 자리 배치 등을 생각해 준비한다. ▶ 영유아의 흥미와 반응에 따라 융통성 있게 활동을 진행한다.
⬇	
활동 평가 및 다음 활동에 반영하기	▶ 활동에 대해 자기 평가를 한다(잘 된 점, 아쉬웠던 점, 보완할 점 등). ▶ 지도교사의 활동 평가와 자기 평가를 토대로 해 다음 활동 시 보완해 반영하도록 한다.

[그림 4-3] 활동 계획 및 실행과정

실습 기관과 해당 학급에 따라 다양한 활동 계획안을 작성할 수 있으며, 활동 계획안 작성의 예는 〈표 4-10〉과 같다.

TIP **활동 계획안 작성**

- 놀이 주제: 어린이집 특성에 따라 진행되는 놀이 주제가 있을 경우에는 작성을 하고, 주제가 없는 경우 작성하지 않아도 된다.
- 대상, 일시: 유아의 연령, 흥미, 사전 경험에 기초하여 활동 시간을 계획한다.
- 교사의 기대
  - 유아의 흥미와 누리과정을 반영한 활동명, 목표를 기술한다.
  - 활동 진행에 필요한 자료, 준비물을 기록한다.
  - 활동 내용에는 유아의 흥미와 경험이 연계되도록 하며, 도입-전개-마무리 단계로 기술한다. 교사가 전달하는 내용보다는 유아의 경험과 생각을 나눌 수 있도록 개방적, 확산적 발문을 계획한다.
  - 활동 지도 능력이 부족할 수 있으므로 구체적으로 계획하는 것이 필요하다. 유아의 반응을 예측해 보고, 흥미가 없거나 과도하게 흥미를 보이는 경우 등 다양한 상황을 예상하여 사전에 계획한다.
- 고려할 사항: 활동을 진행하며 유의해야 할 점, 안전 사항, 확장 및 연계 활동 등을 작성한다.

〈표 4-10〉 활동 계획안의 예

<table>
<tr><th colspan="4">활동 계획안(유아반)</th></tr>
<tr><td rowspan="2"></td><td>실습생</td><td>지도교사</td><td>원장</td></tr>
<tr><td></td><td></td><td></td></tr>
</table>

<table>
<tr><td colspan="2">놀이 주제</td><td colspan="3">여름 이야기</td></tr>
<tr><td colspan="2">대상</td><td>만 4세 (한라반)</td><td>일시</td><td>2020년 7월 15일 (수) 11:30~11:50</td></tr>
<tr><td colspan="2">유형</td><td>활동</td><td>영역</td><td>동화</td></tr>
<tr><td rowspan="5">교사의 기대</td><td>활동명</td><td colspan="3">흙 관련 동화 듣기</td></tr>
<tr><td>목 표</td><td colspan="3">• 동화를 통해 흙에 지속적으로 관심을 갖는다.
• 동화를 듣고 자신의 경험과 생각을 말한다.</td></tr>
<tr><td>누리과정</td><td colspan="3">• 자연탐구〉 탐구과정 즐기기〉 주변세계와 자연에 대해 지속적으로 호기심을 가진다.
• 의사소통〉 듣기와 말하기〉 자신의 경험, 느낌, 생각을 말한다.</td></tr>
<tr><td>준비물</td><td colspan="3">동화책</td></tr>
<tr><td>활동 내용</td><td colspan="3">• 활동의 시작〉 비오는 날 산책하며 진흙에 관심을 보이며 비교했던 유아의 흥미를 지속하기 위해 교사가 동화를 준비
1. 비오는 날 산책했던 경험에 대해 이야기 나눈다.
– “우리 지난번 비오는 날 산책했을 때 무엇을 발견했니?”
– “비가 오고 나니까 흙이 어떻게 달라졌었니?”
– “손으로 만져 봤을 때 느낌이 어땠니?”
2. 진흙과 관련된 동화책을 듣는다.
– (동화 표지를 보며) “여기 표지에 그려져 있는 것이 무엇일까?”
– “흙이랑 무엇을 하고 놀았을까?”
3. 동화를 듣고 흙으로 할 수 있는 놀이에 대해 이야기 나눈다.
– “동화 속에서는 흙이랑 어떤 놀이를 했니?”
– “흙이랑 어떤 놀이가 가장 하고 싶니?”
– “또 어떤 놀이를 할 수 있을까?”</td></tr>
<tr><td colspan="2">연계 및 확장활동</td><td colspan="3">• 동화를 듣고 유아가 제안한 활동을 연계, 확장하여 진행한다.
(예: 진흙으로 인형 만들기, 흙에 물감 섞어 그림 그리기 등)</td></tr>
</table>

3) 일상생활 계획안

영아는 일상적 양육에 기반을 둔 보육과정을 운영하며, 어린 영아일수록 하루 일과 중 일상생활이 차지하는 비중이 크다. 일상생활은 등원 및 맞이하기, 간식 및 점심, 낮잠 및 휴식, 기저귀 갈이 및 배변활동, 손 씻기, 화장실 사용, 귀가, 기본생활 및 안전이 포함된다. 〈표 4-11〉과 같이 일상생활 계획안은 일상생활이 의미 있는 경험이 되도록 교사는 연령별 발달 특징에 따라 계획하고 실행하며 지속되도록 한다. 월령 및 개인별 수준 차이가 있는 경우 수준을 나누어 계획한다.

〈표 4-11〉 일상생활 계획안의 예

<table>
<tr><th colspan="4">일상생활 계획안 (영아반)</th></tr>
<tr><td rowspan="2"></td><td>실습생</td><td>지도교사</td><td>원장</td></tr>
<tr><td></td><td></td><td></td></tr>
</table>

<table>
<tr><td colspan="2">놀이 주제</td><td colspan="3">나는 할 수 있어요</td></tr>
<tr><td colspan="2">대상</td><td>만 1세 (바다반)</td><td>일시</td><td>2020년 8월 4일 (화) 10:00~11:00</td></tr>
<tr><td colspan="2">유형</td><td>일상생활</td><td>영역</td><td>점심 및 양치</td></tr>
<tr><td rowspan="5">교사의 기대</td><td>활동명</td><td colspan="3">도움 받아 이를 닦아요</td></tr>
<tr><td>목 표</td><td colspan="3">• 교사의 도움을 받아 식사 후 이를 닦는다.
• 칫솔을 잡고 움직여 이 닦기를 시도한다.</td></tr>
<tr><td>표준보육과정</td><td colspan="3">• 기본생활〉 건강하게 생활하기〉 도움을 받아 몸을 깨끗이 한다.
• 신체운동〉 신체활동 즐기기〉 대소근육을 조절한다.</td></tr>
<tr><td>준비물</td><td colspan="3">개별 칫솔, 먹어도 되는 치약, 양치 컵, 식수</td></tr>
<tr><td>활동 내용</td><td colspan="3">(1수준)
1. 교사가 영아의 손을 잡고 이 닦는 것을 도와준다.
– "ㅇㅇ아 선생님이랑 이 닦아 볼까? ㅇㅇ이가 칫솔을 잡고 위 아래로 쓱싹쓱싹"
2. 양치와 관련된 노래를 불러 주며 이 닦는 것을 격려해 준다.
– "(노래 부르듯이) 치카치카 푸카푸카 이를 닦아요! 삭싹싹 이를 닦아요!"
– "선생님이 이 닦아 주는 동안 ㅇㅇ이가 잘 기다려 주었구나."
(2수준)
1. 선생님의 도움을 받아 칫솔을 잡고 이를 닦아 본다.
– "ㅇㅇ아! 선생님처럼 이렇게 위아래로 움직여 볼까?"
– "이번에는 '아' 하고 닦아 보자. (칫솔모를 치아 쪽으로 돌려 준다.) 이번에는 옆으로 쓱싹 쓱싹 닦아 보자. 우와! ㅇㅇ이가 칫솔을 잡고 잘 닦는구나."
2 마무리하기 전 교사가 이를 닦아 준다.
– "이번에는 선생님이 안쪽 이 닦아 주는 거 도와줄게."
3. 선생님 도움을 받아 양치 컵을 잡고 가글을 해 본다.
– "입에 넣고 다시 뱉어 볼까? ㅇㅇ가 물을 먹지 않고 잘 뱉어 주었구나."</td></tr>
</table>

고려할 사항 (안전, 유의점)	• 양치가 아직 익숙하지 않으므로 먹어도 되는 치약과 식수를 준비한다. • 교사가 칫솔 방향을 치아 쪽으로 잡아 주어 영아가 칫솔을 움직여 시도해 볼 수 있도록 한다. • 영아가 원하는 경우 스스로 해 볼 수 있는 경험을 제공하되, 마무리하는 것은 교사가 도와주도록 한다.

4) 안전활동 계획안

실습생은 영유아의 건강과 안전을 위해 필수적으로 요구되는 일상생활 습관 지도나 안전교육을 계획하여 실행해 볼 수 있다. 어린이집에서는 영유아가 놀이안전과 생활안전을 지키고, 위험한 일이 발생하였을 때 도움을 받아 대처할 수 있는 능력을 기를 수 있도록 안전교육을 의무적으로 실시해야 한다. 아동복지법령의 안전교육 기준 내용으로는 성폭력·영유아학대 예방교육, 실종·유괴의 예방·방지교육, 감염병 및 약물의 오용·남용 예방 등 보건위생관리교육, 재난대비 안전교육, 교통안전교육이 있으며, 그 외에도 인터넷 중독 예방교육, 놀이 및 생활안전, 계절 및 날씨 관련 안전교육을 계획하여 실행할 수 있다.

TIP 안전활동 계획안 작성

■ 영아 0~2세
- 영아의 경우, 개별 또는 소집단활동으로 안전활동 계획안을 작성한다.
- 일과 중 영아의 발달 수준을 고려하여 일상생활, 놀이, 동화, 이야기 나누기 등의 방법으로 보육과정 내에서 자연스럽게 진행되도록 계획한다.
- 안전교육의 내용은 영아가 이해할 수 있는 것으로, 일상적인 양육활동이나 놀이활동 시 벌어진 상황과 직접적인 내용을 예측하여 교사의 상호작용을 계획한다.

■ 유아 3~5세
- 강사 주도형 집단교육 형태가 아닌 유아들이 직접 모의 상황에 참여하는 대소집단활동이나 역할극, 놀이, 동화, 이야기 나누기 등의 방법으로 계획한다.
- 안전교육의 내용은 지식 전달보다는 유아의 대처 행동 능력을 직접적으로 키워 줄 수 있는 내용으로 작성한다.

〈표 4-12〉 영아반 안전활동 계획안의 예

<table>
<tr><th colspan="4">안전활동 계획안(영아반)</th></tr>
<tr><td rowspan="2"></td><td>실습생</td><td>지도교사</td><td>원장</td></tr>
<tr><td></td><td></td><td></td></tr>
</table>

<table>
<tr><td colspan="2">안전 주제</td><td colspan="4">성폭력 및 영유아 학대 예방 · 방지교육</td></tr>
<tr><td colspan="2">대상</td><td colspan="2">만 2세 (하늘반)</td><td>일시</td><td>2020년 6월 23일 (화) 10:00~11:00</td></tr>
<tr><td colspan="2">유형</td><td colspan="2">실내놀이</td><td>영역</td><td>감각 · 탐색 영역</td></tr>
<tr><td rowspan="6">교사의 기대</td><td>활동명</td><td colspan="4">팬티를 입어요</td></tr>
<tr><td>목 표</td><td colspan="4">옷 입기를 놀이를 통해 속옷을 입어야 함을 안다.</td></tr>
<tr><td>표준보육과정</td><td colspan="4">• 기본생활〉 안전하게 생활하기〉 일상에서 안전하게 놀이하고 생활한다.
• 자연탐구〉 생활 속에서 탐구하기〉 주변 공간과 모양을 탐색한다.</td></tr>
<tr><td>준비물</td><td colspan="4">여자, 남자 팬티 입히기 놀잇감(그림판, 다양한 팬티, 바지, 티셔츠, 신발 등), 팬티 입고 있는 그림 자료</td></tr>
<tr><td rowspan="2">활동 내용</td><td>영아의 놀이</td><td colspan="3">교사의 지원</td></tr>
<tr><td>• 놀이의 시작〉 영역에 제시한 그림과 놀잇감에 관심 갖기
• 여아, 남아 그림을 탐색한다.
• 다양한 팬티를 입혀 준다.
• 반복적으로 팬티와 옷, 신발 등을 입혀 주며 놀이한다.</td><td colspan="3">• 영아가 놀잇감에 관심을 보이며 탐색하면 몸을 살펴볼 수 있도록 교사가 함께 상호작용한다.
– "손은 어디 있나? 엉덩이는 어디 있나?"
– "(음경, 음순 부분을 가리키며) 이곳은 뭐하는 곳이지?"
– "그래! 쉬도 하고, 응가도 하는 곳이구나."
– "소중한 곳이라서 병균이 들어가지 않도록 이렇게 팬티를 입어야 한대."
– "ㅇㅇ이는 어떤 팬티를 입혀 줄까?"
– "땡땡이 무늬 팬티를 입혀 주었구나."
– "팬티가 우리의 소중한 곳을 지켜 주는구나."</td></tr>
<tr><td colspan="2">유의 사항</td><td colspan="4">• 영아가 스스로 놀잇감을 탐색할 수 있는 시간을 충분히 준다.
• 처음에는 팬티만 입어 볼 수 있도록 꺼내 줄 수 있다.
• 화장실 지도 시 지속적으로 상호작용하며 팬티를 입어야 함을 알려 준다.</td></tr>
</table>

〈표 4-13〉 유아반 안전활동 계획안의 예: 개별활동

<table>
<tr><th colspan="4">안전활동 계획안(유아반: 개별활동)</th></tr>
<tr><td rowspan="2"></td><td>실습생</td><td>지도교사</td><td>원장</td></tr>
<tr><td></td><td></td><td></td></tr>
</table>

<table>
<tr><td colspan="2">안전 주제</td><td colspan="4">교통안전교육</td></tr>
<tr><td colspan="2">대상</td><td colspan="2">만 3세 (설악반)</td><td>일시</td><td>2020년 6월 23일 (화) 10:00~11:00</td></tr>
<tr><td colspan="2">유형</td><td colspan="2">실내놀이</td><td>영역</td><td>수 · 조작 영역</td></tr>
<tr><td rowspan="7">교사의 기대</td><td>활동명</td><td colspan="4">횡단보도를 안전하게 건너요</td></tr>
<tr><td>목 표</td><td colspan="4">• 길을 건널 때는 신호등이 초록불일 때 건널 수 있음을 안다.</td></tr>
<tr><td>누리 과정</td><td colspan="4">• 신체운동 · 건강〉 안전하게 생활하기〉 교통안전 규칙을 지킨다.
• 자연탐구〉 생활 속에서 탐구하기〉 물체의 위치와 방향, 모양을 알고 구별한다.</td></tr>
<tr><td>준비물</td><td colspan="4">횡단보도 게임판, 신호등 주사위(빨강, 초록), 게임말</td></tr>
<tr><td rowspan="2">활동 내용</td><td>유아의 놀이</td><td colspan="3">교사의 지원</td></tr>
<tr><td>• 놀이의 시작〉 교구에 관심 갖기
• 게임 자료를 살펴보고 놀이한다.
• 주사위를 던져 초록색이 나오면 게임말을 옮겨 횡단보도를 건넌다.</td><td colspan="3">• 횡단보도를 건너 본 경험에 대해 이야기한다.
– "횡단보도를 건너 본 적이 있니?"
– "신호등에 어떤 색깔이 나올 때 길을 건널 수 있을까?"
• 놀이에 함께 참여하며 게임을 한다.
– "ㅇㅇ이는 어떤 말로 하고 싶니?"
– "초록불이 나왔네. 횡단보도를 한 칸 건너 가 볼까?"
– "빨간불이 나왔네. 어떻게 할까?"
– "우와, ㅇㅇ이가 길을 다 건넜구나."</td></tr>
<tr><td colspan="2">연계 및 확장 활동</td><td colspan="4">• 익숙해지면 게임 방법을 유아들이 바꾸어 진행해 볼 수 있다.
(예: 초록불에 숫자를 써서 숫자만큼 이동하기)
• 동네 산책 시 횡단보도를 건너 보는 경험을 할 수 있다.</td></tr>
</table>

〈표 4-14〉 유아반 안전활동 계획안의 예: 대소집단활동

<table>
<tr><th colspan="4">안전활동 계획안(유아반: 대소집단활동)</th></tr>
<tr><td rowspan="2"></td><td>실습생</td><td>지도교사</td><td>원장</td></tr>
<tr><td></td><td></td><td></td></tr>
</table>

<table>
<tr><td colspan="2">안전 주제</td><td colspan="3">실종 · 유괴의 예방 · 방지교육</td></tr>
<tr><td colspan="2">대상</td><td>만 4세 (한라반)</td><td>일시</td><td>2020년 6월 23일 (화) 10:00~11:00</td></tr>
<tr><td colspan="2">유형</td><td>활동</td><td>영역</td><td>역할 영역</td></tr>
<tr><td rowspan="5">교사의 기대</td><td>활동명</td><td colspan="3">안돼요! 싫어요! 도와주세요!</td></tr>
<tr><td>목 표</td><td colspan="3">• 유괴가 될 수 있는 위험한 상황에 대해 안다.
• 위험한 상황에서의 대처 방법을 알고 큰소리로 도움을 요청할 수 있다.</td></tr>
<tr><td>누리과정</td><td colspan="3">• 신체운동 · 건강〉 안전하게 생활하기〉 안전사고, 화재, 재단, 학대, 유괴 등에 대처하는 방법을 경험한다.
• 예술경험〉 창의적으로 표현하기〉 극놀이로 경험이나 이야기를 표현한다.</td></tr>
<tr><td>준비물</td><td colspan="3">인형극 틀, 인형(아저씨, 아줌마, 아이), 역할 가면</td></tr>
<tr><td>활동내용</td><td colspan="3">1. 교사가 인형을 이용하여 이야기를 들려준다.
– 아저씨가 맛있는 것을 사 준다며 아이를 데리고 가려는 상황
– 아줌마가 엄마가 데리고 오라고 했다며 데리고 가려는 상황
2. 인형극을 보고 낯선 사람이 데리고 가려고 할 때 어떻게 해야 할지 대처 방법에 대해 이야기 나눈다.
– “이야기 속에서 어떤 일이 벌어졌니?”
– “만약에 부모님이 없는 상황에서 모르는 사람이 맛있는 것을 사 준다고 가자고 하면 어떻게 해야 할까?”
3. 역할극을 하며 “안돼요! 싫어요! 도와주세요!”라고 큰 소리로 외쳐 본다.
– “우리도 한번 이야기 속 ㅇㅇ이가 되어 도움을 요청해 볼까?”
– “놀이터에서 놀고 있는데 모르는 사람이 와서 장난감을 주며 가자고 하면 어떻게 해야 할까?”
– “ㅇㅇ이가 큰 소리로 잘 외쳐주었구나. 주변의 어른이 도와줄 수 있겠다.”</td></tr>
<tr><td colspan="2">유의 사항</td><td colspan="3">• 낯선 사람뿐 아니라 아는 사람의 경우에도 위험할 수 있다는 것을 알려 준다.</td></tr>
<tr><td colspan="2">연계 및 확장활동</td><td colspan="3">• 역할 영역에서 유아들이 역할놀이를 해 볼 수 있도록 자료를 제시해 준다.</td></tr>
</table>

5) 연계보육 계획안

일과 중 놀이, 일상, 활동과 같은 하나의 단위활동을 계획하여 실행해 보았다면, 두 가지의 놀이, 일상, 활동을 연계하여 진행해 보는 경험을 한다. 두 가지 영역의 실내놀이를 연계하여 준비하거나 실내놀이와 바깥놀이, 활동과 놀이, 활동과 일상생활, 놀이와 일상생활 등으로 준비할 수 있다. 연계보육 계획안을 계획할 때는 진행되는 두 가지 활동에서 고려해야 할 사항을 모두 살펴보아야 하는 것뿐 아니라 자연스럽게 연계될 수 있도록 해야 한다.

실습생은 활동과 활동 사이의 자연스러운 연계를 위해서 전이활동도 고려하여 준비한다. 전이활동은 한 활동이 끝난 후 다음 활동에 지장을 주지 않으면서 자연스럽게 다음 활동을 소개하거나 흥미 있게 집중시킬 수 있으며, 영유아가 기다리는 시간이 지루하지 않고 전환될 수 있도록 하는 활동이다.

TIP 연계보육 계획안 작성

- 실내놀이–실내놀이: 실습생은 영유아의 흥미를 중심으로 환경 및 자료 제시에 따른 예상 놀이를 계획하고, 예상 놀이와 연계할 수 있는 놀이를 예측하여 작성한다.
  (예) 역할 영역: 가게놀이 – 언어 영역: 가게 메뉴판 만들기
- 실내놀이–바깥놀이: 놀이 공간이 변경되므로 이동 시 고려해야 할 안전 사항, 차례로 이동할 수 있도록 전이활동도 고려한다.
  (예) 실내놀이: 비행기 접기 – 바깥놀이: 비행기 날리기
- 활동–놀이: 영유아의 흥미 지속 및 확장을 위해 교사가 준비한 대소집단활동 후 연계하여 개별놀이를 진행한다.
  (예) 활동: 여름 노래 부르기 – 실내놀이: 여름 노래 부르며 악기 연주하기
- 활동–일상생활: 일과 흐름에 따라 대소집단활동 후 이루어지는 일상생활로 자연스럽게 연계할 수 있도록 한다. 활동 후 일상생활로의 전환 시 영유아가 기다리는 시간을 줄이고 차례로 이동이 이루어질 수 있도록 전이활동을 고려한다.
  (예) 동화 듣기활동 후 바깥놀이터로 이동할 때 동화 내용 퀴즈를 내며 차례로 이동하기
- 놀이–일상생활: 놀이 후 일상생활로의 전환을 위해서는 교사가 사전에 미리 정리 시간을 알려 주어 놀이를 마무리할 수 있도록 한다. 일상생활로의 전환 시 영유아가 기다리는 시간을 줄일 수 있도록 개별로 이동하는 등 방법을 고려한다.
  (예) 점심 먹기 전 실내놀이 영역별로 시간차를 두어 정리를 하고 화장실로 이동하기

〈표 4-15〉 연계보육 계획안의 예: 실내놀이-실내놀이

<table>
<tr><th colspan="6">연계보육 계획안(실내놀이-실내놀이)</th></tr>
<tr><td colspan="3" rowspan="2"></td><td>실습생</td><td>지도교사</td><td>원장</td></tr>
<tr><td></td><td></td><td></td></tr>
<tr><td>놀이 주제</td><td colspan="2">나는요</td><td>소주제</td><td colspan="2">내가 좋아하는 것이 있어요</td></tr>
<tr><td>대상</td><td colspan="2">만 2세 (하늘반)</td><td>일시</td><td colspan="2">2020년 5월 27일 (수) 10:00~11:00</td></tr>
<tr><td>유형</td><td colspan="2">실내놀이-실내놀이</td><td>영역</td><td colspan="2">미술영역-음률영역</td></tr>
<tr><td>일과(시간)</td><td colspan="5">교사의 기대(계획)</td></tr>
<tr><td rowspan="4">미술 영역</td><td>활동명</td><td colspan="4">재활용 통으로 나만의 놀잇감을 만들어요</td></tr>
<tr><td>준비물</td><td colspan="4">재활용 통, 스티커, 스팽글, 자른 빨대, 자른 수수깡, 매직, 테이프, 색종이</td></tr>
<tr><td>영아 놀이</td><td colspan="4">• 놀이 시작〉 영역에 제시된 미술 재료에 관심 갖기
• 미술 재료를 탐색한다.
• 재활용 통에 미술 재료를 넣는다.
• 미술 재료를 이용하여 재활용 통을 꾸민다.</td></tr>
<tr><td>교사 지원</td><td colspan="4">• 미술 재료를 자유롭게 탐색할 수 있도록 격려한다.
– "ㅇㅇ이는 뽀로로 음료수 통이 마음에 들었구나. 이것으로 무엇을 해 볼 수 있을까?"
• 영아들이 만드는 것을 관찰하며 도움이 필요한 경우 지원한다.
– "ㅇㅇ이는 뽀로로 음료수 통에 빨대를 넣고 있구나."
– "ㅇㅇ이는 스티커를 붙여 주었네."
– "ㅇㅇ이는 스팽글을 붙여 주고 싶었구나. 반짝반짝 해졌구나"
– (영아가 붙이는 도움을 요청하면) "수수깡을 붙이고 싶은데 잘 안 붙는구나. 테이프로 붙여 볼까?"
– "선생님이 수수깡에 붙여 줄테니까 ㅇㅇ이가 붙이고 싶은 곳에 붙여 볼까?"</td></tr>
<tr><td rowspan="3">음률 영역</td><td>활동명</td><td colspan="4">마라카스를 흔들어요</td></tr>
<tr><td>준비물</td><td colspan="4">나만의 마라카스, 노래가 나오는 책</td></tr>
<tr><td>영아 놀이</td><td colspan="4">• 놀이 시작〉 완성된 마라카스를 흔들며 흥미 갖기
• 완성된 마라카스를 다양한 방법으로 탐색한다.
• 나만의 마라카스를 흔들며 노래를 부른다.</td></tr>
</table>

<table>
<tr><td rowspan="1">음률 영역</td><td>교사
지원</td><td>• 완성된 마라카스를 탐색하는 것을 격려한다.
– "ㅇㅇ이는 하트 스티커가 붙여 만들어 주었구나. 흔들어 보니까 무슨 소리가 나는 거 같니? 마라카스처럼 찰찰 소리가 나는구나."
• 영아가 마라카스를 흔드는 것에 흥미를 보이면 교사가 노래 불러 주기, 함께 흔들기, 노래 틀어 주기 등 놀이가 지속될 수 있도록 지원한다.
– "ㅇㅇ이가 마라카스를 흔들며 신이 나는구나. 선생님이랑 노래 부르며 흔들어 볼까?"
– "ㅇㅇ이가 좋아하는 노래를 들으며 흔들어 볼까?"</td></tr>
<tr><td>유의 사항</td><td colspan="2">• 미술 영역에서 영아들이 충분히 재료를 탐색할 수 있도록 한다.
• 교사가 예상한 순서나 방법으로 만들지 않는 것을 허용하며 격려한다.</td></tr>
</table>

〈표 4-16〉 연계보육 계획안의 예: 활동–일상생활

<table>
<tr><td colspan="4">연계보육 계획안(활동–일상생활)</td></tr>
<tr><td rowspan="2"></td><td>실습생</td><td>지도교사</td><td>원장</td></tr>
<tr><td></td><td></td><td></td></tr>
</table>

<table>
<tr><td>놀이 주제</td><td colspan="4">여름</td></tr>
<tr><td>대상</td><td colspan="2">만 3세 (설악반)</td><td>일시</td><td>2020년 6월 19일 (금) 11:40~1:00</td></tr>
<tr><td>유형</td><td colspan="2">활동–일상생활</td><td>영역</td><td>새 노래 – 화장실 및 점심</td></tr>
<tr><td>일과(시간)</td><td colspan="4">교사의 기대(계획)</td></tr>
<tr><td rowspan="4">새 노래
(11:40
~12:00)</td><td>활동명</td><td colspan="3">손 씻기 송</td></tr>
<tr><td>목 표</td><td colspan="3">• 손을 깨끗이 씻는 방법을 안다.
• 올바른 손 씻기 순서를 알아본다.
• 즐거운 마음으로 노래를 부른다.</td></tr>
<tr><td>누리과정</td><td colspan="3">• 신체운동 · 건강〉 건강하게 생활하기〉 자신이 몸과 주변을 깨끗이 한다.
• 예술경험〉 창의적으로 표현하기〉 노래를 즐겨 부른다.</td></tr>
<tr><td>준비물</td><td colspan="3">가사판, 음원</td></tr>
</table>

새 노래 (11:40 ~12:00)	활동 내용	• 활동 시작〉 유아들에게 손 씻기 방법을 알려 주기 위해 활동을 준비 1. 손 씻기 송 노래를 들으며 모인다. 2. 손 씻기 경험에 대해 이야기 나눈다. - "너희들은 손을 언제 씻니?" - "손은 왜 씻어야 할까? 손을 안 씻으면 어떻게 될까?" 3. 손 씻기 송을 들어 본다. - "손을 깨끗이 씻으려면 어떤 방법으로 씻어야 할까?" - "노래를 들으며 손 씻는 방법을 생각해 보자." - "노래를 들으니 어떠니?" 4. 손 씻기 송의 그림 가사판을 보며 손 씻는 순서를 알아본다. - "손 씻기를 할 때 먼저 무엇을 했니?" - "다음에는 어떻게 씻었니?" 5. 다양한 방법으로 노래를 불러 본다. - "노래를 들으며 같이 불러 볼까? 어떤 방법으로 불러 보고 싶니?"
화장실 및 점심 (12:00 ~1:00)		• 전이〉 손 씻기 송을 부르며 자유롭게 율동을 하고 이동하기 1. 교사가 몇 명씩 이름을 불러 주면 율동하고 화장실로 이동한다. - "노래에 맞춰 어떻게 춤을 춰 볼까? 춤을 춘 친구는 화장실로 이동해 보자." 2. 화장실에서 용변을 본 후 손을 씻는다. - "우리 손 씻기 송을 불러 보며 손을 씻어 볼까?" - "보글보글 비누 거품 구석구석 문질러요~♪" - "ㅇㅇ이는 깍지를 끼고 손가락 사이사이도 잘 씻는구나." 3. 차례로 점심을 받는다. 4. 선생님, 친구들과 즐겁게 점심을 먹는다. - "오늘은 무슨 반찬이 나왔지? ㅇㅇ이는 무슨 반찬을 좋아하니?" - "ㅇㅇ이가 먹기 힘들어 하던 김치도 오늘은 먹어 보았구나." 5. 다 먹은 후 식판과 자리를 정리한다.
유의 사항		• 활동 전후로 실내놀이 시간이나 전이 시간에 손 씻기 송을 들려주어 자연스럽게 익힐 수 있도록 한다. • 음률 영역에 가사판, 음원 등을 제시해 주어 자유롭게 감상하고 표현할 수 있도록 한다.

6) 반일 및 일일 보육계획안

놀이, 활동, 일상생활 등 단위활동을 계획하고 실행하는 과정을 거쳐 점차 계획하는 시간을 증가해 나간다. 반일 또는 일일 보육활동은 실습 기간 동안 배우고 익힌 것을 하루 전반에 걸쳐 적용하는 과정으로, 실습생은 등원에서부터 귀가까지 하루 동안의 보육일과를 주 교사로서 계획하고 진행해 보는 경험을 한다. 점진적으로 반일 보육활동과 일일 보육활동을 모두 경험하는 것이 이상적이지만, 실습을 진행하고 있는 반의 영유아의 특성, 부모의 요구, 보육실습 기관의 방침, 실습생의 여건 등을 고려하여 반일 보육실습만 진행될 수도 있다.

반일 또는 일일 보육활동 시에는 등원에서부터 귀가까지 일과 시간을 중심으로 일상생활, 놀이, 활동, 전이 등의 일과운영이 모두 포함되도록 하며, 준비물 및 환경 구성, 유의점 등 보육교사로서 하루 동안 진행할 모든 직무를 충실해 경험할 수 있도록 계획하는 것이 중요하다. 이를 위해서 실습생은 지도교사와의 충분한 사전 협의를 통해 반일 또는 일일 보육활동 진행에 대해 세심하게 지도받는 것이 필요하다.

TIP **반일 및 일일 보육계획안 작성**

- 주제와 소주제가 있는 경우 영유아의 흥미와 경험이 연계되도록 고려한다.
- 교사의 기대: 교사가 기대하는 목표 또는 영유아의 경험을 기술한다.
- 일과(시간): 등원부터 귀가까지 일과 시간대별로 계획한다. 바깥놀이를 포함한 놀이 시간을 충분이 배정하도록 한다. 정리 및 전이 등의 시간도 고려한다.
- 교사의 기대(계획): 일살생활, 놀이, 활동 등 하루 전반의 활동을 종합적으로 기록한다.
  - 실습생이 중점으로 참여할 놀이, 활동은 목표, 자료, 예상 놀이, 교사 지원, 상호작용 등을 간략히 기록한다. 필요에 따라 단위활동 계획안을 함께 작성하여 첨부할 수 있다.
  - 영유아의 흥미와 발달 수준에 적합하되, 개방적이고 융통적인 상호작용을 할 수 있도록 계획한다.
  - 등원, 배변 및 손 씻기, 간식 및 점심, 정리정돈, 양치, 낮잠 및 휴식 등과 같은 일상생활 지도 시 상호작용할 내용이나 지원 방법을 기술한다.
  - 날씨 변화, 특별한 상황이 발생할 경우에 대비하여 대안적인 활동을 준비한다.
  - 정리정돈, 화장실 다녀오기, 실내외 이동하기 등을 지도할 때 영유아의 참여를 이끄는 방법, 주의 집중을 유도하는 방법, 영유아가 많이 기다리지 않도록 하는 방법 등 전이에 대한 내용도 계획안에 반영한다.
- 준비물: 일과를 진행하며 필요한 준비물, 환경 구성, 자료 등을 기록한다.
- 유의점: 일과를 진행하며 필요한 교사의 유의점, 역할 등을 기록한다.

〈표 4-17〉 반일 보육계획안의 예

<table>
<tr><th colspan="7">반일 보육계획안</th></tr>
<tr><td>반명(연령)</td><td colspan="2">바다반 (만 1세)</td><td rowspan="2">결재</td><td>실습생</td><td>지도교사</td><td>원장</td></tr>
<tr><td>날짜</td><td colspan="2">2020년 6월 24일 수요일</td><td></td><td></td><td></td></tr>
<tr><td>주제</td><td>놀이할 수 있어요</td><td colspan="2">소주제</td><td colspan="3">놀잇감은 재미있어요</td></tr>
<tr><td>교사의 기대</td><td colspan="6">놀잇감에 관심을 갖고 다양한 방법으로 탐색한다.</td></tr>
<tr><td>활동 유형</td><td colspan="6">① 등원: 영아의 옷차림에 대해 이야기해요.
② 간식: 뽀글뽀글 거품 내어 손을 씻어요.
③ 실내놀이: 상자 블록으로 놀이해요.
④ 전이: 손유희 '앵두나무'</td></tr>
<tr><td>일과(시간)</td><td colspan="3">교사의 기대(계획)</td><td colspan="3">준비물 및 지도 사항</td></tr>
<tr><td>등원 및 통합보육 (7:30 ~ 9:00)</td><td colspan="3">• 선생님, 친구들과 인사를 나눈다.
▶영아의 옷차림에 대해 이야기하며 영아를 맞이한다.
– "ㄷㅇ이 오늘은 병아리가 그려져 있는 옷을 입고 왔구나."
• 선생님과 함께 겉옷, 가방, 양말을 정리한다.
• 영아의 건강 상태 및 가정 전달 사항을 확인한다.</td><td colspan="3">• 엄마와 헤어지기 어려워하는 영아는 충분히 시간을 주고 기다려 준다.</td></tr>
<tr><td>오전 간식 (9:00: ~ 9:30)</td><td colspan="3">◎ 메뉴: 참외
• 선생님 도움을 받아 손을 깨끗이 씻는다.
▶뽀글뽀글 거품 내어 손을 씻어요.
– "ㄷㅇ이가 꾹 눌러서 비누를 짜 볼까? (선생님이 옆에서 손을 닦으며) 이렇게 손바닥을 비벼 볼까? 이번에는 손등도 비벼 보자. 비비니까 뽀글뽀글 거품이 나는구나. 간질간질 손톱도 깨끗해졌네."
• 자리에 앉아 즐겁게 간식을 먹는다.
• 선생님과 함께 간식 접시를 정리한다.</td><td colspan="3">• 준비물: 턱받이
• 비누를 혼자 짜기 어려운 영아는 교사가 잡아 준다.
• 교사가 옆에서 함께 손동작을 보여 주어 모방하여 구석구석 닦아 보도록 격려한다.
• 영아가 먹기 좋은 크기인지 확인하고, 큰 것은 잘라 준다.</td></tr>
<tr><td>오전 실내놀이 (9:30 ~11:00)</td><td colspan="3">• 흥미 있는 놀잇감을 선택하여 자유롭게 놀이한다.
▶쌓기·역할 영역: 상자 블록으로 놀이해요.
• 상자 블록을 다양한 방법으로 탐색하며 놀이한다.</td><td colspan="3"></td></tr>
</table>

오전 실내놀이 (9:30 ~11:00)	• 상자 들기, 두드려 보기, 상자에 들어가 보기, 쌓기, 늘어 놓기, 상자 안에 상자 넣어보기 등 다양한 활동을 한다. – "우와 ㅇㅇ이가 큰 상자를 들었구나." – "ㅇㅇ이는 상자에 들어갔네." – "ㅇㅇ이가 상자를 두드리니까 둥둥둥 소리가 나는구나." – "ㅇㅇ이는 상자 위에 상자를 올렸네. 우와 높아졌구나." – "어? 상자 안에 상자가 쏘옥 들어갔네. 또 넣어 볼거야?"	• 준비물: 여러 가지 크기의 종이 상자 • 영아가 다양한 방법으로 탐색할 수 있도록 격려한다. • 상자 모서리가 날카롭지 않은지 확인한다.
정리 및 기저귀 갈기 (11:00 ~11:10)	• 선생님과 함께 놀잇감을 제자리에 정리한다. • 영아의 요구에 따라 개별적으로 기저귀를 갈아 준다. • 양말을 신고 바깥놀이 나갈 준비를 한다. ▶ 전이: 손유희 '앵두 나무' • 이동하기 전 노래를 부르며 모인다. • 앵두나무 가사에 영아의 이름을 넣어 불러 주며 차례로 이동한다.	• 준비물: 기저귀 매트, 기저귀, 기저귀 갈이 용품 • 교사는 기저귀를 갈기 전후, 다른 영아를 갈기 전에 손을 씻는다. • 바깥놀이 갈 준비가 된 영아는 이동 전 손유희를 하며 모인다.
바깥놀이 (대체) (11:10 ~11:50)	• 흥미 있는 놀잇감을 선택하여 자유롭게 놀이한다. – 미끄럼틀 타기 – 꽃밭에 물 주기 • 놀잇감과 신발을 정리한다.	• 준비물: 미끄럼틀, 물조리개 • 미끄럼틀 탈 때 부딪히지 않도록 주의한다.
점심 및 양치 (11:50 ~1:10)	◎ 메뉴: 흑미밥, 미역국, 삼치 조림, 구이 김, 깍두기 • 선생님 도움을 받아 손을 씻는다. • 턱받이를 하고 자리에 앉아 점심을 먹는다. – "ㅇㅇ이는 어떤 턱받이를 하고 먹을까?" – "오늘은 미역국이 나왔네. 먹어 볼까? 미끌미끌하구나." • 선생님 도움을 받아 이를 닦는다. – "ㅇㅇ이는 무슨 맛 치약으로 닦아 볼까?"" – "아 해 볼까? 어금니도 쓱싹쓱싹" – "ㅇㅇ이가 잡고 움직여 보자. 쓱싹쓱싹 깨끗해졌네."	• 준비물: 턱받이 • 국은 미리 식혀 놓도록 한다. • 반찬을 먹기 힘들어하는 영아는 작게 잘라 주어 조금씩 먹어 보도록 격려한다.

〈표 4-18〉 일일 보육계획안의 예

<table>
<tr><th colspan="6">일일 보육계획안</th></tr>
<tr><td>반명(연령)</td><td>하늘반 (만 4세)</td><td rowspan="2">결
재</td><td>실습생</td><td>지도교사</td><td>원장</td></tr>
<tr><td>날짜</td><td>2020년 7월 23일 목요일</td><td></td><td></td><td></td></tr>
<tr><td>주제</td><td colspan="5">여름 이야기</td></tr>
<tr><td>일과
시간표</td><td colspan="5">• 7:30~9:00 등원 및 통합보육 - 오늘의 날씨 이야기하며 인사하기
• 9:00~12:00 오전 간식, 실내놀이 - 페트병, 종이팩으로 물 놀잇감 만들기
• 12:00~1:00 화장실 및 점심
• 1:00~1:15 활동–이야기 나누기: 휴식이 필요할 때가 있어요
• 1:15~2:15 바깥놀이 - 물에 뜨는 놀잇감으로 놀이하기
• 2:15~2:30 정리 및 화장실
• 2:30~3:30 낮잠 및 휴식
• 3:30~4:00 오후 간식
• 4:00~7:30 통합보육 및 귀가</td></tr>
<tr><td>일과(시간)</td><td>교사의 기대(계획)</td><td colspan="3">준비물</td><td>유의점</td></tr>
<tr><td>등원 및
통합보육
(7:30
~9:00)</td><td>▶등원: 오늘의 날씨 이야기하며 인사하기
– "오늘 어린이집 오는 길에 날씨가 어땠니?"
• 선생님, 친구들과 반갑게 인사하기
• 원아 수첩을 꺼내 오늘이 날짜에 스티커를 붙인다.
• 서랍장에 가방을 정리한다.
• 흥미에 따라 자유롭게 놀이한다.</td><td colspan="3">원아 수첩</td><td>• 오늘의 날짜를 미리 바꿔 놓는다.</td></tr>
<tr><td>오전
간식/
실내놀이
(9:00
~12:00)</td><td>◎ 메뉴: 수박
• 실내놀이 중 정해진 시간 내에 자유롭게 간식을 먹는다.
• 다 먹은 후 접시와 주변을 정리한다.</td><td colspan="3">손 세정제, 핸드타올, 간식 접시, 집게, 식기도구</td><td></td></tr>
</table>

오전 간식/ 실내놀이 (9:00 ~12:00)	▶페트병, 종이팩으로 물 놀잇감 만들기 〈유아 예상 놀이〉 • 여러 가지 모양과 형태로 물 놀잇감 만들기(예: 물에 뜨는 배, 물 분수, 물안경 등) 〈교사의 지원〉 • 유아가 물 놀잇감 만들기에 흥미를 보이면 경험에 대해 이야기 나눈다. – "물놀이를 했던 적이 있니? 무엇을 가지고 놀았니?" – "이것을 이용하여 무엇을 만들 수 있을까?" • 유아들이 만드는 모습을 관찰하며 도움을 준다. – "무엇으로 붙이면 잘 붙을까?" • 유아들이 만든 놀잇감을 소개하도록 한다. – "ㅇㅇ이는 페트병으로 무엇을 만들었니? 어떻게 만들었니?" – "ㅇㅇ이는 페트병 밑과 옆에 구멍을 뚫어서 재미있는 놀잇감을 만들었구나."	다양한 크기와 모양의 페트병, 종이팩, 물병약통, 꾸미기 재료(셀로판지, 시트지, 빵 끈, 스팽글, 빨대, 수수깡 등), 가위, 풀, 테이프, 그림 자료(다양한 모양의 배, 페트병 분수) 등	• 페트병에 구멍을 뚫거나 자르기를 할 때 손이 다치지 않도록 유의한다. • 유아의 흥미에 따라 다른 놀잇감을 만드는 것도 허용한다.
화장실 및 점심 (12:00 ~1:00)	◎ 메뉴: 돈육 짜장덮밥, 팽이버섯 맑은국, 시금치 나물, 요거트 푸딩, 배추김치 • 손을 깨끗이 씻는다. • 식판에 점심을 받아 친구들과 맛있게 먹는다. • 다 먹은 후 식판과 주변을 정리한다. • 자신의 칫솔과 양치 컵을 찾아 양치질을 한다. – "ㅇㅇ아 어금니 안쪽도 닦아 볼까?" – "ㅇㅇ이가 골고루 잘 닦고 있구나."	식판, 식기 도구, 유아 개별 칫솔 및 치약	• 국은 미리 식혀 두고 교사가 배식해 주도록 한다. • 일찍 먹은 유아는 조용한 놀이를 하며 기다리도록 한다. • 양치 후에는 세척하여 칫솔모가 닿지 않도록 말린다.

활동 (1:00 ~1:15)	▶이야기 나누기: 휴식이 필요할 때가 있어요 • 목표 – 휴식이 필요한 상황에 대해 안다. – 나의 생각과 느낌을 말로 표현한다. • 누리과정 – 신체운동 · 건강〉 건강하게 생활하기〉 하루 일과에서 적당한 휴식을 취한다. – 의사소통〉 듣기와 말하기〉 자신의 경험, 느낌, 생각을 말한다. • 바깥놀이를 했던 경험을 이야기 나눈다. – "○○이는 어제 바깥놀이 갔을 때 날씨가 어땠니?" – "신나게 뛰어놀고 나면 우리 몸은 어떨까?" • 그림 자료를 보며 이야기 나눈다. – (더운 날씨에 힘들어 하는 그림을 보며) "어떤 그림 같니?" – "더운 날씨에 오래 놀면 어떨까?" – "많이 덥고 힘들 때는 어떻게 하면 좋을까?" • 휴식 할 수 있는 방법에 대해 이야기 나눈다. – "바깥놀이를 하다가 힘들면 어떤 방법으로 휴식을 취할 수 있을까?"	그림 자료(더운 날씨에 힘들어 하는 모습, 다양한 방법으로 휴식을 취하는 모습)	• 유아의 경험에 따라 스스로 휴식할 수 있는 방법을 이야기해 볼 수 있도록 격려한다.
바깥 놀이 (1:15 ~2:15)	▶물에 뜨는 놀잇감으로 놀이하기 • 오전 실내놀이 시간에 페트병으로 만든 놀잇감을 물에 띄어 본다. • 물과 놀잇감을 이용하여 다양한 놀이를 한다.	페트병으로 만든 놀잇감, 물에 뜨는 놀잇감	• 더운 유아는 그늘에서 휴식을 취할 수 있도록 한다. • 물을 준비하여 놀이 중 마실 수 있도록 한다.
정리 및 화장실 (2:15 ~2:30)	• 정리 5분 전에 미리 알려 준다. • 놀잇감을 제자리에 정리한다. • 화장실에서 용변을 본 후 손을 깨끗이 씻는다.	손 세정제, 핸드 타올	• 낮잠 전 소변을 볼 수 있도록 안내한다.

낮잠 및 휴식 (2:30 ~3:30)	• 개별 베개와 이불에 눕는다. • 편안한 음악을 들으며 낮잠 및 휴식을 취한다. • 자신의 이불과 베개를 정리한다.	개인 베개와 이불, 조용한 음악	• 낮잠을 자지 않는 유아는 휴식 후 조용한 놀이를 할 수 있도록 한다.
오후 간식 (3:30 ~4:00)	◎ 메뉴: 절편 & 우유 • 화장실에 다녀와서 손을 깨끗이 씻는다. • 간식을 받아 친구들과 맛있게 먹는다. • 다 먹은 후 접시와 주변을 정리한다.	손 세정제, 핸드 타올, 간식 접시, 집게, 식기 도구	• 절편(떡)을 먹기 좋은 크기로 잘라 준다.
통합 보육 및 귀가 (4:00 ~6:00)	• 자신의 물건을 챙겨서 통합보육반으로 이동한다. • 자유롭게 놀이하며 부모님이 오시면 귀가한다. • 선생님, 친구들과 인사를 한다.		• 원아 수첩 및 가방 등 자신의 물건을 잘 챙겨서 귀가하도록 한다.

3. 보육실습일지 작성

1) 보육실습일지 구성

보육실습일지는 실습생의 실습 내용을 파악할 수 있고 실습 기관의 실습 지도가 잘 진행되었는지를 확인할 수 있는 문서이다. 일반적으로 보육실습일지는 실습생의 출근부, 실습 기관 현황, 보육실습 일정, 연간 및 보육계획안, 매일의 보육일과를 실습한 내용, 보육계획안, 가정 연계 및 행사, 보육실습 평가 등으로 구성된다(보건복지부, 한국보육진흥원, 2017). 실제로 실습생에게 제공되는 보육실습일지 서식 및 내용 구성은 양성 기관 및 보육실습 기간의 특성에 따라 추가되거나 변경될 수 있다.

일반적으로 포함되어야 하는 보육실습일지의 구성 내용은 다음과 같다.

- 보육실습 기관 현황
- 실습생 출근부
- 보육실습 일정
- 연간 및 월간(주간) 보육계획안
- 보육실습일지 기록
- 보육실습 평가

(1) 보육실습 기관 현황

보육실습 기관에서 자료를 제공받아 기록한다. 기관 현황에는 다음과 같은 내용이 포함된다.

- 어린이집 설립 이념, 소재지 주소, 연락처
- 원장 성명, 연령별 반명 및 반별 재원 영유아 수, 보육교직원 현황 등
- 연간, 월간(주간) 보육계획안 및 기타 어린이집 프로그램 관련 자료
- 보육실습 반의 영유아 연령, 환경 구성, 일과운영 자료 등

(2) 실습생 출근부

실습생 출근부에는 보육실습 기간과 근무 여부를 함께 기록하여야 한다.

- 보육실습 일자를 기록하고 출근 여부와 근무 시간을 날인
- 결석, 조퇴 및 지각 사유가 불가피하게 발생할 경우 보육실습 담당교수와 보육실습 기관 원장이 논의하여 부족한 시간을 보충하여 보육실습 기간 및 시수 충족

(3) 보육실습 일정

원활한 보육실습 운영을 위해서 보육실습 기관 및 지도교사와 6주간의 보육실습 일정을 협의하고 기록하여 공유하도록 한다. 이는 보육실습 기관, 실습 지도교사, 실습생 간의 의사소통을 원활하게 하기 위함이다. 연령별 실습 내용을 고려하여 주차별 및 요일별 실습 내용을 제시한다. 보육실습의 주차별, 요일별 내용은 보육실습 기관과 보육실습 학급의 연령에 따라 다를 수 있다. 따라서 실습 기관 및 지도교사와의 협의를 통해 융통성 있게 운영하도록 한다.

(4) 연간 및 월간(주간) 보육계획안

연간 및 월간(주간) 보육계획안은 실습 기관마다 종류와 작성 방식이 서로 다를 수 있다. 실습 기관에서 작성한 학급의 연간, 월간(주간) 보육계획안 및 어린이집 프로그램에 관련된 자료를 제공받도록 한다. 실습생은 연간 및 월간(주간) 보육계획안을 사전에 제공받아 보육실습 기간 동안의 놀이, 활동을 예측할 수 있고, 실습 일정 진행 및 준비에 참고할 수 있다.

(5) 보육실습일지 기록

실습생은 작성한 보육실습일지 기록을 지도교사에게 점검받는다. 실습일지는 날짜, 날씨, 결재, 일과운영에 따른 보육 내용, 실습생 평가(보육실습 소감), 지도교사 조언 및 평가 등으로 구성하여 작성한다.

① 날짜, 날씨, 결재

날짜와 날씨는 보육 내용에 영향을 미치는 중요한 요소이기 때문에 반드시 기록한다. 또한 결재는 실제 진행된 보육실습 내용에 대한 기록을 증명하는 것으로 실습생, 지도교사, 원장의 날인을 포함한다.

- 보육실습이 이르어진 날짜와 요일, 날씨를 기록
- 결석한 영유아의 이름과 결석한 간략한 이유 기록
- 실습일지의 기록 및 지도교사의 지도 사항에 대한 원장 결재

② 일과운영에 따른 보육 내용

보육실습일지는 실습생이 보육실습 기간 동안의 보육실습 내용을 기록하고, 그 내용을 반복적으로 읽어 보며 정리하여 진행된 자기 평가가 포함된 기록물이다. 또한 그 기록물을 통해 실습생, 지도교사, 원장과의 의사소통을 가능하게 하는 도구이다. 일과운영 기록 시 유의점은 다음과 같다.

- 활동, 일상생활, 놀이로 구성된 하루 일과의 흐름을 운영 시간에 따라 기록
- 실습 기간 중 관찰한 내용을 기록하고 실습생에게 의미 있었던 내용을 구체적으로 기록
- 영유아의 놀이 흐름 기록
- 실습 지도교사 또는 실습생과 영유아의 상호작용 기록
- 하루 일과 참여 정도 기록

- 관찰한 영유아의 문제 행동 지도 내용 및 실습생의 문제 행동 지도 내용 기록

③ **실습생 평가**

하루 일과 동안 학급에서 관찰한 내용과 실습생의 경험에서 느낀 소감이나 궁금한 점을 기록한다. 실습생 평가에 포함되어야 하는 내용은 다음과 같다.

- 보육실습 기간 중 새롭게 알게 된 상호작용 방법
- 하루 일과 중 새롭게 발견한 영유아의 발달적 특성 및 흥미
- 보육실습의 역할과 자세에 대한 자기 평가
- 실습생이 계획하여 운영한 놀이 지도, 활동이 계획과 다르게 운영된 내용 및 원인 분석
- 지도교사가 지시한 업무 및 수행 시 새롭게 알게 된 내용
- 기타 일과운영 및 상호작용에 대해 궁금한 내용

④ **보육실습 지도교사의 조언 및 평가**

실습생은 지도교사의 지도 방안에 대해 궁금한 점, 하루 일과 관찰 중 발생한 의문점을 솔직하게 실습일지에 기록한다.

보육실습 지도교사는 실습생이 작성한 내용을 확인하거나 실습생을 관찰하여 지도가 필요한 내용을 지도교사의 '조언'의 란에 기록한다. 또한 실습생이 작성한 자기 평가 내용을 바탕으로 지도가 필요 시 '조언'의 란에 작성하여 실습생과 공유한다. 지도교사는 실습생의 강점과 잠재력, 실습에 대한 열의 등에 대한 지지를 함께 작성하여 실습생과 공유한다.

(6) 보육실습 평가

보육실습일지에서 평가 부분은 실습생의 자기 평가, 실습 지도교사와 원장의 실습생에 대한 평가가 포함된다. 놀이 지도 및 활동 지도를 계획하여 운영한 뒤의 평가, 실습을 모두 마친 후 평가회에서 받은 조언 등은 따로 기록한다.

그 외에도 영유아 관찰일지, 실습생 자기 저널, 보육계획안 등을 첨부할 수 있다.

2) 보육실습일지 기록

보육실습일지의 구성 중 가장 많은 비중을 차지하는 것은 보육실습일지 기록이다. 〈표 4-19〉에 제시된 것과 같이 보육실습일지 기록은 하루 일과를 중심으로 작성되며, 하루 일과는 놀이, 활동, 일상생활로 구성된다.

〈표 4-19〉 보육실습일지 구성과 보육실습일지 기록

보육실습일지 구성
1. 보육실습 기관 현황
2. 출근부
3. 보육실습 일정
4. 연간 및 월간(주간) 보육계획안
5. 보육실습일지 기록 : 하루 일과(놀이, 활동, 일상생활)로 작성
6. 보육실습 평가

보육실습일지 기록은 실습 기관 또는 보육교사 양성 기관에 따라 다양한 형태로 구성될 수 있다. 실습생은 지도교사와 사전에 보육실습일지 양식에 대한 협의를 통해 실습 일정에 따라 다양한 형태의 일지 서식을 작성해 볼 수 있다. 보육실습일지 기록 시에는 다음 사항을 고려하도록 한다.

- 실습반에서 이루어지는 일과에서 영유아의 경험이 나타나도록 기록
- 놀이, 활동, 일상생활로 구성된 일과를 기록
- 바깥놀이를 포함한 영유아의 놀이 진행에서 중심이 되는 내용을 기록
- 영유아의 자연스러운 놀이 상황과 교사의 지원을 관찰하여 기록
- 일일 보육실습일지에는 놀이 중 작성한 메모나 영유아의 놀이 결과물 등을 활용하여 기록
- 보육실습일지에는 모든 놀이와 활동에 대해 기록하지 않아도 되며, 일과에서 중점적으로 진행된 내용을 기록
- 보육실습일지 작성이 익숙해지면 매일 반복되는 일과의 내용을 간략히 기록

보육실습일지의 형태는 크게 일일 보육실습일지와 주간 보육실습일지로 구성될 수 있다. 일일 보육실습일지는 날짜별로 하루에 이루어지는 일상생활 및 보육활동을 기록하는 형태이다. 주간 보육실습일지는 한 주간에 이루어지는 일상생활 보육활동을 기록하는 형태이며, 계획과 실행 기록을 통합하여 작성할 수도 있다.

TIP **보육실습일지 작성**

- 교사의 기대: 표준보육과정, 누리과정의 '추구하는 인간상'을 중심으로 하루 또는 한 주에 영유아가 어떻게 지냈으면 하는지를 기술한다.
- 일과(시간): 놀이, 일상생활, 활동으로 실제로 진행되는 일과를 시간과 함께 기술한다.
- 계획 및 실행
  - 일과에 따라 계획된 활동을 참고하여 실제로 실행된 내용을 통합적으로 기술한다.
  - 모든 놀이와 활동에 대해 기록하지 않아도 되며, 중점적으로 진행된 내용을 기술한다.
  - 진행된 일과를 가능한 영유아 중심으로 기술한다.
  - 교사 계획에 의해 진행되는 활동이 있을 경우 활동명, 목표, 표준보육과정 또는 누리과정, 활동 내용, 상호작용 등을 기술한다.
- 주요 일과 기록
  - 주요 일과에서 중점으로 관찰된 내용을 기술한다.
  - 실내놀이, 바깥놀이 등 영유아의 놀이 진행 및 흐름을 중심으로 기술한다.
  - 연령이 낮은 영아반일수록 일상생활 기록의 비중이 커질 수 있음을 고려한다.
- 유의 사항: 일과 진행 시 고려해야 할 유의점, 준비물, 교사의 지도 방안 등을 기술한다.
- 놀이 평가 및 다음 날 지원 계획
  - 하루 동안 이루어진 보육에 대한 평가를 통해 다음날 일상 및 놀이 지원 계획을 기술한다.
  - 주간 보육실습일지의 경우 변경된 일과 시간, 추가로 진행된 안전활동 등을 기술한다.
- 실습생 평가: 하루 또는 한 주를 되돌아보며 일과 진행 사항, 지도교사의 지원, 영유아와의 상호작용 등과 관련하여 느낀 점, 궁금한 점, 자신의 역할에 대한 반성, 앞으로의 실습 진행 시 반영할 부분 등을 기술한다.
- 지도교사 조언: 보육실습일지 및 실습생의 보육활동 실습에 대해 평가한다. 실습생 자기평가에 대한 피드백 앞으로 실습 진행 시 고려해야 할 사항 등을 종합하여 평가한다.

3) 보육실습일지 작성의 실제

(1) 영아반 보육실습일지

① 일일 보육실습일지

가. 「일과의 흐름」에 따른 일일 보육실습일지

영아반 일일 보육실습일지를 작성할 때에는 하루 동안 이루어지는 일과의 흐름에 따라 기술한다. 놀이 시간에 정리 및 전이 내용을 포함하거나 구분하여 기술할 수 있으며 일상 및 놀이의 흐름, 교사 유의점 등을 주요 일과 기록 및 지도 사항에 기술한다.

〈표 4-20〉 일과의 흐름에 따른 영아반 일일 보육실습일지 작성의 예

<table>
<tr><th colspan="6">일일 보육실습일지</th></tr>
<tr><td>반명(연령)</td><td colspan="2">바다반 (만 1세)</td><td rowspan="2">결재</td><td>실습생</td><td>지도교사</td><td>원장</td></tr>
<tr><td>날짜</td><td colspan="2">2020년 5월 11일 월요일</td><td></td><td></td><td></td></tr>
<tr><td>주제</td><td>느낄 수 있어요</td><td colspan="2">소주제</td><td colspan="3">만지고 살펴보아요</td></tr>
<tr><td>교사의 기대</td><td colspan="6">주변의 다양한 사물에 관심을 갖고 만지며 탐색한다.
표준보육과정의 '추구하는 인간상'을 중심으로 하루 또는 한주에 영아가 어떻게 지냈으면 하는지를 기술한다.</td></tr>
<tr><td>일과(시간)</td><td colspan="2">계획 및 실행</td><td colspan="4">주요 일과 기록 및 지도 사항</td></tr>
<tr><td>등원 및 통합보육
(7:30 ~9:00)</td><td colspan="2">• 밝은 미소로 영아를 맞이한다.
• 선생님, 친구들과 인사를 나눈다.
• 선생님과 함께 겉옷, 가방, 양말을 정리한다.
• 영아의 건강 상태 및 가정 전달 사항을 확인한다.</td><td colspan="4" rowspan="3">• 등원
주말을 지내고 와서 우는 영아를 보고 교사가 "엄마랑 헤어져서 많이 속상했구나. 선생님이 꼭 안아 줄게."라며 충분히 안아 주고 기다려 주었다.

• 오전 간식
숟가락 사용이 아직 어려워 숟가락이 뒤집히기도 하여 옆에서 교사가 도움을 주었다. 바닥에 흘리더라도 숟가락을 잡고 먹어 볼 수 있도록 격려한다.

영아의 경우 안정적이고 교육적인 일상이 경험이 되도록 하는 교사의 지원 및 상호작용과 영아의 반응을 관찰하여 기록한다.</td></tr>
<tr><td>오전 간식
(9:00 ~9:30)</td><td colspan="2">◎ 메뉴: 누룽지 죽
• 선생님 도움을 받아 손을 깨끗이 씻는다.
• 자리에 앉아 즐겁게 간식을 먹는다.
• 선생님과 함께 간식 접시를 정리한다.</td></tr>
<tr><td>오전 실내놀이
(9:30 ~11:00)</td><td colspan="2">• 흥미 있는 놀잇감을 선택해 자유롭게 놀이한다.<table><tr><td>신체</td><td>촉감 길을 걸어요</td></tr><tr><td>언어</td><td>다양한 재질 종이에 끼적이기</td></tr><tr><td>감각·탐색</td><td>색깔 오자미로 놀이해요</td></tr><tr><td>쌓기·역할</td><td>소꿉 그릇에 밀가루 반죽을 담아요</td></tr></table></td></tr>
</table>

<table>
<tr>
<td>정리 및
기저귀 갈기
(11:00
~11:10)

정리 시간을 놀이 시간과 구분하여 기록</td>
<td>• 선생님과 함께 놀잇감을 제자리에 정리한다.
• 영아의 요구에 따라 개별적으로 기저귀를 간다.
◎ 안전: 기저귀 갈 때 좋은 느낌
• 선생님과 기저귀를 갈며 좋은 느낌에 대해 이야기한다.
– "ㅇㅇ이가 쉬를 해서 기분이 축축했구나. 기저귀 갈아 볼까? 기저귀를 가니까 느낌이 어떠니? 뽀송뽀송 기분이 좋구나."

영아의 경우 안전교육이 일상생활 또는 개별 · 소그룹으로 이루어지므로 실질적으로 안전활동이 진행되는 일과에 기록한다.

• 양말을 신고 겉옷을 입고 바깥놀이 나갈 준비를 한다.</td>
<td rowspan="3">• 실내놀이
– 촉감 길을 걸어요
자료: 다양한 촉감판
영아가 바닥의 촉감판에 관심을 가지며 촉감판 위에 앉아 보고, 손으로도 만져 보았다. 손으로 탐색 후 일어나서 발로 콩콩 뛰었다. 다른 영아도 관심을 보이며 옆의 촉감판에 올라가 뛰었다. 촉감판 위에서 뛰다가 다른 촉감판 위로 넘어가며, 연결되어 있는 촉감판 길을 따라 걸어 보고 뛰어 보며 반복적으로 놀이가 이루어졌다. 몇 명의 영아들이 더 관심을 보이며 모이자 교사가 촉감판을 옆에도 놓아두어 부딪히지 않고 놀이하게 해 주었다.
– 소꿉 그릇에 밀가루 반죽을 담아요
자료: 밀가루 점토, 그릇, 도구 등
책상 위에 있는 밀가루 반죽을 발견하고 영아들이 밀가루 반죽놀이를 하였다. 밀가루를 손으로 누르고, 뜯으며 놀이하였다. 한 영아가 옆에 있는 소꿉 도구에 바닥에 뜯어 놓은 밀가루를 담자 다른 영아도 밀가루를 그릇에 담았다. 그릇에 담은 밀가루를 교사에게 가져가 "맘마" 하며 먹으라고 주기도 하고, 자신이 먹는 시늉을 하기도 하였다. 어떤 영아는 숟가락, 칼 모형으로 밀가루를 찌르고, 누르고, 두드리고, 잘라 보기도 하였다.

• 교사가 미리 밀가루 반죽을 영아가 놀이하기 쉽도록 나누어 놓는다.

영아의 주요 놀이를 관찰하여 놀이 흐름을 기록한다. 놀이가 이루어질 때 지도교사의 지원이 있는 경우 기록한다.

• 안전
교사가 기저귀를 개별적으로 갈아 주면서 느낌에 대해 언어로 표현해 주며 좋은 느낌에 대해 설명해 주었다.</td>
</tr>
<tr>
<td>바깥놀이
(대체)
(11:10
~11:50)</td>
<td>• 흥미 있는 놀잇감을 선택하여 자유롭게 놀이한다.

친구랑 시소 타기
비눗방울놀이</td>
</tr>
<tr>
<td>점심 및
양치
(11:50
~1:10)</td>
<td>◎ 메뉴: 현미밥, 해물 순두부국, 메추리알 장조림, 얼갈이 무침, 배추김치
• 선생님의 도움을 받아서 비누로 손을 씻는다.
• 도구를 사용하여 음식을 먹는다.
(1수준) 선생님 도움으로 도구 사용하기
– " ㅇㅇ이는 손으로 먹어 보고 싶었구나. 선생님이랑 숟가락 잡고 먹어 볼까?"
(2수준) 스스로 도구 사용하여 음식 먹기
– "오늘은 국에 보들보들 순두부가 나왔네. 우와 ㅇㅇ이는 손으로 안 집고 숟가락으로 떠서 먹어 브는구나."
• 선생님의 도움으로 양치질을 한다.

영아의 경우 월령별, 개인차가 클 수 있으므로 수준에 따라 진행될 수 있다. 지도교사의 계획에 따라 일상생활에서 관찰되는 상호작용을 기록한다.</td>
</tr>
</table>

<table>
<tr><td>낮잠 및
휴식
(1:10~
3:00)</td><td>• 자기 이불을 찾아 눕는다.
• 선생님의 이야기를 들으며 낮잠을 잔다.
• 기지개를 펴며 기분 좋게 일어난다.
• 일찍 일어난 영아는 조용한 놀이를 하고, 조금 더 휴식하고 싶은 영아는 휴식 매트에서 휴식한다.</td><td rowspan="4">• 바깥놀이
교사가 비눗방울을 불어 주자 영아들이 좋아하며 비눗방울을 따라가 손으로 잡아 보는 놀이가 이루어졌다. 비눗방울을 불어 보고 싶어하는 영아는 교사가 잡아 주어 "후~" 하고 불어 볼 수 있도록 하였다.

• 낮잠 및 휴식
교사가 오늘 놀이했던 이야기를 작은 목소리로 들려주니까 영아들이 편안하게 잠드는 모습이었다.

• 귀가 및 통합보육
연장보육반으로 통합 시 주요 사항, 부모 전달 사항을 인수인계한다.

일과 진행 시 교사의 역할, 유의점을 기록한다.</td></tr>
<tr><td>오후 간식
(3:00~
3:30)</td><td>◎ 메뉴: 구운 감자 & 요구르트
• 선생님의 도움을 받아 손을 씻는다.
• 자리에 앉아서 맛있게 먹는다.
• 선생님과 함께 간식 접시를 정리한다.</td></tr>
<tr><td>오후 놀이
(3:30~
4:00)</td><td>• 흥미 있는 놀잇감을 선택해 자유롭게 놀이한다.<table><tr><td>탐색</td><td>둥근 고리를 끼워요</td></tr><tr><td>쌓기 · 역할</td><td>자석 블록을 길게 이어요</td></tr></table></td></tr>
<tr><td>귀가 및
통합보육
(4:00~
7:30)</td><td>• 연장보육반으로 이동을 한다.
• 자유롭게 놀이하다가 부모님이 오면 귀가한다.
• 선생님, 친구들과 인사를 한다.
– "ㅇㅇ아 엄마 오셨네. 친구들이랑 선생님께 인사해 볼까? 친구들아 안녕!"</td></tr>
<tr><td>실습생
평가</td><td colspan="2">이제 2주차인데 영아들과 조금은 친해진 것 같다. 놀이할 때 자연스럽게 나에게 다가와 같이 놀자며 손을 잡아 주기도 하고, 놀잇감을 가져다 주기도 하여 놀이에 많이 참여 할 수 있었다. 그러나 놀이하는 상황에서 갑자기 친구 놀잇감을 가져가서 울거나 다툼이 종종 일어나서 당황스러울 때가 있었다. 잘 관찰하여 놀이 상황에서 다툼이 일어나기 않도록 도와주어야 겠다.

일일 평가를 통해 실습생이 지원해 주어야 할 내용이 포함되어 있다.</td></tr>
<tr><td>지도교사
평가 및
조언</td><td colspan="2">영아들은 아직 언어로 표현하는 것이 어렵고, 놀잇감 소유에 대해 구분하기 어렵습니다. 발달의 특성을 이해하여 영아가 흥미 있어 하는 놀잇감은 넉넉하게 제공하여 사전에 예방하는 것이 중요합니다. 교사가 놀이 관찰 및 참여를 하며 이런 상황이 일어나기 전 같은 놀잇감을 제공해 주거나, 친구가 놀이하는 것에 대해 간단히 설명 후 대체할 수 있는 다른 놀잇감으로 흥미 유도를 할 수 있습니다.</td></tr>
</table>

나. 「일상생활–놀이」로 구분한 일일 보육실습일지

일과를 일상생활, 놀이로 작성하므로 반복되는 일과 내용은 간단히 기록한다. 계획 및 실행 내용은 관찰된 내용과 교사의 지원 내용을 함께 기록한다.

〈표 4-21〉 일상생활-놀이로 구분한 영아반 일일 보육실습일지 작성의 예

<table>
<tr><th colspan="8">일일 보육실습일지</th></tr>
<tr><td colspan="2">반명(연령)</td><td colspan="2">바다반 (만 1세)</td><td rowspan="2">결
재</td><td>실습생</td><td>지도교사</td><td>원장</td></tr>
<tr><td colspan="2">날 짜</td><td colspan="2">2020년 5월 11일 화요일</td><td></td><td></td><td></td></tr>
<tr><td colspan="2">주 제</td><td>느낄 수 있어요</td><td colspan="2">소주제</td><td colspan="3">만지고 살펴보아요</td></tr>
<tr><td colspan="2">교사의 기대</td><td colspan="6">주변의 다양한 사물에 관심을 갖고 만지며 탐색한다.</td></tr>
<tr><td colspan="2">일과(시간)</td><td colspan="6">계획 및 실행
계획 및 실행 내용, 관찰된 내용, 교사의 지원 내용을 함께 기록한다.</td></tr>
<tr><td rowspan="3">일
상
생
활</td><td>등원 및
맞이하기
(7:30~9:00)</td><td colspan="6">• 엄마, 아빠, 선생님, 친구들과 인사 나누기
– 교사를 모방하여 엄마, 아빠와 친구들에게 인사하도록 하였다.
• 선생님과 함께 겉옷, 가방, 양말 정리하기
– 영아가 스스로 양말을 벗으려고 시도하자 교사는 스스로 해 볼 수 있도록 격려해 주었다. 어려워하는 영아는 발목 뒤쪽을 내려 주어 쉽게 벗을 수 있도록 하였다.
• 영아의 건강 상태 및 가정 전달 사항 확인하기
– 가방에서 대화 수첩을 꺼내 오늘의 투약 유무, 전달 사항을 확인하고, 같은 반 선생님과 특이 사항을 공유하였다.</td></tr>
<tr><td>간식
(9:00~9:3)
(3:00~3:30)
오전, 오후 간식에 대한 내용을 통합하여 기록한다.</td><td colspan="6">• 선생님 도움을 받아 손 씻기
– 교사를 모방하여 손바닥, 손등 등을 닦아 볼 수 있도록 격려하였다. 영아는 교사의 모습을 따라하며 손을 닦았다. 거품이 나는 것을 재미있어 하여 교사는 "손을 비비니까 거품이 더 많이 나는구나. 미끌미끌 하구나."라며 느낌을 언어로 표현해 주었다.
• 자리에 앉아 즐겁게 간식 먹기
– 교사는 간식 이름, 맛, 느낌 등을 언어로 표현해 주었다.
• 선생님과 함께 간식 접시 정리하기</td></tr>
<tr><td>기저귀 갈이
(11:00~11:10)
(3:30~3:40)</td><td colspan="6">• 선생님과 함께 놀잇감을 제자리에 정리하기
• 영아의 요구에 따라 개별적으로 기저귀 갈기
– 교사는 일과 중간중간 기저귀를 확인하여 개별적으로 기저귀를 갈아 주었다.
– 바깥놀이 가기 전, 낮잠 전후로는 전체적으로 영아의 기저귀를 확인하였다.
◎ 안전: 기저귀 갈 때 좋은 느낌
• 선생님과 기저귀를 갈며 좋은 느낌에 대해 이야기한다.
– "ㅇㅇ이가 쉬를 해서 기분이 축축했구나. 기저귀 갈아 볼까? 기저귀를 가니까 느낌이 어떠니? 뽀송뽀송 기분이 좋구나."
• 교사가 기저귀를 갈아 주며 느낌에 대해 이야기할 때 웃어 보이며 좋은 기분을 표현하였다.

영아의 경우 안전교육이 일상생활 또는 개별 · 소그룹으로 이루어지므로 실질적으로 안전활동이 진행되는 일과에 기록한다.</td></tr>
</table>

<table>
<tr>
<td rowspan="3">일상생활</td>
<td>점심
및 양치
(11:50~1:10</td>
<td>• 선생님의 도움을 받아서 비누로 손 씻기
• 도구를 사용하여 음식 먹어 보기
– 숟가락 사용이 서툰 영아는 교사가 함께 잡아 주어 먹어 볼 수 있도록 도와주었다.
– 음식을 흘리더라도 허용해 주며 스스로 도구 사용하는 것을 칭찬해 주자 더욱 스스로 먹어 보려는 모습이었다.
• 선생님의 도움 받아 양치질하기
– 양치질을 하기 싫어하는 영아는 교사가 충분한 시간을 두고 기다려 주고, 영아가 좋아하는 인형과 같이 이를 닦아 볼 수 있도록 하였다.</td>
</tr>
<tr>
<td>낮잠 및
휴식
(1:30~3:00)</td>
<td>• 자기 이불을 찾아 눕기
– 영아들이 자신의 이불을 잘 찾아 눕는 모습이었다.
• 선생님의 이야기를 들으며 낮잠 자기
– 잠이 들지 않은 영아가 있어 같은 반 교사와 역할을 나누어 복도에서 놀이하도록 하였다.</td>
</tr>
<tr>
<td>귀가 및
통합보육
(4:00~7:30)</td>
<td>• 연장보육반으로 이동하기
• 자유롭게 놀이하다가 부모님이 오면 귀가하기
• 선생님, 친구들과 인사나누기
– 교사가 "'안녕!' 하고 인사해 볼까?"라며 인사하는 모습을 보여 주자 영아도 따라서 친구들에게 손을 흔들며 인사를 하였다.</td>
</tr>
<tr>
<td>놀이</td>
<td>실내놀이
(9:30~11:00)
(3:30~4:00)</td>
<td>• 촉감 길을 걸어요
– 어제와 연계되어 촉감 길놀이가 이루어졌다. 영아들이 스스로 촉감판을 옮겨 길을 만들어 그 위를 걸어 보았다. 교사는 영아들이 스스로 촉감판을 옮기는 것을 지켜보며 부딪히거나 하지 않도록 살펴보았다.
• 소꿉 그릇에 밀가루 반죽을 담아요
– 영아들이 밀가루 반죽을 칼로 자르는 것을 재미있어 하여 반복적으로 놀이가 이루어졌다. 교사가 어제보다 칼과 숟가락과 같은 도구를 꺼내 주어 영아들이 자른 밀가루 반죽을 그릇에 넣어 보고 숟가락으로 섞어 보거나, 떠먹는 시늉을 하기도 하였다.
• 다양한 재질 종이에 끼적이기
– 바닥에 붙어 있는 다양한 재질의 종이를 손으로 탐색해 본다. 교사가 탐색하는 영아 옆에 크레파스를 내려 주었더니 크레파스를 꺼내 자유롭게 끼적이기를 하였다. 끼적이기를 하며 "엄마, 이거! 아빠야!"라며 교사에게 자신이 그린 그림을 가리키며 보여 주기도 하였다.

<u>영아의 주요 놀이를 관찰하여 놀이 흐름을 기록한다. 놀이가 이루어질 때 지도교사의 지원이 있는 경우 기록한다.</u></td>
</tr>
</table>

<table>
<tr><td rowspan="1">놀이</td><td>바깥놀이
(대체)
(11:10~11:50)</td><td>• 비눗방울놀이
– 교사가 영아들이 불어 볼 수 있도록 모양판을 많이 준비해 주었다. 교사는 영아에게 비눗방울이 입에 닿지 않도록 사전에 알려 주고, 월령이 높은 영아들은 스스로 잡고 비눗방울을 불어 보거나 팔을 흔들어 볼 수 있도록 하였다.
• 미끄럼틀 타기
– 영아들이 계단을 스스로 올라가 내려오는 모습이었다. 간혹 영아가 앞에 있는데 급하게 내려오는 영아가 있어서 “앞에 친구가 있을 때 내려가면 쾅하고 부딪혀서 다칠 수 있어. 기다렸다가 내려가 볼까?”라고 이야기해 주며 교사가 옆에서 친구가 일어날 때까지 기다렸다가 탈 수 있도록 도와주었다.

바깥놀이에서 이루어진 영아의 주요 놀이를 관찰하여 기록한다.</td></tr>
<tr><td colspan="2">실습생 평가</td><td>영아이지만 스스로 숟가락을 잡고 밥을 먹어 보려고 하고, 양치질을 해 보려는 모습을 볼 수 있었다. 높은 월령의 영아들은 교사가 도와주는 것을 싫어하며 스스로 해 보려고 하였고, 어린 영아도 교사가 해 볼 수 있도록 칭찬을 해 주니까 스스로 해 보려는 모습이었다. 기본생활습관을 잘 형성할 수 있도록 개인차에 따라 적절하게 지도하는 것이 중요하다고 생각되었다.

하루 동안 진행된 보육실습을 되돌아보며 느낀 점, 궁금한 점, 자기 역할에 대한 반성, 반영할 부분 등을 기술한다.</td></tr>
<tr><td colspan="2">지도교사
평가 및 조언</td><td>어릴 때부터 일상생활을 통해 올바른 기본생활습관이 이루어질 수 있도록 하는 것은 필요합니다. 어린 영아일수록 일상생활의 비중이 크며 교사는 영아에게 이루어지는 일상생활이 의미 있는 경험이 될 수 있도록 지원하고 격려해 주어야 합니다. 영아의 개별 또는 월령별 발달 특징에 따라 수순별로 스스로 해 볼 수 있도록 지원할 수 있어야 하며, 스스로 해 볼 수 있는 충분한 시간을 주도록 해 주세요.</td></tr>
</table>

② 주간 보육실습일지

가. 「한 주간의 흐름」에 따른 주간 보육실습일지

주간 보육계획 서식을 활용하여 월~금요일의 한 주 계획과 실행 내용을 기록한다. 놀이가 진행되는 흐름에 따른 각 놀이의 변화를 놀이명 수준으로 간략히 기술하여 한눈에 확인할 수 있도록 한다. 하루 일과를 중심으로 실행된 주요 일과, 놀이, 변경 사항 등을 주요 일과 및 평가에 기술한다.

〈표 4-22〉 한 주간의 흐름에 따른 영아반 주간 보육실습일지 작성의 예

<table>
<tr><th colspan="6">주간 보육실습일지</th></tr>
<tr><td>반명(연령)</td><td>바다반 (만 1세)</td><td rowspan="2">결재</td><td>실습생</td><td>지도교사</td><td>원장</td></tr>
<tr><td>기간</td><td>2020년 5월 11일 ~ 5월 15일</td><td></td><td></td><td></td></tr>
<tr><td>주 제</td><td>느낄 수 있어요</td><td>소주제</td><td colspan="3">만지고 살펴보아요</td></tr>
<tr><td>교사의 기대</td><td colspan="5">주변의 다양한 사물에 관심을 갖고 만지며 탐색한다.</td></tr>
<tr><td>요일
일과</td><td>월</td><td>화</td><td>수</td><td>목</td><td>금</td></tr>
<tr><td>등원 및 맞이하기 (7:30 ~9:00)</td><td colspan="5">• 선생님, 친구들과 파이팅하며 반갑게 인사 나누기
– “○○이가 오늘도 기분 좋게 어린이집에 왔구나. 파이팅 하며 인사해 볼까?”
• 선생님과 함께 겉옷, 가방, 양말 정리하기
• 영아의 건강 상태 및 가정 전달 사항을 확인하기

한 주간 반복되는 일상생활을 기록한다.</td></tr>
<tr><td>오전 간식 (9:00 ~9:20)</td><td colspan="5">• 선생님 도움을 받아 손을 깨끗이 씻기
• 자리에 앉아 즐겁게 간식 먹기
• 선생님과 함께 간식 접시 정리하기</td></tr>
<tr><td rowspan="2">오전 실내놀이 (9:20 ~11:00)</td><td colspan="5">• 흥미에 따라 자유롭게 놀이하기

놀이가 진행되는 흐름에 따른 각 놀이의 변화를 놀이명 수준으로 간단히 기록한다.
놀이 영역의 구분을 삭제하여 기록 가능하다.</td></tr>
<tr><td>• 촉감 길을 걸어요
• 소꿉 그릇에 밀가루 반죽을 담아요</td><td>• 촉감 길을 걸어요
• 소꿉 그릇에 밀가루 반죽을 담아요
• 다양한 재질 종이에 끼적이기</td><td>• 색깔 오자미로 놀아요
• 자석 블록을 길게 이어요</td><td>• 가방에 색깔 오자미를 넣어요
• 마라카스를 흔들어요</td><td>• 케이크로 놀이해요
• 노래 들으며 마라카스를 흔들어요</td></tr>
<tr><td>정리 및 기저귀 갈이 (11:00 ~11:10)</td><td colspan="5">• 선생님과 함께 놀잇감을 제자리에 정리하기
• 영아의 요구에 따라 개별적으로 기저귀 갈기
◎ 안전: 기저귀 갈 때 좋은 느낌
• 선생님과 기저귀를 갈며 좋은 느낌에 대해 이야기한다.
– “○○이가 쉬를 해서 기분이 축축했구나. 기저귀 갈아 볼까?”
– “기저귀를 가니까 느낌이 어떠니? 뽀송뽀송 기분이 좋구나.”
• 양말을 신고 겉옷을 입고 바깥놀이 나가기

한 주 동안 중점적으로 이루어질 안전활동을 실제적으로 진행되는 일과에 기록한다.</td></tr>
</table>

<table>
<tr><td rowspan="2">바깥놀이
(대체)
(11:10
~11:50)</td><td colspan="5">• 흥미에 따라 자유롭게 놀이하기
• 선생님과 함께 놀잇감을 제자리에 정리하기

영아의 흥미에 따라 중점으로 이루어지는 놀이를 활동명으로 간단히 기록한다.</td></tr>
<tr><td>• 친구랑 시소 타기
• 비눗방울놀이</td><td>• 비눗방울놀이
• 미끄럼틀 타기</td><td>• 바람개비를 들고 움직여요
• 자동차를 타요</td><td>〈대체〉
• 데굴데굴 공놀이
• 자동차 타기</td><td>• 어린이집 주변을 산책해요
• 꽃에 물을 주어요</td></tr>
<tr><td>점심 및 양치
(11:50~
1:00)</td><td colspan="5">• 선생님 도움을 받아 비누로 손 씻기
• 자리에 앉아 즐겁게 점심 먹기
• 도구 사용하여 음식 먹기
– "우와 ㅇㅇ이는 손으로 안 집고 숟가락으로 떠서 먹어 보는구나."
– "ㅇㅇ이는 손으로 먹어 보고 싶었구나. 우리 숟가락으로도 먹어 볼까?"

한 주 동안 교육적 경험이 될 수 있도록 계획하여 진행된 일상생활은 활동명과 지도교사의 상호작용, 지원 방법 등을 기록한다.

• 선생님 도움 받아 양치하기</td></tr>
<tr><td>낮잠 및 휴식
(1:00
~3:00)</td><td colspan="5">• 자기 이불을 찾아 눕기
• 선생님의 이야기를 들으며 낮잠 자기
• 기지개를 펴며 기분 좋게 일어나기</td></tr>
<tr><td>오후 간식
(3:00
~3:30)</td><td colspan="5">• 선생님 도움 받아 손 씻기
• 자리에 앉아 간식 먹기
• 선생님과 함께 간식 접시 정리하기</td></tr>
<tr><td>오후 놀이
(3:30
~4:00)</td><td colspan="5">• 흥미 있는 놀잇감으로 자유롭게 놀이하기</td></tr>
<tr><td>귀가 및
통합보육
(4:00
~7:30)</td><td colspan="5">• 연장보육반으로 이동하기
• 자유롭게 놀이하다가 부모님이 오면 개별 귀가하기
• 선생님, 친구들과 인사하기
– "ㅇㅇ아 엄마 오셨네. 친구들이랑 선생님에게 인사해 볼까? 친구들아 안녕! 우리 내일 또 보자."
• 하루 일과, 건강 상태에 대해 부모님께 전달하기</td></tr>
</table>

<table>
<tr><td colspan="3">주요 일과 기록 및 평가
실행된 놀이에 대한 간단한 평가, 하루 일과 중 주요하게 관찰된 일상, 놀이의 흐름, 일과 계획에서 변경된 시간, 운영 사항 등을 기록한다.</td></tr>
<tr><td rowspan="3">월</td><td>실행 기록 하기</td><td>〈일상생활〉
• 등원: 주말을 지내고 와 우는 영아가 있자 교사가 "엄마랑 헤어져서 많이 속상했구나. 선생님이 꼭 안아 줄게."라며 충분히 안아 주고 기다려 주었다.
• 낮잠 및 휴식: 교사가 오늘 놀이했던 이야기를 작은 목소리로 들려주니까 영아들이 편안하게 잠드는 모습이었다.

영아의 경우 안정적이고 교육적인 일상이 경험이 되도록 하는 교사의 지원 및 상호작용과 영아의 반응을 관찰하여 기록한다.

〈실내놀이〉
• 촉감 길을 걸어요
영아가 바닥의 촉감판에 관심을 가지며 촉감판 위에 앉아 보고, 손으로도 만져 보았다. 손으로 탐색 후 일어나서 발로 콩콩 뛰었다. 다른 영아도 관심을 보이며 옆의 촉감판에 올라가 뛰었다. 촉감판 위에서 뛰다가 다른 촉감판 위로 넘어가며, 연결되어 있는 촉감판 길을 따라 걸어 보고 뛰어 보며 반복적으로 놀이가 이루어졌다. 몇 명의 영아들이 더 관심을 보이며 모이자 교사가 촉감판을 옆에도 놓아 두어 부딪히지 않고 놀이하게 해 주었다.
• 소꿉 그릇에 밀가루 반죽을 담아요
책상 위에 있는 밀가루 반죽을 발견하고 영아들이 밀가루 반죽놀이를 하였다. 밀가루를 손으로 누르고, 뜯으며 놀이하였다. 한 영아가 옆에 있는 소꿉 도구에 바닥에 뜯어 놓은 밀가루를 담자 다른 영아도 밀가루를 그릇에 담았다. 그릇에 담은 밀가루를 교사에게 가져가 "맘마"라며 먹으라고 주기도 하고, 자신이 먹는 시늉을 하기도 하였다. 어떤 영아는 숟가락, 칼 모형으로 밀가루를 찌르고, 누르고, 두드리고, 잘라 보기도 하였다.

영아의 주요 놀이를 관찰하여 놀이 흐름을 기록한다. 놀이가 이루어질 때 지도교사의 지원이 있는 경우 함께 기록한다.</td></tr>
<tr><td>실습생 평가</td><td>이제 2주차인데 영아들과 조금은 친해진 것 같다. 놀이할 때 자연스럽게 나에게 다가와 같이 놀자며 손을 잡아 주기도 하고, 놀잇감을 가져다 주기도 하여 놀이에 많이 참여할 수 있었다. 그러나 놀이하는 상황에서 갑자기 친구 놀잇감을 가져가서 울거나 다툼이 종종 일어나서 당황스러울 때가 있었다. 잘 관찰하여 놀이 상황에서 다툼이 일어나기 않도록 도와주어야 겠다.

하루 동안 진행된 보육실습을 되돌아보며 관찰된 상황과 느낀 점을 기록하며 자기 역할에 대한 평가를 기술하였다.</td></tr>
<tr><td>지도교사 평가 및 조언</td><td>영아들은 아직 언어로 표현하는 것이 어렵고, 놀잇감 소유에 대해 구분하기 어렵습니다. 발달의 특성을 이해하여 영아가 흥미 있어 하는 놀잇감은 넉넉하게 제공하여 사전에 다툼을 예방하는 것이 중요합니다. 교사가 놀이 관찰 및 참여를 하며 이런 상황이 일어나기 전 같은 놀잇감을 제공해 주거나, 친구가 놀이하는 것에 대해 간단히 설명한 후 대체할 수 있는 다른 놀잇감으로 흥미 유도를 할 수 있습니다.</td></tr>
</table>

나. 「계획-실행」을 통합한 주간 보육실습일지

주간 교육계획을 활용하여 계획과 실행 기록을 통합하여 작성한다. 놀이 평가에는 실행된 놀이에 대한 간단한 평가와 일과계획에서 그날 변동된 시간 등을 기록하고 한 주를 지내고 난 주간의 자기 평가를 기록한다.

〈표 4-23〉 계획-실행을 통합한 영아반 주간 보육실습일지 작성의 예

<table>
<tr><th colspan="7">주간 보육실습일지</th></tr>
<tr><td>반명(연령)</td><td colspan="2">바다반 (만 1세)</td><td rowspan="2">결재</td><td>실습생</td><td>지도교사</td><td>원장</td></tr>
<tr><td>기간</td><td colspan="2">2020년 3월 23일 ~ 3월 27일</td><td></td><td></td><td></td></tr>
<tr><td>주 제</td><td>느낄 수 있어요</td><td colspan="2">소주제</td><td colspan="3">만지고 살펴보아요</td></tr>
<tr><td>교사의 기대</td><td colspan="6">주변의 다양한 사물에 관심을 갖고 만지며 탐색한다.</td></tr>
<tr><td>일과(시간)</td><td colspan="6">계획 및 실행
계획 및 실행 내용, 관찰된 내용, 교사의 지원 내용을 함께 기록한다.</td></tr>
<tr><td>등원 및 맞이하기
(7:30 ~ 9:00)</td><td colspan="6">• 선생님, 친구들과 파이팅하며 반갑게 인사 나누기
– “ㅇㅇ가 오늘도 기분 좋게 어린이집에 왔구나. 파이팅 하며 인사해 볼까?”

영아의 경우 안정적이고 교육적인 일상이 경험이 되도록 하는 교사의 지원 및 상호작용과 영아의 반응을 관찰하여 기록한다.

• 선생님과 함께 겉옷, 가방, 양말 정리하기
• 영아의 건강 상태 및 가정 전달 사항을 확인하기</td></tr>
<tr><td>오전 간식
(9:00 ~ 9:30)</td><td colspan="6">• 선생님 도움을 받아 손을 깨끗이 씻기
• 자리에 앉아 즐겁게 간식 먹기
• 선생님과 함께 간식 접시 정리하기</td></tr>
<tr><td>오전 실내놀이
(9:30 ~ 11:00)</td><td>월</td><td colspan="5">• 촉감 길을 걸어요
– 영아가 바닥의 촉감판에 관심을 가지며 촉감판 위에 앉아 보고, 손으로도 만져 보았다. 손으로 탐색 후 일어나서 발로 뛰었다. 촉감판 위에서 뛰다가 다른 촉감판 위로 넘어가며, 연결되어 있는 촉감판 길을 따라 걸어 보고 뛰어 보며 반복적으로 놀이가 이루어졌다.
• 소꿉 그릇에 밀가루 반죽을 담아요
– 영아들이 밀가루를 손으로 누르고, 뜯으며 탐색하였다. 그릇에 담은 밀가루를 교사에게 가져가 “맘마”라며 먹으라고 주기도 하고, 자신이 먹는 시늉을 하였다. 어떤 영아는 숟가락, 칼 모형으로 밀가루를 찌르고, 누르고, 두드리고, 잘라 보기도 하였다.</td></tr>
</table>

오전 실내놀이 (9:30 ~ 11:00)	화	<u>영아의 주요 놀이를 관찰하여 반복되는 놀이의 연계, 확장 등의 놀이 흐름을 기록한다.</u> • 촉감 길을 걸어요 – 어제와 연계되어 촉감 길놀이가 이루어졌다. 영아들이 스스로 촉감판을 옮겨 길을 만들어 그 위를 걸어 보았다. 교사는 영아들이 스스로 촉감판을 옮기는 것을 지켜보며 부딪히지 않도록 하였다. • 소꿉 그릇에 밀가루 반죽을 담아요 – 영아들이 밀가루 반죽을 칼로 자르는 것을 재미있어 하여 반복적으로 놀이가 이루어졌다. 교사가 어제보다 칼과 숟가락과 같은 도구를 꺼내 주어 영아들이 자른 밀가루 반죽을 그릇에 넣어 보고 숟가락으로 섞어 보거나, 떠먹는 시늉을 하며 놀이를 하였다. • 다양한 재질 종이에 끼적이기 – 바닥에 붙어 있는 다양한 재질의 종이를 손으로 탐색해 보았다. 교사가 탐색하는 영아 옆에 크레파스를 내려 주었더니 크레파스를 꺼내 자유롭게 끼적이기를 하였다. 끼적이기를 하며 "엄마, 이거! 아빠야!"라며 교사에게 자신이 그린 그림을 가리키며 보여 주기도 하였다.
	수	• 색깔 오자미로 놀아요 – 색깔 오자미를 머리 위에 올려 보기도 하고 탑처럼 쌓아서 생일축하 노래를 부르며 놀이하기도 하였다. 영아들이 자신의 무릎 위에 던지거나 비비며 촉감을 느껴 보기도 하고, 같은 색깔끼리 모아 보기도 하였다. • 자석 블록을 길게 이어요 – 자석 블록을 길게 이어 붙이며 놀이하였다. 자석 블록에 둥근 블록을 붙여 마이크처럼 손에 쥐고 노래를 부르기도 하였다.
	목	• 가방에 색깔 오자미를 넣어요 – 한 영아가 색깔 오자미를 가방에 넣고 다니자 다른 영아들도 따라서 가방에 오자미를 넣어 들고 다니며 놀이하였다. • 마라카스를 흔들어요 – 새로운 마라카스를 탐색하며 흔들어 보았다. 교사가 흔들어 볼 수 있도록 격려하며 노래를 불러 주자 영아들이 따라 부르며 마라카스를 더 신나게 흔들었다.
	금	• 케이크로 놀이해요 – 케이크 위에 초를 붙여 생일축하 노래를 불렀다. 교사가 "누구 생일이에요?"라고 묻자 "저요!"라며 이름을 넣어서 불렀다. 옆의 영아가 "나도!"라며 하고 싶다고 하여 돌아가면서 생일축하를 하였다. • 노래 들으며 마라카스를 흔들어요 – 교사가 노래를 틀어 주자 영아들이 마라카스를 잡고 흔들며 춤을 추고, 노래를 따라 불렀다. "아빠 곰, 아기 상어~" 하며 듣고 싶은 노래를 교사에게 틀어 달라고 하며 마라카스를 흔들며 즐겁게 움직였다.

<table>
<tr><td>정리 및
기저귀 갈이
(11:00
~11:10)</td><td colspan="2">• 선생님과 함께 놀잇감을 제자리에 정리하기
• 영아의 요구에 따라 개별적으로 기저귀 갈기
◎ 안전: 기저귀 갈 때 좋은 느낌
• 선생님과 기저귀를 갈며 좋은 느낌에 대해 이야기한다.
– “ㅇㅇ이가 쉬를 해서 기분이 축축했구나. 기저귀 갈아 볼까?”
– “기저귀를 가니까 느낌이 어떠니? 뽀송뽀송 기분이 좋구나.”
• 양말을 신고 겉옷을 입고 바깥놀이 나가기</td></tr>
<tr><td rowspan="4">바깥놀이
(대체)
(11:10
~ 11:50)</td><td>월</td><td>• 친구랑 시소 타기
– 친구랑 양 옆에 앉아 시소 타기를 즐긴다. 시소를 타고 내릴 때 교사가 도와준다.
• 비눗방울놀이
– 교사가 비눗방울을 불어 주자 영아들이 좋아하며 비눗방울을 따라가 손으로 잡아 본다. 비눗방울을 불어 보고 싶어 하는 영아는 교사가 잡아 주어 “후” 하고 불어 볼 수 있도록 하였다.</td></tr>
<tr><td>화</td><td>• 비눗방울놀이
– 교사가 영아들이 불어 볼 수 있도록 모양판을 많이 준비하였다. 교사는 영아에게 비눗방울이 입에 닿지 않도록 사전에 알려 주고, 월령이 높은 영아들은 스스로 잡고 비눗방울을 불어 보거나 팔을 흔들어 볼 수 있도록 하였다.
• 미끄럼틀 타기
– 영아들이 계단을 스스로 올라가 내려오는 모습이었다. 간혹 영아가 앞에 있는데 급하게 내려오는 영아가 있어서 “앞에 친구가 있을 때 내려가면 쾅하고 부딪혀서 다칠 수 있어. 기다렸다가 내려가 볼까?”라고 이야기해 주며 교사가 옆에서 친구가 일어날 때까지 기다렸다가 탈 수 있도록 도와주었다.</td></tr>
<tr><td>수</td><td>• 바람개비를 들고 움직여요
– 영아들이 바람개비에 관심을 보이며 탐색하였다. 교사가 바람개비를 들고 움직여 돌아가는 모습을 보여 주자 영아들도 팔을 흔들어 보거나 뛰어 보며 바람개비 모습을 관찰하였다.
• 자동차를 타요
– 자동차를 타기도 하고, 친구의 자동차를 밀어 주기도 하였다.</td></tr>
<tr><td>목</td><td>〈대체〉 미세먼지가 나쁨이어서 유희실에서 대체활동이 이루어졌다.

날씨, 기상 현상, 건강 상태 등에 따라 대체활동이 이루어지는 경우에는 사유와 대체활동명를 기록하고, 영아의 놀이와 그에 따른 교사의 지원을 기록한다.

• 데굴데굴 공놀이
– 공을 이용하여 던져 보기, 발로 차기, 굴려 보기 등의 놀이가 이루어졌다. 굴러가는 공을 따라가 보기도 하고, 선생님한테 던져 보기도 하였다.
• 자동차타기
– 내가 좋아하는 자동차를 선택하여 탈 수 있도록 하였다. 영아들이 벽이나 친구들 자동차와 부딪히지 않고 탈 수 있도록 이야기하였다.</td></tr>
</table>

<table>
<tr><td></td><td>금</td><td>• 어린이집 주변을 산책해요
– 어린이집 주변을 산책하며 날씨를 느껴 보고, 하늘도 바라보았다. 산책하다가 화단의 꽃을 발견하여 살펴보았다.
• 꽃에 물을 주어요
– 산책 후 어린이집 마당에 있는 꽃을 발견하였고 꽃에 물 주고 싶다고 하여 함께 물을 주었다. 물조리개에 물을 조금씩 담아 주니까 영아들이 꽃에 물을 주며 즐거워하였다.</td></tr>
<tr><td>점심 및 양치
(11:50
~ 1:00)</td><td colspan="2">• 선생님 도움을 받아 비누로 손 씻기
• 자리에 앉아 즐겁게 점심 먹기
• 도구 사용하여 음식 먹기
– “우와 ㅇㅇ이는 손으로 안 집고 숟가락으로 떠서 먹어 보는구나.”
– “ㅇㅇ이는 손으로 먹어 보고 싶었구나. 우리 숟가락으로도 먹어 볼까?”
• 선생님 도움 받아 양치하기</td></tr>
<tr><td>낮잠 및 휴식
(1:00
~ 3:00)</td><td colspan="2">• 자기 이불을 찾아 눕기
• 선생님의 이야기를 들으며 낮잠 자기
• 기지개를 펴며 기분 좋게 일어나기</td></tr>
<tr><td>오후 간식
(3:00
~ 3:30)</td><td colspan="2">• 선생님 도움 받아 손 씻기
• 자리에 앉아 간식 먹기
• 선생님과 함께 간식 접시 정리하기</td></tr>
<tr><td>오후 놀이
(3:30
~ 4:00)</td><td colspan="2">• 흥미 있는 놀잇감으로 자유롭게 놀이하기</td></tr>
<tr><td>귀가 및
통합보육
(4:00
~ 7:30)</td><td colspan="2">• 연장보육반으로 이동하기
• 자유롭게 놀이하다가 부모님이 오면 개별 귀가하기
• 선생님, 친구들과 인사하기
– “ㅇㅇ아 엄마 오셨네. 친구들이랑 선생님께 인사해 볼까? 친구들아 안녕! 우리 내일 또 보자.”
• 하루 일과, 건강 상태에 대해 부모님께 전달하기

<u>일과 진행 시 교사의 역할, 유의점을 기록한다.</u></td></tr>
</table>

놀이 평가 및 다음 날 지원 계획 하루 일과를 되돌아보며 평가를 간단히 작성하고 다음 날 일상 및 놀이 지원 계획을 기록한다. 변경된 일과 시간, 활동 등이 있으면 기록한다.				
월	화	수	목	금
새로운 놀잇감에 관심을 많이 보이며 탐색이 시작되었다. 영아가 놀잇감 등을 다양하게 탐색하도록 격려해 주어야 겠다. 상호작용, 교사 지원에 대한 평가	촉감 길, 밀가루 반죽 등 놀이에 집중하며 실내놀이 시간이 길어졌다(9:30~11:15). 실내놀이로 인해 바깥놀이(11:30~12:00)와 점심시간(12:00~1:10)을 조정하였다. 일과 시간 조정에 대한 평가	색깔 오자미에 관심을 보이며 놀이하였다. 같은 색깔끼리 모아 보는 모습이어서 색에 대한 상호작용을 해 주어야겠다. 노래를 들으며 마라카스 흔드는 것을 좋아하여 음악을 준비해야겠다. 자료 준비에 대한 평가	미세먼지가 많아서 바깥놀이를 나가지 못하고 대체활동이 이루어졌다. 영아들이 밖에 나가고 싶어 하여 오후 간식 후 복도에서 자동차 타기 등 신체활동이 이루어졌다(3:30~4:00). 일과 시간 조정 및 대체활동에 대한 평가	산책 후 조금 피곤해하며 일찍 잠이 든 영아가 몇 명 있었다. 개별적으로 낮잠이 충분히 이루어질 수 있도록 하였다. 개별 요구에 따라 진행한 융통성 있는 일과운영에 대한 평가
실습생 주간 평가	한 주 동안 '만지고 살펴보아요' 놀이가 진행되었는데 영아들이 새로운 놀잇감에 흥미를 많이 보이며 스스로 만져 보고, 탐색해 보는 모습이었다. 영아들과 함께 놀이를 하며 탐색하는 것을 많이 격려해 주려고 하였는데, 지도 선생님의 말씀처럼 내가 먼저 탐색을 유도하거나 방법을 제시해 주는 모습이 있었던 것 같다. 다음 주에는 놀이 계획도 실행해 봐야 하는데 영아 주도로 놀이가 이루어질 수 있도록 충분히 기다려 주고, 환경의 변화에 따른 영아의 놀이를 관찰해 보아야겠다. 한 주를 되돌아 보며 반성적 사고를 통해 자기 평가를 기록하고, 다음 주에 반영할 부분, 실행해 볼 실습 내용이나 교사의 역할을 기록한다.			
지도교사 평가 및 조언	다음 주에는 놀이를 계획하고 실행해 보는 주간이네요. 이번 주 관찰된 영아의 흥미를 토대로 놀잇감 및 환경 구성을 제공해 주시고, 영아의 놀이를 예상하여 계획해 보시기 바랍니다. 자칫 교사가 예상하고 계획한 대로 영아의 반응이 나오지 않더라도 영아의 놀이를 인정해 주시고, 어떻게 놀이하는지 관찰해 보시기 바랍니다. 교사가 여유를 가지고 영아를 기다려 주고, 격려해 주는 역할이 필요하겠죠? 한 주도 수고많으셨습니다.			

(2) 유아반 보육실습일지

① 일일 보육실습일지

가. 「일과의 흐름」에 따른 일일 보육실습일지

유아반 일일 보육실습일지를 작성할 때에는 하루 동안 이루어지는 일과의 흐름에 따라 기술한다. 놀이 시간에 정리 및 전이 내용을 포함하거나 구분하여 기술할 수 있으며 일상 및 놀이의 흐름, 교사 유의점 등을 주요 일과 기록 및 지도 사항에 기술한다.

〈표 4-24〉 일과의 흐름에 따른 유아반 일일 보육실습일지 작성의 예

<table>
<tr><th colspan="6">일일 보육실습일지</th></tr>
<tr><td>반명(연령)</td><td>한라반 (만 4세)</td><td rowspan="2">결재</td><td>실습생</td><td>지도교사</td><td>원장</td></tr>
<tr><td>날　　짜</td><td>2020년 10월 5일 월요일</td><td></td><td></td><td></td></tr>
<tr><td>놀이 주제</td><td colspan="5">가을 이야기</td></tr>
<tr><td>일과(시간)</td><td>계획 및 실행</td><td colspan="4">놀이 기록 및 유의 사항</td></tr>
<tr><td>등원 및
통합보육
(7:30
~9:00)</td><td>• 선생님, 친구들과 반갑게 인사를 나눈다.
– 주말을 지낸 이야기를 하며 인사를 나눈다.
• 유아들이 등원하는 대로 건강 상태를 확인한다.
• 가방과 알림장 등 자신의 물건을 정리한다.</td><td colspan="4" rowspan="4">• 등원: 자신의 가방, 수첩 등 물건을 스스로 정리 할 수 있도록 격려한다.

<u>모든 일과를 기록하지 않아도 되며 중점으로 진행된 내용을 기록한다. 일상생활에서도 주요 관찰 부분만 기록하거나, 교사의 지도 사항, 유의점을 기록한다.</u>

• 실내놀이: 다양한 자동차로 놀이하기, 블록으로 도로 만들기
유아들은 다양한 모양과 종류의 자동차 중 선택하여 같이 자동차를 굴렸다. 자동차를 바닥에 굴리며 놀이하는 중 블록과 놀잇감을 피해 이리저리 굴리다가 한 유아가 블록을 옮겨 길을 만들기 시작하였다. 경사로, 터널 등이 점점 추가되며 자동차놀이가 이루어졌다.</td></tr>
<tr><td>오전 간식
(9:00:
~9:20)</td><td>◎ 메뉴: 떠먹는 요구르트, 오이 스틱
• 화장실로 이동하여 손을 깨끗이 씻는다.
• 먹고 싶은 만큼 간식을 받는다.
• 간식을 먹은 후 간식 그릇과 자기 자리를 정리한다.</td></tr>
<tr><td>오전
실내놀이
(9:20
~10:50)</td><td>• 흥미에 따라 자유롭게 놀이가 이루어진다.
– 다양한 자동차로 놀이하기
– 블록으로 도로 만들기
– 수수깡 연결하기</td></tr>
<tr><td>정리 및
전이
(10:50
~11:00)</td><td>• 놀이 후 놀잇감을 제자리에 정리한다.

<u>정리 및 전이 시간을 놀이와 구분하여 기록할 수 있다.</u></td></tr>
</table>

<table>
<tr>
<td>바깥놀이
(대체)
(11:00
~12:20)</td>
<td>• 자신의 외투와 신발을 찾는다.
• 흥미에 따라 자유롭게 놀이가 이루어진다.
– 자동차 타며 택시놀이하기
– 술래잡기놀이</td>
<td rowspan="6">• 실내놀이: 수수깡 탐색 및 연결하기
유아가 "선생님 진짜 길어요."라며 손으로 만지며 탐색한다. 친구들과 원하는 색의 수수깡을 선택하여 테이프로 길게 연결을 하면서 '마술사 막대기', '공주 막대기' 하면서 놀이를 하였다.

• 바깥놀이: 자동차, 택시 놀이하기
실외놀이터에서 몇 명의 유아가 자동차를 타고 있는데 한 유아가 다가와 "나도 타고 싶어."라고 이야기하였다. 그러자 "음… 그럼 뒤에 타."라고 하며 뒤에 태워 준다. 잠시 후 다시 자동차를 태워 달라고 하더니 "이번에는 놀이동산으로 갑시다."라며 자연스럽게 택시놀이로 진행되었다.

<u>유아의 자연스러운 놀이 상황을 중심으로 관찰하여 기록하며 놀이의 흐름이 나타날 수 있도록 한다, 교사의 지원 내용을 함께 기록한다.</u>

• 점심: 유아들이 스스로 식판을 들고 배식한 후 자리로 이동하였다. 식판을 들고 이동할 때 앞을 보고 천천히 이동할 수 있도록 지도한다.
• 통합보육: 연장보육반으로 이동 시에는 원아 인원 체크 및 교사 간 인수인계가 잘 이루어지도록 한다. 귀가 시 전달 사항을 체크한다.

<u>일과 진행 시 교사의 역할, 유의점을 기록한다.</u></td>
</tr>
<tr>
<td>화장실 및
점심
(12:20
~1:30)</td>
<td>◎ 메뉴: 수수밥, 얼갈이 된장국, 돈육 카레볶음, 우엉 조림, 배추김치
• 손을 깨끗이 씻는다.
• 제자리에 앉아 점심을 먹는다.
• 식판과 자리 주변을 정리한다.
• 화장실에서 양치질을 한다.</td>
</tr>
<tr>
<td>낮잠 및
휴식
(1:30
~3:00)</td>
<td>• 화장실을 다녀온 후 자기 침구를 찾아 눕는다.
• 조용한 음악을 들으며 낮잠 및 휴식을 취한다.
• 먼저 일어나거나 자지 않는 유아는 조용한 놀이를 한다(그림 그리기, 그림책 보기 등).</td>
</tr>
<tr>
<td>오후 간식
(3:00
~3:30)</td>
<td>◎ 메뉴: 크림빵, 우유
• 화장실 사용 후 손을 깨끗이 씻는다.
• 선생님, 친구들과 즐겁게 간식을 먹는다.
• 간식을 먹은 후 그릇과 자리를 정리한다.</td>
</tr>
<tr>
<td>오후 놀이
(3:30
~4:00)</td>
<td>• 오전에 진행되었던 놀이가 확장되어 이루어진다.
– 다양한 자동차로 놀이하기
– 블록으로 도로 만들기
– 색종이 접기</td>
</tr>
<tr>
<td>귀가 및
통합보육
(4:00
~7:30)</td>
<td>• 연장보육반에 인수인계를 한다.
• 자유롭게 개별 놀이를 하며 귀가한다.
• 가방, 수첩 등 자신의 물건을 스스로 챙긴다.
• 선생님, 친구들과 인사를 나눈다.
• 하루 일과, 건강 상태에 대해 부모님께 전달한다.</td>
</tr>
<tr>
<td>실습생 평가
(놀이 평가
및
지원 계획)</td>
<td colspan="2">첫 실습이라 많이 떨렸는데, 아이들이 친근하게 먼저 다가와 줘서 좋았다. 내가 생각했던 것보다 아이들이 자신의 생각대로 만들기를 하며 "선생님 이것 보세요."라고 표현도 잘하고, 블록으로 같이 만들며 친구들과 협동하는 모습이 많았다. 오늘은 아직 많은 아이들과 상호작용하지는 못했지만 하루 빨리 아이들과 친해지고 특성을 빨리 파악하여 더 많은 상호작용을 할 수 있도록 해야겠다고 생각하였다.

<u>하루 동안 진행된 보육실습을 되돌아보며 관찰된 상황과 느낀 점을 기록하며 자기 역할에 대한 평가를 기술하였다.</u></td>
</tr>
</table>

지도교사 평가 및 조언	처음이라 하루 일과를 익히느라 정신없이 지나갔으리라 생각되네요. 아이들과 친해지기 위해 우선 이름을 빨리 익혀 많이 불러 주시고, 아이들이 특성을 파악하기 위해서는 관찰이 중요합니다. 관찰을 통해 자연스럽게 놀이에도 참여해 보시고, 상호작용해 보시기를 기대합니다.

나. 「일상생활-놀이-활동」으로 구분한 일일 보육실습일지

일과를 일상생활, 놀이, 활동으로 작성하므로 반복되는 일과 내용은 간단히 기록한다. 계획 및 실행 내용에는 관찰된 내용과 교사의 지원 내용을 함께 기록한다.

〈표 4-25〉 일상생활-놀이-활동으로 구분한 유아반 일일 보육실습일지 작성의 예

<table>
<tr><th colspan="7">일일 보육실습일지</th></tr>
<tr><td colspan="2">반명(연령)</td><td>한라반 (만 4세)</td><td rowspan="2">결재</td><td>실습생</td><td>지도교사</td><td>원장</td></tr>
<tr><td colspan="2">날　짜</td><td>2020년 10월 6일 화요일</td><td></td><td></td><td></td></tr>
<tr><td colspan="2">놀이 주제</td><td colspan="5">가을 이야기</td></tr>
<tr><td colspan="2">일과(시간)</td><td colspan="5">계획 및 실행
계획 및 실행 내용, 관찰된 내용, 교사의 지원 내용을 함께 기록한다.</td></tr>
<tr><td rowspan="4">일상생활</td><td>등원
(7:30~9:00)</td><td colspan="5">• 선생님, 친구들과 반갑게 인사를 나눈다.
– 주말 지낸 이야기를 하며 인사를 나눈다.
• 유아들이 등원하는 대로 건강 상태를 확인한다.
• 가방과 옷, 알림장 등 자신의 물건을 정리한다.</td></tr>
<tr><td>간식
(9:00~9:20)
(3:00~3:30)</td><td colspan="5">◎ 메뉴: 오전–바나나/ 오후–잔치국수
• 화장실로 이동하여 손을 깨끗이 씻는다.
• 먹고 싶은 만큼 간식을 받는다.
• 간식을 먹은 후 간식 그릇과 자기 자리를 정리한다.</td></tr>
<tr><td>화장실 및 점심
(12:20~1:30)</td><td colspan="5">◎ 메뉴: 차조밥, 콩나물국, 소불고기, 시금치 나물, 배추김치
• 손을 깨끗이 씻는다.
• 제자리에 앉아 점심을 먹는다.
• 식판과 자리 주변을 정리한다.
• 화장실에서 양치질을 한다.</td></tr>
<tr><td>낮잠 및 휴식
(1:30~3:00)</td><td colspan="5">• 화장실을 다녀온 후 자기 침구를 찾아 눕는다.
• 조용한 음악을 들으며 낮잠 및 휴식을 취한다.
• 먼저 일어나거나 자지 않는 유아는 조용한 놀이를 한다(그림 그리기, 그림책 보기).</td></tr>
</table>

<table>
<tr><td>일상생활</td><td>귀가 및
통합보육
(4:00~7:30)</td><td>• 연장보육반에 인수인계를 한다.
• 자유롭게 개별 놀이하며 귀가한다.
• 가방, 수첩 등 자신의 물건을 스스로 챙긴다.
• 선생님, 친구들과 인사를 나눈다.
• 하루 일과, 건강 상태에 대해 부모님께 전달한다.</td></tr>
<tr><td rowspan="2">놀이</td><td>실내놀이
(9:20~10:40)
(3:30~4:00)</td><td>• 블록으로 도로 만들기, 자동차 경주하기
놀이가 시작되자 유아들은 “우리 어제 만들었던 거 또 만들자.”라며 블록을 이용하여 도로를 만들기 시작한다. 여러 명의 유아가 블록을 연결하여 직선, 구불구불한 길, 경사로 길 등을 다양한 방향으로 만든다. 한 명의 유아가 자동차를 굴리자 다른 유아들도 자동차를 굴리며 놀이한다. 놀이 중 “야! 누가 빨리 가나 우리 경주하자.”라고 말하며 자동차 경주놀이로 이어졌다. 출발점을 정하고 준비 시작과 함께 자동차 길을 따라 자동차를 굴리며 경주가 이루어지고, 옆에 유아들은 구경하며 응원하였다.
• 노래에 맞춰 걸어요
발바닥 모양에 관심을 가지며 그려진 모양으로 발을 맞춰서 뛰어 본다. 봄 관련 노래를 틀어 주어서 노래에 맞춰 뛰면서 놀이를 한다. 출발하는 곳을 정하여 놀이를 하였다. 놀이를 하다가 발판을 뒤집으면서 판 뒤집기 게임을 잠시 하다가 “우리 거울을 보면서 화장실까지 가 보자.”라고 이야기를 하면서 놀이가 진행되었다.

모든 놀이를 기록하지 않아도 되며, 중점적으로 진행된 놀이를 중심으로 기록, 진행된 놀이를 유아 중심으로 기록한다.</td></tr>
<tr><td>바깥놀이
(대체)
(11:00
~12:20)</td><td>• 산책: 산책하며 자동차 살펴보기
– 동네 산책을 하며 날씨도 느껴 보고 주변을 살펴보았다. 자동차에 관심을 많이 보이며 “야! 저기 그랜저다.” 등 지나가는 자동차나 주차되어 있는 자동차의 종류를 이야기 나누었다.
– 산책하며 신호등을 건너 보았는데, 유아들이 산책하기 전 나눈 이야기를 잘 기억하여 신호등을 확인하고 좌우를 살피고 손을 들고 건넜다.</td></tr>
<tr><td colspan="2">활동
(10:40
~11:00)</td><td>• 교통안전교육: 신호등을 보고 건너요
누리과정요소: 신체운동 · 건강〉 안전하게 생활하기〉 교통안전 규칙을 지킨다.
목표: 횡단보도를 안전하게 건너는 방법에 대해 알고 실천한다.
내용
– 산책 가기 전 ‘건너가는 길’ 동요를 부르며 모인다.
– 산책 가는 길에 대해 이야기 나눈다.
– 그림 자료를 보며 횡단보도를 안전하게 건너는 방법에 대해 이야기 나눈다.
“신호등이 있는 횡단보도에서는 어떻게 해야 할까요?” “어떻게 건너야 할까요?”
– 산책 시 횡단보도를 안전하게 건너 이동한다.

교사 계획에 의해 진행되는 활동이 있을 경우 활동명, 목표, 누리과정, 활동 내용, 상호작용 등을 기록한다.</td></tr>
</table>

실습생 소감	오늘은 아이들과 함께 어린이집 밖으로 산책을 하며 공원에도 다녀왔는데, 아이들이 밖에 나가는 것에 대한 기대감으로 흥분하는 모습도 있어서 걱정이 되고 더 긴장되는 시간이었다. 그만큼 어린이집 외부활동 시에 사전 안전교육의 중요성과 교사가 유아의 안전에 대해 더욱 신경써야 한다는 것을 느꼈다. 하루 동안 진행된 보육실습을 되돌아보며 느낀 점, 궁금한 점, 자기 역할에 대한 반성, 반영할 부분 등을 기술한다.
지도교사 평가 및 조언	외부 활동 시에는 안전사고 위험이 더 크므로 교사는 이동 시 수시로 인원 체크를 하고 전체를 보는 넓은 시야를 가져야 합니다. 또한 사전에 교사가 예측하여 안전교육을 실행하고, 유아들이 대처할 수 있는 능력을 키워 주는 것이 중요합니다.

② 주간 보육실습일지

가. 「한 주간의 흐름」에 따른 주간 보육실습일지

주간 보육계획 서식을 활용하여 월~금요일 한 주의 계획과 실행 내용을 기록한다. 놀이가 진행되는 흐름에 따른 각 놀이의 변화를 놀이명 수준으로 간략히 기술하여 한눈에 확인할 수 있도록 한다. 하루 일과를 중심으로 실행된 주요 일과, 놀이, 변경 사항 등을 주요 일과 및 평가에 기술한다.

〈표 4-26〉 한 주간의 흐름에 따른 유아반 주간 보육실습일지 작성의 예

<table>
<tr><th colspan="8">주간 보육실습일지</th></tr>
<tr><td>반명(연령)</td><td colspan="3">한라반 (만 4세)</td><td rowspan="2">결재</td><td>실습생</td><td>지도교사</td><td>원장</td></tr>
<tr><td>기간</td><td colspan="3">2020년 3월 23일 ~ 3월 27일</td><td></td><td></td><td></td></tr>
<tr><td>요일 / 일과</td><td>월</td><td>화</td><td>수</td><td colspan="2">목</td><td colspan="2">금</td></tr>
<tr><td>등원 및 통합보육 (7:30 ~9:00)</td><td colspan="7">• 선생님, 친구들과 반갑게 인사를 나눈다.
– 오늘의 날씨를 이야기하며 맞이한다.
• 유아들이 등원하는 대로 건강 상태를 확인한다.
• 가방과 옷, 알림장 등 자신의 물건을 정리한다.

한 주간 반복되는 일상생활을 간단히 기록한다.</td></tr>
</table>

<table>
<tr><td>오전 간식
(9:00
~9:20)</td><td colspan="5">• 화장실로 이동하여 손을 깨끗이 씻는다.
• 먹고 싶은 만큼 간식을 받는다.
• 간식을 먹은 후 간식 그릇과 자기 자리를 정리한다.</td></tr>
<tr><td rowspan="2">오전
실내놀이
(9:20
~10:40)</td><td colspan="5">• 흥미에 따라 자유롭게 놀이가 이루어진다.
• 놀이 후 놀잇감을 제자리에 정리한다.

놀이가 진행되는 흐름에 따른 각 놀이의 변화를 놀이명 수준으로 간단히 기록한다.
놀이 영역의 구분을 삭제하여 기록 가능하다.</td></tr>
<tr><td>• 다양한 자동차로 놀이하기
• 블록으로 도로 만들기
• 수수깡 연결하기</td><td>• 자동차 경주하기
• 블록으로 도로 만들기
• 노래에 맞춰 걸어요</td><td>• 내가 만든 자동차
• 신호등 표지판 만들기
• 친구와 소꿉놀이하기</td><td>• 여러 가지 길 만들기
• 내가 만든 자동차
• 음식 만들어 초대하기</td><td>• 딱지 접기
• 자동차 길 만들어 경주하기
• 자동차 관련 노래 들으며 율동하기</td></tr>
<tr><td rowspan="2">활동
(10:40
~11:00)</td><td colspan="5">• 유아의 흥미와 요구에 따라 놀이를 지원해 주기 위한 활동, 안전, 토의, 이야기 나누기 등의 활동을 기록한다.
• 활동이 진행되지 않은 날에는 진행된 일과를 기록한다. 세부적인 일과 변경은 평가란에 기록한다.</td></tr>
<tr><td>• 실내놀이 연장</td><td>〈교통안전교육〉
• 신호등을 보고 건너요</td><td>• 내가 만든 자동차를 소개해요</td><td>• 자동차 길을 만들 때 조심해요</td><td>• 바깥놀이 진행</td></tr>
<tr><td rowspan="2">바깥놀이
(대체)
(11:00
~12:20)</td><td colspan="5">• 자신의 외투와 신발을 찾는다.
• 흥미에 따라 자유롭게 놀이가 이루어진다.

유아의 흥미에 따라 중점으로 이루어지는 놀이를 활동명으로 간단히 기록한다.</td></tr>
<tr><td>〈실외놀이터〉
• 자동차 타며 택시놀이하기
• 술래잡기놀이</td><td>〈산책〉
• 산책 하며 자동차 살펴보기</td><td>〈대체활동〉
• 유희실에서 자동차 굴리기</td><td>〈실외놀이터〉
• 나무껍질로 딱지 놀이하기</td><td>〈동네놀이터〉
• 놀이기구 이용하기
• 풀잎으로 모래놀이하기</td></tr>
<tr><td>화장실 및
점심
(12:20
~1:30)</td><td colspan="5">• 손을 깨끗이 씻는다.
• 제자리에 앉아 점심을 먹는다.
• 식판과 자리 주변을 정리한다.
• 화장실에서 양치질을 한다.</td></tr>
<tr><td>낮잠 및
휴식
(1:30
~3:00)</td><td colspan="5">• 화장실을 다녀온 후 자기 침구를 찾아 눕는다.
• 조용한 음악을 들으며 낮잠 및 휴식을 취한다.
• 먼저 일어나거나 자지 않는 유아는 조용한 놀이를 한다(그림 그리기, 그림책 보기).</td></tr>
</table>

<table>
<tr><td colspan="2">오후 간식
(3:00
~3:30)</td><td>• 화장실 사용 후 손을 깨끗이 씻는다.
• 선생님, 친구들과 즐겁게 간식을 먹는다.
• 간식을 먹은 후 그릇과 자리를 정리한다.</td></tr>
<tr><td colspan="2">오후 놀이
(3:30
~4:00)</td><td>• 오전에 진행되었던 놀이가 확장되어 이루어진다.</td></tr>
<tr><td colspan="2">귀가 및
통합보육
(4:00
~7:30)</td><td>• 연장보육반에 인수인계를 한다.
• 자유롭게 개별 놀이하며 귀가한다.
• 가방, 수첩 등 자신의 물건을 스스로 챙긴다.
• 선생님, 친구들과 인사를 나눈다.
• 하루 일과, 건강 상태에 대해 부모님께 전달한다.</td></tr>
<tr><td colspan="3">주요 일과 기록 및 평가
<u>하루 일과 중 주요하게 관찰된 일상, 놀이의 흐름, 변경된 일과 시간 등을 기록한다.</u></td></tr>
<tr><td rowspan="2">월</td><td>실행
기록
하기</td><td>• 다양한 자동차로 놀이하기, 블록으로 도로만들기
한 유아가 자동차 굴리기를 하자 아이들이 점차 친구에게 관심을 보이며 주변으로 모이며 놀이가 시작되었다. 유아들은 다양한 모양과 종류의 자동차 중 선택하여 자동차를 같이 굴렸다. 자동차를 바닥에 굴리며 놀이하는 중 블록과 놀잇감을 피해 이리저리 굴리다가 한 유아가 블록을 옮겨 길을 만들기 시작하였다. 옆에 있는 유아도 블록에 이어 길을 만들어 그 위에 자동차를 굴리며 놀이하였다. 경사로, 터널 등이 점점 추가되며 자동차놀이가 이루어졌다.
• 수수깡 탐색 및 연결하기
한 명의 유아가 수수깡을 만지며 관심을 보였다. 옆에 있는 유아가 "선생님 진짜 길어요."라며 손으로 만지며 탐색한다. 다른 유아들도 미술 영역에 앉아서 수수깡을 만지며 양쪽으로 잡고 부러뜨리며 "오 뚝뚝 소리가 난다."라고 이야기를 한다. 친구들과 원하는 색의 수수깡을 선택하여 테이프로 길게 연결하면서 '마술사 막대기', '공주 막대기' 하면서 놀이를 하였다.
• 바깥놀이: 자동차 타며 택시놀이하기
실외놀이터에서 실내에서 이루어졌던 자동차 굴리기와 연계되어 자동차 타기가 이루어졌다. 몇 명의 유아가 자동차를 타고 있는데 자동차를 타고 싶은 유아가 다가와 "나도 타고 싶어."라고 이야기하였다. 그러자 "음… 그럼 뒤에 타."라고 하며 뒤에 태워 준다. 담임교사가 친구와 함께 타는 모습을 보고 "어디 가는 거예요?"라고 묻자 뒤에 앉은 유아가 "마트 가요."라고 이야기한다. 운전하는 유아가 "마트에 도착하였습니다."라며 내려 주었다. 잠시 후 다시 자동차를 태워 달라고 하더니 "이번에는 놀이동산으로 갑시다."라며 자연스럽게 택시놀이로 진행되었다.

<u>'유아가 중심이 되고 놀이가 살아나는' 과정이 나타날 수 있도록 주요 놀이의 흐름을 기록한다.</u></td></tr>
<tr><td>실습
생
평가</td><td>첫 실습이라 많이 떨렸는데, 아이들이 친근하게 먼저 다가와 줘서 좋았다. 내가 생각했던 것보다 아이들이 자신의 생각대로 만들기를 하며 "선생님 이것 보세요."라며 표현도 잘하고, 블록으로 같이 만들며 친구들과 협동하는 모습이 많았다. 오늘은 아직 많은 아이들과 상호작용하지 못했지만 하루 빨리 아이들과 친해지고 특성을 빨리 파악하여 더 많은 상호작용을 할 수 있도록 해야겠다고 생각하였다.</td></tr>
</table>

<table>
<tr><td rowspan="1"></td><td>지도
교사
평가
및
조언</td><td>하루 일과를 익히느라 오늘이 정신없이 지나갔으리라 생각되네요. 아이들과 친해지기 위해 우선 이름을 빨리 익혀 많이 불러 주시고, 아이들의 특성을 파악하기 위해서는 관찰이 중요합니다. 관찰을 통해 자연스럽게 놀이에도 참여해 보시고, 상호작용해 보시기를 기대합니다.</td></tr>
<tr><td rowspan="3">화</td><td>실행
기록
하기</td><td>• 블록으로 도로 만들기, 자동차 경주하기
놀이가 시작되자 유아들은 "우리 어제 만들었던 거 또 만들자."라며 블록을 이용하여 도로를 만들기 시작한다. 여러 명의 유아가 블록을 연결하여 직선, 구불구불한 길, 경사로 길 다양한 방향으로 만든다. 한 명의 유아가 자동차를 굴리자 다른 유아들도 자동차를 굴리며 놀이한다. 놀이 중 "야! 누가 빨리 가나 우리 경주하자."라며 자동차 경주놀이로 이어졌다. 출발점을 정하고 준비 시작과 함께 자동차 길을 따라 자동차를 굴리며 경주가 이루어졌고, 옆에 유아들은 구경하며 응원하였다.
• 노래에 맞춰 걸어요
발바닥 모양에 관심을 가지며 그려진 모양으로 발을 맞춰서 뛰어 본다. 봄 관련 노래를 틀어주어서 노래에 맞춰 뛰면서 놀이를 한다. 출발하는 곳을 정하여 놀이를 하였다. 놀이를 하다가 발판을 뒤집으면서 판 뒤집기 게임을 잠시 하다가 "우리 거울을 보면서 화장실까지 가 보자."라고 이야기를 하면서 놀이가 진행되었다.
• 교통안전교육: 신호등을 보고 건너요
목표: 횡단보도를 안전하게 건너는 방법에 대해 알고 실천한다.
누리과정: 신체운동 · 건강〉 안전하게 생활하기〉 교통안전 규칙을 지킨다.
준비물: 음원, 횡단보도 건너는 그림 자료
내용
– 산책 가기 전 '건너가는 길' 동요를 부르며 모인다.
– 산책 가는 길에 대해 이야기 나눈다.
– 그림 자료를 보며 횡단보도를 안전하게 건너는 방법에 대해 이야기 나눈다.
"신호등이 있는 횡단보도에서는 어떻게 해야 할까요?" "어떻게 건너야 할까요?"
– 산책 시 횡단보도를 안전하게 건너 이동한다.

<u>교사가 유아의 흥미와 놀이를 지원하기 위한 활동을 진행한 경우, 활동명, 목표, 누리과정, 준비물, 내용, 상호작용 등을 기록한다.</u></td></tr>
<tr><td>실습
생
평가</td><td>오늘은 아이들과 함께 어린이집 밖으로 산책을 하며 공원에도 다녀왔는데, 아이들이 밖에 나가는 것에 대한 기대감으로 흥분하는 모습도 있어서 걱정이 되고 더 긴장되는 시간이었다. 그만큼 어린이집 외부활동 시에 사전 안전교육의 중요성과 교사가 유아의 안전에 대해 더욱 신경을 써야 한다는 것을 느꼈다.</td></tr>
<tr><td>지도
교사
평가
및
조언</td><td>외부활동 시에는 안전사고 위험이 더 크므로 교사는 이동 시 수시로 인원 체크를 하고 전체를 보는 넓은 시야를 가져야 합니다. 또한 사전에 교사가 예측하여 안전교육을 실행하고, 유아들이 대처할 수 있는 능력을 키워 주는 것이 중요합니다.</td></tr>
</table>

나. 「계획-실행」을 통합한 주간 보육실습일지

주간 교육계획을 활용하여 계획과 실행 기록을 통합하여 작성한다. 놀이 평가에는 실행된 놀이에 대한 간단한 평가와 일과계획에서 그날 변동된 시간 등을 기록하고 한 주를 지내고 난 주간의 자기 평가를 기록한다.

〈표 4-27〉 계획-실행을 통합한 유아반 주간 보육실습일지 작성의 예

<table>
<tr><th colspan="6">주간 보육실습일지</th></tr>
<tr><td>반명(연령)</td><td colspan="2">한라반 (만 4세)</td><td rowspan="2">결재</td><td>실습생</td><td>지도교사</td><td>원장</td></tr>
<tr><td>기간</td><td colspan="2">2020년 10월 5일 ~ 10월 9일</td><td></td><td></td><td></td></tr>
<tr><td>일과(시간)</td><td colspan="6">계획 및 실행
계획 및 실행 내용, 관찰된 유아의 주요 놀이, 교사의 지원 내용을 함께 기록한다.</td></tr>
<tr><td>등원 및 통합보육 (7:30 ~9:00)</td><td colspan="6">• 선생님, 친구들과 반갑게 인사를 나눈다.
– 주말 지낸 이야기를 하며 인사를 나눈다.
• 유아들이 등원하는 대로 건강 상태를 확인한다.
• 가방과 옷, 알림장 등 자신의 물건을 정리한다.</td></tr>
<tr><td>오전 간식 (9:00: ~9:20)</td><td colspan="6">• 화장실로 이동하여 손을 깨끗이 씻는다.
• 먹고 싶은 만큼 간식을 받는다.
• 간식을 먹은 후 간식 그릇과 자기 자리를 정리한다.</td></tr>
<tr><td>오전 실내놀이 (9:20 ~10:40)</td><td>월</td><td colspan="5">• 다양한 자동차로 놀이하기
– 자동차 굴리기에 관심을 보이며 여러 유아가 함께 자동차 굴리기를 하였다. 다양한 모양과 종류의 자동차 중에 선택하여 자동차를 같이 굴렸다.
• 블록으로 도로 만들기
– 블록과 놀잇감을 피해 이리저리 굴리다가 블록에 이어 길을 만들었다. 경사로, 터널 등이 점점 추가되며 도로를 만들어 놀이하였다.
• 수수깡 연결하기
– 긴 수수깡을 이용하여 부러뜨리기로 하고, 수수깡을 이어 붙여 '마술사 막대기', '공주 막대기'를 만들어 놀이하였다.</td></tr>
</table>

	화	유아의 주요 놀이를 관찰하여 유아의 흥미에 따라 반복되는 놀이의 연계, 확장 등의 놀이 흐름을 기록한다. • 블록으로 도로 만들기 – 어제 놀이와 연계되어 여러 명의 유아가 블록으로 직선, 구불구불한 길, 경사로 길 등 다양한 방향으로 도로를 만들었다. • 자동차 경주하기 – 완성된 도로 위에 자동차 굴리기를 하며 출발점을 정하여 경주놀이가 이루어졌다. • 노래에 맞춰 걸어요 – 바닥에 붙어 있는 발바닥 모양에 관심을 가지며 모양을 따라 발을 맞추어 뛰어 본다. 교사가 봄 노래를 틀어 주자 노래에 맞춰 뛰어 보기도 하고, 발판을 뒤집으며 판 뒤집기놀이가 이루어졌다.
	수	• 내가 만든 자동차 – 미술 영역에 있는 우유곽, 휴지심, 병뚜껑 등의 재활용품을 사용하여 자신이 경험했던 자동차를 만들고 굴려 보며 놀이하였다. • 신호등, 표지판 만들기 – 색도화지를 오려 붙여서 신호등을 만들고, 만들어진 신호등을 나무젓가락에 붙여 신호등을 완성하였다. 미술 영역에 제시되어 있는 표지판 사진을 보고 자신이 필요한 표지판을 따라 그린 뒤, 그려진 표지판을 따라 가위질을 하고 빨대를 이용하여 세울 수 있는 표지판을 만들었다. • 친구와 소꿉놀이하기 – 다양한 음식 모형을 사용하여 접시에 담은 뒤, 친구들에게 "얘들아, 밥 먹자."라고 말하며 친구들을 불렀다. 친구들이 다가와서 밥을 먹는 시늉을 하며 "엄마, 밥 더 주세요.", "엄마, 고기 먹고 싶으니까 고기 구워 주세요."라고 이야기하자 유아가 "어휴 바쁘다 바빠."라고 말하며 친구들이 말한 음식 모형을 가스레인지 위에서 요리하는 시늉을 하며 놀이하였다.
	목	• 여러 가지 길 만들기 – 종이 블록과 유니트 블록을 사용하여 어린이집 주변의 도로를 만들었다. 자신들이 등원하면서 봤던 가게들을 블록으로 만들어 표시하기도 하고, 블록의 높낮이를 다르게 하여 오르막길과 내리막길을 만들었다. 그리고 길들이 만나는 지점에서는 자신들이 만들었던 신호등을 사용하여 자동차들이 신호에 맞춰 지나갈 수 있도록 하였다. • 내가 만든 자동차 – 어제 놀이와 연계되어 종이컵을 반으로 자르거나 두 개를 이어 붙인 뒤, 자신이 만들었던 자동차에 연결하여 붙이며 레미콘, 포크레인 등의 다양한 자동차를 만들었다. • 음식 만들어 초대하기 – 친구들에게 종이를 나눠 주며 "오늘 파티할 거니까 이 초대장 가지고 오세요."라고 말하였다. 친구들이 초대장을 가지고 역할 영역으로 다가와 "여기 초대장이요."라고 말하자 유아가 "네! 어서 오세요. 여기 초대권 넣어 주세요."라고 말하며 그릇을 주었다. 친구들이 초대권을 내고 자리에 앉자 음식을 하나씩 내어 주며 "여기 음식이요."라고 말하며 놀이하였다.

	금	• 딱지 접기 – 잡지와 얇은 종이 상자 등을 이용하여 딱지를 접었다. 딱지를 접으며 "종이 한 장으로 접으니까 안 세. 종이 여러 장을 이렇게 많이 써야 더 센 딱지가 나와."라고 말하며 잡지 종이를 찢어 여러 장을 겹친 뒤 딱지를 접고, 접은 딱지로 딱지대회를 열어 놀이하였다. • 자동차 길 만들어 경주하기 – 자동차를 굴리다가 한 명의 유아가 "우리 자동차 누가 더 빨리 굴리는지 대결하자." 라고 말하였다. 어떻게 대결을 할 건지 이야기를 나눈 뒤, 노란색 색테이프를 사용하여 바닥에 길게 붙이며 도로를 만들었다. 도로의 양쪽 끝에 출발점과 도착점을 파란색 색테이프로 표시하였다. 심판을 보는 유아가 "준비, 시작"이라고 말하자 유아들이 자동차를 굴렸다. 도착점까지 가장 빨리 간 유아의 순서대로 등수를 매기며 놀이하였다. • 자동차 관련 노래 들으며 율동하기 – 음률 영역에서 카세트를 사용하여 '간다간다' 동요를 들으며 노래를 따라 불렀다. 한 명의 유아가 색스카프를 사용하여 율동하기 시작하자 다른 유아들도 노랫말에 따라 어떻게 율동할 것인지 정하며 함께 율동하며 놀이하였다.
활동 (10:40 ~11:00)	화	• 교통안전교육: 신호등을 보고 건너요 누리과정요소: 신체운동 · 건강〉 안전하게 생활하기〉 교통안전 규칙을 지킨다. 목표: 횡단보도를 안전하게 건너는 방법에 대해 알고 실천한다. 내용 – 산책 가기 전 '건너가는 길' 동요를 부르며 모인다. – 산책 가는 길에 대해 이야기 나눈다. – 그림 자료를 보며 횡단보도를 안전하게 건너는 방법에 대해 이야기 나눈다. "신호등이 있는 횡단보도에서는 어떻게 해야 할까요?" "어떻게 건너야 할까요?" – 산책 시 횡단보도를 안전하게 건너 이동한다.
	수	• 내가 만든 자동차를 소개해요 누리과정요소: 의사소통〉 듣기와 말하기〉 바른 태도로 듣고 말한다. 목표: 내가 만든 자동차를 친구들 앞에서 소개한다. 내용 – 자동차를 소개하고 싶어 하는 유아들과 함께 모인다. – 실내놀이 때 만들었던 자동차를 친구들에게 보여 주며 소개한다. "어떤 자동차를 만들어 보았나요?" "어떤 재료를 사용하여 만들었나요?" – 자동차 만들기를 할 때, 어떤 것들이 좋았고 부족했는지 이야기 나눈다. "자동차 만들기를 할 때 어떤 점이 좋았나요?" "자동차 만들기를 할 때 어떤 점이 아쉬웠나요?" – 완성된 자동차를 전시할 공간에 대해 이야기 나누고 전시한다. "우리가 완성한 자동차를 어디에 전시하고 싶나요?"

	목	• 자동차 길을 만들 때 조심해요 누리과정요소: 신체운동 · 건강〉 안전하게 생활하기〉 일상에서 안전하게 놀이하고 생활한다. 목표: 놀잇감을 안전하게 사용하여 놀이한다. 내용 – 유아들이 놀이하는 상황에서 유니트 블록을 높이 쌓아 위험한 상황이 보여 자동차 길을 만들던 유아들과 함께 모였다. – 자동차 길을 보며 이야기를 나눈다. “어떤 길을 만들었나요?” “어떻게 생겼나요?” “위에 흔들리고 있는 유니트 블록이 떨어지면 친구들이 어떻게 될까요?” “어떻게 길을 만들면 안전하고 재미있게 놀이할 수 있을까요?” – 이야기 나눈 방법대로 자동차 길을 다시 만든다.
바깥놀이 (대체) (11:00 ~ 12:20)	월	• 실외놀이터: 자동차 타며 택시놀이하기 – 유아가 친구를 자동차 뒤에 태워 주고 함께 타다가 교사가 “어디 가는거예요?”라고 묻자 “마트 가요.”라고 이야기하였다. 반복적으로 자동차에 타고 내리며 택시놀이가 이루어졌다. 바깥놀이에서 유아의 흥미에 따라 중점으로 이루어진 놀이를 기록한다.
	화	• 산책: 산책 하며 자동차 살펴보기 – 동네 산책을 하며 날씨도 느껴 보고 주변을 살펴보았다. 자동차에 관심을 많이 보이며 “야! 저기 그랜져다.” 등 지나가는 자동차나 주차되어 있는 자동차의 종류에 대해 이야기를 나누었다.
	수	• 대체활동: 유희실에서 자동차 굴리기 – 미세먼지가 나빠 유희실에서 내가 만든 자동차 굴리기 놀이를 하였다. 자동차를 굴리던 유아가 옆에 놓인 볼풀공을 하나 꺼내어 자동차의 앞부분으로 볼풀공을 굴려 다른 친구에게 보냈다. 굴러간 볼풀공을 받은 유아가 “자동차로 볼풀공 배달놀이를 하자.”라고 말하며 볼풀공을 꺼내 친구들과 함께 자동차로 볼풀공 배달놀이를 하였다. 날씨, 기상 현상, 건강 상태 등에 따라 대체활동이 이루어지는 경우에는 사유와 대체활동명을 기록하고, 유아의 놀이와 그에 따른 교사의 지원을 기록한다.
	목	• 실외놀이터: 나무껍질로 딱지 놀이하기 – 실외놀이터 주변을 달리다가 나무 밑에 떨어진 나무껍질을 발견하여 수집하였다. 모인 나무껍질을 관찰하다가 한 유아가 “엄청 딱딱해.”라고 말하며 바닥에 딱지를 치듯 내려쳤다. 옆에 있던 유아가 “우리 이걸로 딱지치기 해 볼래?”라고 말하자 유아들이 함께 모인 나무껍질을 사용하여 딱지치기를 하였다.

	금	• 동네놀이터: 놀이 기구 이용하기, 풀잎으로 모래놀이하기 – 놀이터에 있는 미끄럼틀과 그네 등의 놀이 기구를 사용해 보기도 하고, 친구들과 술래잡기 놀이를 하기도 하였다. 몇몇 유아들은 모래사장 위에 떨어진 풀잎과 꽃잎을 사용하여 돌로 빻아서 모래와 섞은 뒤, "여기 맛있는 밥 나왔습니다."라고 말하며 소꿉놀이를 하였다.
화장실 및 점심 (12:20 ~1:30)	• 손을 깨끗이 씻는다. • 제자리에 앉아 점심을 먹는다. • 식판과 자리 주변을 정리한다. • 화장실에서 양치질을 한다.	
낮잠 및 휴식 (1:30 ~3:00)	• 화장실을 다녀온 후 자기 침구를 찾아 눕는다. • 조용한 음악을 들으며 낮잠 및 휴식을 취한다. • 먼저 일어나거나 자지 않는 유아는 조용한 놀이를 한다(그림 그리기, 그림책 보기).	
오후 간식 (3:00 ~3:30)	• 화장실 사용 후 손을 깨끗이 씻는다. • 선생님, 친구들과 즐겁게 간식을 먹는다. • 간식을 먹은 후 그릇과 자리를 정리한다.	
오후 놀이 (3:30 ~4:00)	• 오전에 진행되었던 놀이가 확장되어 이루어졌다.	
귀가 및 통합보육 (4:00 ~7:30)	• 연장보육반에 인수인계를 한다. • 자유롭게 개별 놀이하며 귀가한다. • 가방, 수첩 등 자신의 물건을 스스로 챙긴다. • 선생님, 친구들과 인사를 나눈다. • 하루 일과, 건강 상태에 대해 부모님께 전달한다.	

<table>
<tr><td colspan="5">놀이 평가 및 다음 날 지원 계획
하루 일과를 되돌아보며 평가를 간단히 작성하고 다음 날 일상 및 놀이 지원 계획을 기록한다.
변경된 일과 시간, 활동 등이 있으면 기록한다.</td></tr>
<tr><td>월</td><td>화</td><td>수</td><td>목</td><td>금</td></tr>
<tr><td>유아들이 쌓기 영역에 전시되어 있는 자동차에 관심을 보이며 굴리기, 도로 만들기 등의 놀이가 이루어졌다. 유아들의 놀이가 지속될 수 있도록 도로를 만들 수 있는 자료와 사진 자료를 추가 제공해 주어야겠다.

놀이 지원을 위한 자료 추가에 대한 평가</td><td>어제와 이어 자동차 도로 만들기, 산책하며 자동차 종류 이야기하기 등 자동차와 관련된 놀이가 이루어졌다.
산책하며 교통안전 교육도 이루어졌는데 가정에도 안내하여 함께 이루어질 수 있도록 해야겠다.

안전 평가를 통해 가정과의 연계를 고려</td><td>미세먼지로 인해 바깥놀이가 어려워 유희실에서 대체놀이가 이루어졌다.
그로 인해 실내놀이 시간을 20분 늘리고 바깥놀이 시간에 대체활동이 유희실에서 1시간(11:20～12:20) 이루어졌다.

대체활동 진행으로 일과 시간 조정에 관한 평가</td><td>유아들이 다양한 블록으로 자동차 길을 만들 때 위험한 상황이 생겨 블록 영역 유아들과 소집단으로 이야기나누기 시간을 가졌다. 쌓기 영역에서 안전에 유의하며 놀이할 수 있도록 해야겠다.

놀이 평가를 통해 안전에 대한 부분 지원</td><td>어제 바깥놀이부터 이루어진 딱지놀이에 대한 흥미가 연장되어 교실에서도 딱지를 만들어 놀이를 하였다. 날씨가 좋아 바깥놀이 시간(10:40～12:20)을 연장하여 충분히 놀이가 이루어졌다.

유아의 흥미와 요구에 따른 일과 시간 조정</td></tr>
<tr><td>실습생
주간 평가</td><td colspan="4">많이 긴장되고 떨리는 마음으로 실습 첫 주를 보내게 되어 유아들과 함께 다양한 놀이를 해 보지 못한 것 같아 아쉬움이 많이 남았다. 학교에서 놀이 중심 교육과정이라고 배웠을 때에는 어떻게 활동이 진행되는지 유아들이 어떻게 놀이하는지에 대해 생각하는 것이 어려웠는데, 유아들이 놀이를 통해 자신들이 경험했던 것을 확장하는 모습을 직접 볼 수 있게 되어서 너무 좋았고, 유아의 놀이를 관찰하는 것이 왜 중요한지 알 수 있는 시간이었다. 다음 주에는 유아들에게 조금 더 자신감을 가지고 함께 놀이에 참여하고, 유아들의 놀이에 대해 조금 더 주의 깊게 관찰해 볼 수 있도록 노력해야겠다.

한 주를 되돌아보며 반성적 사고를 통해 자기 평가를 기록하고, 다음 주에 반영할 부분, 실행해 볼 실습 내용이나 교사의 역할을 기록한다.</td></tr>
<tr><td>지도교사
평가 및 조언</td><td colspan="4">실습 첫 주여서 많이 긴장되고 떨렸을 텐데도 유아들과 웃으면서 상호작용하고 놀이하는 모습이 너무 보기 좋았답니다. 놀이 중심 교육과정을 진행할 때, 선생님이 느끼신 것처럼 유아들의 관심사를 확장시켜 주기 위해서는 유아들의 놀이를 들여다보는 것이 꼭 필요한 작업이랍니다. 다음 주에는 유아들과 함께 놀이에 참여해 보기도 하고 다양한 유아들의 놀이를 관찰해 보기도 하면서 어떻게 놀이를 확장시켜 줄 수 있는지 고민해 보는 시간을 가져 봐도 좋을 것 같습니다. 이번 한 주 너무 수고하셨습니다.</td></tr>
</table>

■ ■ 5장 들어가며…

본 장에서는 6주 동안 이루어지는 보육실습 과정과 내용을 구체적으로 알기 쉽게 기술하였다. 6주 실습은 연속형과 분리형으로 유형에 따라 전개될 수 있으며, 이 책에서는 6주 연속형을 중심으로 각 주에 필요한 실습 내용에 대해서 소개하고 있다. 실습을 시작하는 1주부터 마지막 평가와 마무리하는 6주에 이르기까지 주차별 내용을 살펴보고 실습생이 수행해야 할 역할에 대해 숙지하며 실습을 준비한다.

5장

보육실습 과정

6주간의 보육실습 기간 동안 실습생은 영유아를 관찰하고, 실습반의 보조교사로 참여하기 시작한다. 실습생이 기관 및 해당 반의 하루 일과에 익숙해지면, 보육실의 흥미 영역 중 한 개 영역에 해당하는 놀이 또는 활동이나 일상을 계획하여 직접 실행해 보고, 점차 연계활동으로 확대한다. 마지막으로 반일이나 하루 일과 전체에 대한 보육계획안을 실습생이 직접 작성하고, 그에 필요한 자료 및 교재·교구를 준비하여 반일 또는 종일 보육실습을 진행하게 된다.

1. 6주 보육실습 유형

6주 동안 실시되는 보육실습은 연속형(6주)과 분리형(A, B, C 유형)으로 선택 운영할 수 있다.

1) 연속형

연속형(안)은 6주 동안 연속해서 진행하는 것으로 실시 내용의 예시는 다음과 같다.

〈표 5-1〉 보육실습 연속형(6주 연속) 실시 내용 예

<table>
<tr><th colspan="2">주</th><th>1일차</th><th>2일차</th><th>3일차</th><th>4일차</th><th>5일차</th></tr>
<tr><td colspan="2">사전 방문과 교육</td><td colspan="5">• 사전 방문하여 실습 오리엔테이션을 실시함
• 보육실습 일정과 내용, 준비물, 준비 서류 및 기타 유의 사항 합의</td></tr>
<tr><td>사전 참여 실습</td><td>1주</td><td colspan="5">• 어린이집의 운영철학 및 보육서비스 등의 특징 파악
• 어린이집 보육교직원들과 친밀감 형성
• 모든 연령의 반 참여관찰: 일과운영, 보육환경, 영유아-교사 상호작용 등 영아반과 유아반을 고르게 경험, 실습 기관의 지침에 따라 순서는 융통성 있게 운영
• 보육실습일지 작성과 지도교사의 평가</td></tr>
<tr><td rowspan="8">보육 활동 운영 실습</td><td rowspan="2">2주</td><td colspan="5">• 실습반 영유아와 친밀감 형성하기
• 보조교사로서의 역할 수행하기</td></tr>
<tr><td colspan="2">• 실습반 관찰(일과운영, 보육환경, 영유아-교사 상호작용 등)</td><td colspan="3">• 3주차 영역별 보육활동 선정 및 계획안 제출과 지도, 교사의 평가</td></tr>
<tr><td rowspan="2">3주</td><td></td><td>영역별 보육활동 실습</td><td></td><td>영역별 보육활동 실습</td><td></td></tr>
<tr><td></td><td>자기 평가, 지도교사 평가</td><td>영역별 보육활동 선정</td><td>자기 평가, 지도교사 평가</td><td>연계활동 계획안 제출</td></tr>
<tr><td rowspan="2">4주</td><td></td><td>연계활동 실시</td><td></td><td></td><td></td></tr>
<tr><td>연계활동 자료 준비 및 제작</td><td>자기 평가, 지도교사 평가</td><td colspan="2">반일(일일) 보육계획 협의</td><td>반일(일일) 보육계획안 제출</td></tr>
<tr><td rowspan="2">5주</td><td></td><td></td><td>반일(일일) 보육활동 실시</td><td rowspan="2"></td><td rowspan="2"></td></tr>
<tr><td colspan="2">반일(일일) 보육활동 자료 점검</td><td>자기 평가, 지도교사 평가</td></tr>
<tr><td>사후 참여 실습</td><td>6주</td><td colspan="3">• 참여관찰(일과운영, 보육환경, 영유아-교사 상호작용 등)
• 보조교사 역할 수행하기
• 보육실습일지 작성</td><td>최종 어린이집 실습 평가회(원장, 지도교사 등 참여)</td><td>실습일지 및 기타 실습 관련 서류 제출</td></tr>
</table>

2) 분리형

분리형(안)은 2주간의 참여실습을 하고, 4주 본 실습을 하는 형태의 실습과정과 반대로 4주 본 실습과 2주간의 사후 참여실습을 하는 형태가 있으며, 보육활동 운영실습을 3주씩 나누어 실시하는 유형이 있다.

(1) 분리 A형(사전 참여실습) : 2주 사전 참여실습 + 4주 보육활동 운영실습

분리 A형은 사전 참여실습으로 본 실습 시작 전에 2주 동안 참여실습을 하고, 4주의 본 실습을 하는 형태의 실습과정이다. 이 유형은 실습생의 보육실습 기간 동안 모든 연령의 반에 참여관찰을 하며 연령별 영유아의 발달 특성에 따른 일과 운영의 흐름과 보육교사의 역할을 배울 수 있도록 하는 장점이 있다. 예를 들어, 3세 반에서 본 실습을 하기로 한 실습생의 경우 참여실습을 하는 2주 동안 3세 반을 제외한 0~5세 반에서 각각 2일씩 참여관찰을 하는 형태이다.

4주간의 본 실습은 관찰자 및 보조자로 참여하여 점차 하루 일과에 적응하며, 한 영역의 보육활동을 시작으로 차츰 반일이나 하루 일과 전체 동안 보육교사의 역할을 해 보는 과정으로 보육실습을 하게 된다.

〈표 5-2〉 보육실습 분리 A형(2주+4주) 실시 내용 예

<table>
<tr><th colspan="2">주</th><th>1일차</th><th>2일차</th><th>3일차</th><th>4일차</th><th>5일차</th></tr>
<tr><td colspan="2">사전방문과 교육</td><td colspan="5">• 사전 방문하여 실습 오리엔테이션을 실시함
• 보육실습 일정과 내용, 준비물, 준비 서류 및 기타 유의 사항 합의</td></tr>
<tr><td rowspan="2">사전 참여 실습</td><td>1주</td><td colspan="5">• 어린이집의 운영철학 및 보육서비스 등의 특징 파악
• 어린이집 보육교직원들과 친밀감 형성
• 모든 연령의 반 참여관찰: 일과운영, 보육환경, 영유아–교사 상호작용 등
• 보조교사로서의 역할 수행하기
• 보육실습일지 작성 및 참관 경험에 대한 저널 작성하기</td></tr>
<tr><td>2주</td><td colspan="5">• 모든 연령의 반 참여관찰: 일과운영, 보육환경, 영유아–교사 상호작용 등
• 보조교사로서의 역할 수행하기
• 실습반의 영유아와 친밀감 형성하기
• 보육실습일지 작성 및 지도교사 평가
• 3주차 영역별 보육활동 선정 및 계획안 제출</td></tr>
<tr><td rowspan="9">보육 활동 운영 실습</td><td rowspan="3">3주</td><td colspan="5">• 실습반 영유아와 친밀감 형성하기
• 보조교사로서의 역할 수행하기</td></tr>
<tr><td></td><td></td><td></td><td>영역별 보육활동 실습</td><td></td></tr>
<tr><td></td><td>영역별 보육활동 선정</td><td></td><td>자기 평가, 지도교사 평가</td><td>4주차 영역별 보육활동 계획안 제출</td></tr>
<tr><td rowspan="2">4주</td><td></td><td></td><td>영역별 보육활동 선정</td><td></td><td></td></tr>
<tr><td>영역별 보육활동 선정</td><td></td><td>자기 평가, 지도교사 평가</td><td>연계활동 계획안 제출</td><td>연계활동 자료 준비 및 제작</td></tr>
<tr><td rowspan="2">5주</td><td></td><td>연계활동 실시</td><td></td><td></td><td></td></tr>
<tr><td></td><td>자기 평가, 지도교사 평가</td><td colspan="2">반일(일일) 보육계획 협의</td><td>반일(일일) 보육계획안 제출</td></tr>
<tr><td rowspan="2">6주</td><td></td><td></td><td>반일(일일) 보육활동 실시</td><td rowspan="2">최종 어린이집 실습 평가회 (원장, 지도교사 등 참여)</td><td rowspan="2">실습일지 및 기타 실습 관련 서류 제출</td></tr>
<tr><td colspan="2">반일(일일) 보육활동 자료 점검</td><td>자기 평가, 지도교사 평가</td></tr>
</table>

(2) 분리 B형(사후 참여실습) : 4주 보육활동 운영실습 + 2주 사후 참여실습

분리 B형은 4주의 본 실습과 2주의 사후 참여실습을 하는 형태의 사후 참여실습으로 4주의 본 실습을 마친 후, 2주간 실습한 연령의 반을 제외한 모든 연령의 반에서 참여관찰을 하는 유형이다. 참여실습이 본 실습 이후에 이루어져 연령별 발달별 특성에 따른 일과운영의 흐름을 자신이 실습을 했던 경험을 바탕으로 하여 배울 수 있는 장점이 있다. 분리 B형 보육실습 진행과정의 예시는 다음과 같다.

〈표 5-3〉 보육실습 분리 B형(4주+2주) 실시 내용 예

<table>
<tr><th colspan="2">주</th><th>1일차</th><th>2일차</th><th>3일차</th><th>4일차</th><th>5일차</th></tr>
<tr><td colspan="2">사전방문과 교육</td><td colspan="5">• 사전 방문하여 실습 오리엔테이션을 실시함
• 보육실습 일정과 내용, 준비물, 준비 서류 및 기타 유의 사항 합의</td></tr>
<tr><td>보육 활동</td><td>1주</td><td colspan="5">• 어린이집의 운영철학 및 보육서비스 등의 특징 파악
• 어린이집 보육교직원들과 친밀감 형성
• 실습반 관찰: 일과운영, 보육환경, 영유아-교사 상호작용 등
• 실습반의 영유아와 친밀감 형성하기
• 보조교사로서의 역할 수행
• 보육실습일지 작성 및 지도교사 평가
• 2주차 영역별 보육활동 선정 및 계획안 제출</td></tr>
<tr><td rowspan="6">운영 실습</td><td rowspan="2">2주</td><td></td><td>영역별 보육활동 실습</td><td></td><td>영역별 보육활동 실습</td><td></td></tr>
<tr><td></td><td>자기 평가, 지도교사 평가</td><td>영역별 보육활동 선정</td><td>자기 평가, 지도교사 평가</td><td>영역별 보육활동 선정</td></tr>
<tr><td rowspan="2">3주</td><td></td><td>연계활동 실시</td><td></td><td></td><td></td></tr>
<tr><td>연계활동 자료 준비 및 제작</td><td>자기 평가, 지도교사 평가</td><td colspan="2">반일(일일) 보육계획 협의</td><td>반일(일일) 보육계획안 제출</td></tr>
<tr><td rowspan="2">4주</td><td></td><td></td><td>반일(일일) 보육활동 실시</td><td rowspan="2"></td><td rowspan="2"></td></tr>
<tr><td colspan="2">반일(일일) 보육활동 자료 점검</td><td>자기 평가, 지도교사 평가</td></tr>
</table>

<table>
<tr><th colspan="2">주</th><th>1일차</th><th>2일차</th><th>3일차</th><th>4일차</th><th>5일차</th></tr>
<tr><td rowspan="3">사후
참여
실습</td><td>5주</td><td colspan="5">• 참여관찰: 일과운영, 보육환경, 영유아–교사 상호작용 등
• 보조교사로서의 역할 수행하기
• 보육실습일지 작성 및 참관 경험에 대한 저널 작성 및 지도교사 평가
• 6주차 영역별 보육활동 선정 및 계획안 제출</td></tr>
<tr><td rowspan="2">6주</td><td></td><td>영역별
보육활동 실습</td><td></td><td rowspan="2">최종 어린이집
실습 평가회
(원장, 지도교사
등 참여)</td><td rowspan="2">실습일지 및
기타 실습
관련 서류
제출</td></tr>
<tr><td></td><td>자기 평가,
지도교사 평가</td><td></td></tr>
</table>

(3) 분리 C형(보육활동 운영실습 분리)
: 3주 보육활동 운영실습 + 3주 보육활동 운영실습

분리 C형은 3주씩 분리하여 실습하는 유형으로 두 개의 보육실습 기관에서 각각 3주씩 나누어 실습하고자 할 때 선택할 수 있는 안이다. 3주의 보육활동 운영실습을 2회에 나누어 실시하는 방법으로 3주 중 1주는 참여관찰과 보육활동 운영계획을 주로하며, 2~3주에는 실제 보육활동을 운영해 보는 형태이다. 또한 3세 이상의 유아반에서 3주간 본 실습을 한 후, 영아반에서 3주간 보육활동 운영실습을 진행할 수도 있다. 진행 가능한 보육실습의 예시는 다음과 같다.

〈표 5-4〉 보육실습 분리 C형(3주+3주) 실시 내용 예

<table>
<tr><th colspan="2">주</th><th>1일차</th><th>2일차</th><th>3일차</th><th>4일차</th><th>5일차</th></tr>
<tr><td colspan="2">사전방문과 교육</td><td colspan="5">• 사전 방문하여 실습 오리엔테이션을 실시함
• 보육실습 일정과 내용, 준비물, 준비 서류 및 기타 유의 사항 합의</td></tr>
<tr><td rowspan="5">보육 활동 운영 실습 I</td><td>1주</td><td colspan="5">• 어린이집의 운영철학 및 보육서비스 등의 특징 파악
• 어린이집 보육교직원들과 친밀감 형성
• 모든 연령 반 참여관찰: 일과운영, 보육환경, 영유아-교사 상호작용 등
• 실습반 영유아와의 친밀감 형성하기
• 보조교사로서의 역할 수행
• 본 실습반 관찰: 일과운영, 보육환경, 영유아-교사 상호작용 등
• 보육실습일지 작성과 지도교사의 평가
• 2주차 영역별 보육활동 선정 및 계획안 제출</td></tr>
<tr><td rowspan="2">2주</td><td></td><td></td><td></td><td>영역별 보육활동 실습</td><td>연계활동 계획안 제출</td></tr>
<tr><td></td><td></td><td></td><td>자기 평가, 지도교사 평가</td><td></td></tr>
<tr><td rowspan="2">3주</td><td></td><td>연계활동 실시</td><td></td><td rowspan="2">최종 어린이집 실습 평가회 (원장, 지도교사 등 참여)</td><td rowspan="2">실습일지 및 기타 실습 관련 서류 제출</td></tr>
<tr><td>연계활동 자료 준비 및 제작</td><td>자기 평가, 지도교사 평가</td><td>영역별 보육활동 선정</td></tr>
<tr><td rowspan="5">보육 활동 운영 실습 II</td><td rowspan="2">4주</td><td></td><td></td><td></td><td>영역별 보육활동 실시</td><td></td></tr>
<tr><td></td><td></td><td>영역별 보육활동 선정</td><td>자기 평가, 지도교사 평가</td><td></td></tr>
<tr><td>5주</td><td></td><td></td><td colspan="2">반일(일일) 보육계획 협의</td><td>반일(일일) 보육계획안 제출</td></tr>
<tr><td rowspan="2">6주</td><td></td><td></td><td>반일(일일) 보육활동 실시</td><td rowspan="2">최종 어린이집 실습 평가회 (원장, 지도교사 등 참여)</td><td rowspan="2">실습일지 및 기타 실습 관련 서류 제출</td></tr>
<tr><td colspan="2">반일(일일)보육활동 자료 점검</td><td>자기 평가, 지도교사 평가</td></tr>
</table>

출처: 한국보육진흥원(2017).

지금까지 6주 보육실습의 몇 가지 유형에 대해 살펴보았다. 실습 기관인 어린이집의 기준과 보육실습생의 상황에 따라 하나의 유형이 결정되지만 거의 모든 실습은 6주 연속형으로 진행되며 특히 양성 기관에서는 거의 대부분 분리 실습이 허용되지 않는다. 이런 점을 감안하여 6주 연속 보육실습에 대한 구체적인 내용을 살펴보기로 한다.

2. 6주 보육실습 과정

보육실습은 사전에 어린이집을 선정하는 것부터 시작한다. 보육실습생은 전국에 수많은 어린이집 중에서 어디를 선정해야 할지 고민하게 된다. 보육실습 기관은 기본적으로 정원 15인 이상, 보육교사 1급 자격증 소지자 또는 유치원정교사 1급 자격증 소지자, 평가인증 유지 기관 등을 확인하고 선정한다. 또한 실습 기관 선정은 출퇴근이 용이한 집 근처 기관을 중심으로 알아보며, 실습 기관을 찾을 때는 아이사랑 보육포털(http://www.childcare.go.kr)에서 어린이집 찾기를 이용하거나 중앙육아종합지원센터(http://central.childcare.go.kr/)의 어린이집 검색을 통해 도움을 받을 수 있다.

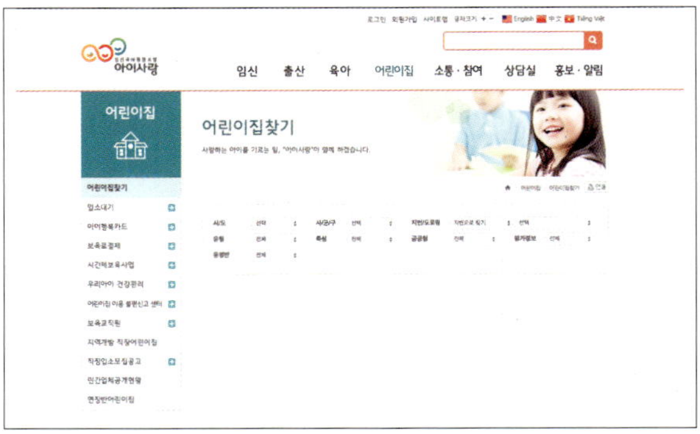

아이사랑 보육포털 어린이집 찾기

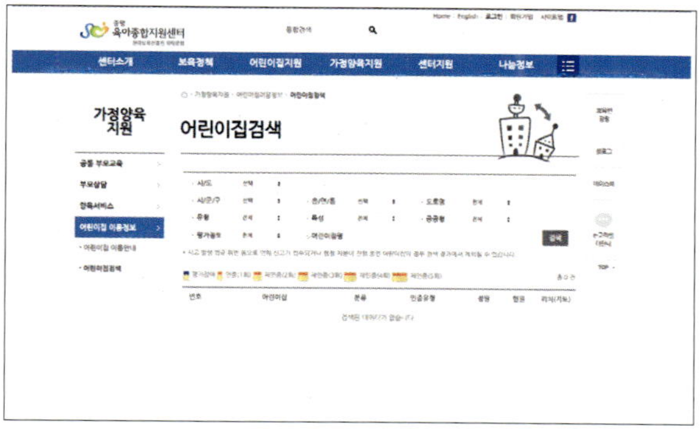

중앙육아종합지원센터 어린이집 검색

보육실습생은 실습을 하고 싶은 기관이 있으면 전화를 걸어서 보육실습이 가능한지를 확인한다. 전화를 걸 때는 되도록 등·하원 시간을 피하며, 정확한 자기소개와 실습 기간 등을 전달하고 어린이집에서 가능 여부를 통보받는다. 보육실습 기관이 정해지면 즉시 양성 기관에 전달하여 공식적인 절차를 통해 보육실습을 확정한 후 보육실습 신청서와 실습기관 동의서를 제출한다.

실습 기관 섭외 시 전화 예절

실습 기관 선정을 위한 전화는 밝은 목소리로 공손하게 하며, 정확한 자기소개와 실습이 가능한 기간을 이야기하고, 전화를 끝마칠 때에도 감사를 표현한다.

- 안녕하세요? 저는 ㅇㅇ대학교 ㅇㅇㅇ입니다. 보육실습에 관해 상담하고 싶은데 어떻게 하면 될까요?
- 안녕하세요? ㅇㅇ어린이집이지요? 저는 ㅇㅇ대학교 ㅇㅇㅇ입니다. 보육실습 기관을 찾고 있습니다. 실습이 가능할까요?

- 실습이 가능한 기간은 ㅇ월 ㅇ일부터 ㅇ월 ㅇ일까지입니다.
- ㅇ월 ㅇ일부터 ㅇ월 ㅇ일까지 실습할 수 있습니다.

- 실습할 기회를 주셔서 정말 감사드립니다. 빠른 시간 내 방문 드리고 구체적인 안내를 받도록 하겠습니다. 고맙습니다.
- 감사합니다. 방문 가능한 날짜와 시간을 말씀해 주시면 방문하여 인사를 드리겠습니다.
- 상담해 주셔서 감사드립니다. 수고하세요. (실습이 어렵다고 하는 기관)

실습을 시작하기 전 기관을 방문하여 기관의 위치를 확인하고 실습 기간과 실습에 필요한 공식적인 절차를 진행한다. 또한 실습이 확정되면 기관에 따라서 사전에 실습 기관 소개 및 실습 일정 안내 등의 오리엔테이션을 실시하기도 한다.

보육실습은 동일한 반에서 실시하는 것이 바람직하다. 영아와 유아 등 다양한 연령 반을 돌아가면서 보육실습을 하는 경우 다양한 연령의 특성 및 연령에 따른 일과운영을 경험하고 여러 교사의 지도 방법을 경험하게 되는 장점이 있다. 하지만 실습생이 해당 반의 영유아와 친밀감을 형성할 시간이나 개별 영유아를 파악할 시간이 부족하므로 보육활동을 계획하고 실행하고자 할 때 영역별 보육활동에서 반일(일일) 보육활동을 확장하는 데 어려움을 겪을 수 있다.

또한 보육실습 과정은 관찰과 참여로 시작하여 실제 보육활동의 계획과 실행 및 평가 순서로 진행된다. 보육실습은 영아와 유아의 연령에 따라 그 내용에서 차이가 있으나, 큰 틀에서는 유사하다. 6주간 실시되는 실습의 주요 내용은 다음 〈표 5-5〉의 예시와 같이 구성될 수 있다.

〈표 5-5〉 6주 보육실습 과정

주	6주 보육실습 주요 내용
사전 방문과 교육	
1주	① 오리엔테이션 ② 관찰하기 ③ 보육교직원들과의 관계 형성하기 ④ 1주차 관찰 및 보육실습일지 작성에 대한 지도교사의 조언받기
2주	① 영유아와 친밀한 관계 형성하기 ② 일과운영의 이해와 실습생의 역할 파악하기 ③ 3주차 보육활동(2회) 계획 및 검토받기 ④ 2주차 관찰 및 보육실습일지 작성에 대한 지도교사의 조언받기 ※ 상시: 일과운영 및 놀이 관찰 / 보육환경 관찰 / 영유아-보육교사 상호작용 관찰

주	6주 보육실습 주요 내용
3주	① 보육활동 2회 진행 및 평가 ② 4주차 연계활동 계획안 작성 및 검토받기 ③ 3주차 관찰 및 보육실습일지 작성에 대한 지도교사의 조언받기 ※ 상시: 일과운영 및 놀이 관찰 / 보육환경 관찰 / 영유아-보육교사 상호작용 관찰
4주	① 연계활동 진행 및 평가 ② 5주차 반일(일일) 보육계획안 작성 및 검토받기 ③ 4주차 관찰 및 보육실습일지 작성에 대한 지도교사의 조언받기 ※ 상시: 일과운영 및 놀이 관찰 / 보육환경 관찰 / 영유아-보육교사 상호작용 관찰
5주	① 반일(일일) 보육활동 진행 및 평가 ② 5주차 관찰 및 보육실습일지 작성에 대한 지도교사의 조언받기 ※ 상시: 일과운영 및 놀이 관찰 / 보육환경 관찰 / 영유아-보육교사 상호작용 관찰
6주	① 실습 최종 평가 ② 6주차 관찰 및 보육실습일지 작성에 대한 지도교사의 조언받기 ③ 보육실습 종료에 따른 서류 총정리 (보육실습일지 / 출근부 / 보육실습생 평가표 / 실습확인서) ※ 상시: 일과운영 및 놀이 관찰 / 보육환경 관찰 / 영유아-보육교사 상호작용 관찰

1) 1주차 보육실습

보육실습 1주차는 실습을 시작하는 실습생에게는 가장 부담이 되는 시기이다. 우선 출퇴근을 통한 일상의 적응과 영유아 및 지도교사와의 상호작용 등 낯선 환경에 적응하기 위한 긴장 속에서 1주일을 보내게 된다. 따라서 실습생이 실습 첫 주에 필요한 주요 업무와 보육활동을 숙지하여 어린이집에 잘 적응한다면 성공적인 6주 실습이 될 수 있다.

주	실습 주요 내용
1주	① 오리엔테이션 – 운영철학 및 기관 현황, 보육서비스의 특징 – 6주 실습과정 협의 및 사전교육 – 서류 제출 ② 관찰하기 – 영유아의 연령별, 개인별 발달 특성 및 놀이 관찰 – 보육환경 – 영유아와 보육교사 간 상호작용 ③ 보육교직원들과의 관계 형성하기 ④ 1주차 관찰 및 보육실습일지 작성에 대한 지도교사의 조언받기

(1) 오리엔테이션

① 실습 기관 오리엔테이션

실습 기관 오리엔테이션은 실습을 시작하기 전에 진행되기도 하며 실습을 시작하는 첫 주에 진행되기도 한다. 오리엔테이션을 통해 기관의 보육철학을 바탕으로 한 프로그램의 운영과 원아 수와 반 구성, 교직원의 현황, 어린이집 환경, 지역사회의 특성 등에 대해서 안내받고 전체 보육교직원과 인사를 나누며, 실습 담당 반과 지도교사를 소개받는다. 실습 기관 오리엔테이션은 어린이집 전반 사항에 대해 안내받는 것으로 실습생에게는 기관 전체 현황과 환경을 한 번에 알 수 있는 좋은 기회가 되므로 오리엔테이션 내용을 잘 숙지하고 실습하는 동안 기관의 보육철학에 맞게 행동하도록 노력해야 한다. 아울러 보육실습생이 지켜야 할 윤리, 준수 사항 및 유의 사항을 잘 지키며 실습에 필요한 준비물을 갖추고 실습에 임한다. 실습 기관 오리엔테이션 내용은 다음과 같다(한국보육진흥원, 2017).

- 보육철학 및 보육 프로그램 운영 방침 안내
- 보육실습 기관의 현황(보육교사, 영유아, 시설 등) 안내
- 보육실습 기관 보육교직원 소개

- 보육실습 기관의 시설물 및 물품 이용에 대한 안내
- 보육실습 기관의 동의 아래 기관 사진 촬영이 가능한 범위 안내
- 보육실습생 역할 및 윤리 안내(영유아 초상권과 관련해 개인 홈페이지 및 블로그에 영유아의 사진과 이름 올리지 않기 등)
- 보육실습 기관에서 보육실습생 준수 사항 및 유의 사항 안내(결석 및 지각 등 문제 발생 시 처리 절차 등)

오리엔테이션 책자
(어린이집 안내 자료)

어린이집 환경 라운딩 사진

② 6주 실습과정 및 사전교육

실습 첫 주에 무엇보다 중요한 것은 6주 실습과정 중 각 주차마다 중요하게 해내야 할 업무와 보육활동 준비 및 일지 작성에 관한 사항을 안내받는 것이다. 보육실습생의 주요 업무는 매일 이루어지는 업무와 일지 작성 외에 각 주차마다 특별하게 해야 하는 보육활동 준비와 실행이다. 실습생은 6주 과정에 대한 중점 사항을 안내받으며, 아울러 이 기간 동안 어린이집에서 진행되는 현장학습, 행사, 특별활동 등에 대한 일정을 공유받고 각각의 필요한 역할을 부여받아 사전에 준비하도록 한다.

지도교사와 함께 상호작용하는 사진

한편 실습 지도교사는 보육실습 지침서 내용을 파악하고 보육실습 지도 계획과 수립한 일정을 실습생에게 교육한다. 이때 보육실습생의 준비 사항을 점검하며 실습 기간 중 보육과정과 행사 일정, 특이 사항 등을 소개한다. 또한 영유아 얼굴과 이름을 쉽게 파악할 수 있도록 영유아의 사진이 첨부된 명단을 제공하여 실습생이 빠르게 영유아를 익힐 수 있도록 한다.

보육실습생은 지도교사에게 필요한 자료를 제공받을 때에 「개인정보 보호법」 등 관계 법령에 저촉될 수 있는 개인 신상정보(주민등록번호, 주소 등) 관리에 각별히 주의해야 한다.

보육실습생이 제공받는 서류

- 보육실습 기관의 현황표(설립 목적, 연혁, 보육철학, 원훈, 반명과 재원 영유아 현황, 보육교직원 명단 등)
- 보육실습 해당 반의 영유아 명단
- 보육실습 해당 반의 연간, 월간, 주간 보육계획안 및 어린이집 보육 프로그램 자료
- 보육실습 일정표
- 제출 서류 목록 및 제반 양식

출처: 한국보육진흥원(2017).

③ 서류 제출

실습을 시작할 때 반드시 지참해야 할 서류들이 있다. 보육실습생 신상 카드, 보육실습서약서, 보육실습 동의서, 보건소의 전염성 질환(폐결핵, 장티푸스, 전염성 피부질환 등)에 대한 건강진단 결과서(구 보건증), 성범죄 경력 조회 및 아동학대 관련 범죄 전력조회 동의서, 보육실습생 신분증 사본 등이다.

성범죄 경력 조회 및 아동학대 관련 범죄 전력조회는 보육실습생의 동의를 얻어 원장이 경찰청 온라인시스템(범죄경력회보서 발급시스템, http://crims.police.go.kr)을 통하여 신청하고 확인하게 된다. 이러한 서류들이 제출되지 않고 실습을 시작할 경우 실습에 대한 준비 미흡으로 평가에 영향을 줄 수 있으며, 지도교사에게 불필요한 시간을 소요하게 할 수 있으므로 반드시 사전에 준비하여 제출하도록 한다.

(2) 관찰하기

① 영유아 관찰

보육실습생은 담당 반의 영유아에 대한 연령별 발달 특성을 이해하고 영유아의 개별적인 특성을 파악하며 놀이를 관찰한다. 영유아를 관찰할 때는 실습생의 주관이나 편견이 개입되지 않도록 실제 일어난 상황을 사진 찍듯이 객관적으로 기록하며 관찰 내용은 일정한 형식에 맞추어 일관성 있게 기록한다. 또한 관찰된 행동에 대한 분석 및 평가는 관찰 내용과 구분하여 기록한다.

영유아 관찰은 지도교사와 함께 계획하여 실행한다. 관찰할 영유아를 선정하고 하고, 영유아의 놀이 및 행동을 관찰하여 필요한 지원을 한 후 전과 후의 변화 양상을 기록한다. 관찰 기록된 영유아의 놀이 및 행동 특성을 토대로 그 원인과 지원에 대해 작성한 것을 보육실습 지도교사에게 점검받는다.

② 보육환경 관찰

보육실습생은 담당 반의 보육환경을 매일 관찰하고 점검하며, 영유아에게 최적의 보육환경이 될 수 있도록 구성해야 한다. 따라서 지도교사의 안내에 따라 교실 내 영역 배치와 시설 설비 등 전반적인 환경 구성과 교실 내에서 지도교사와 영유아의 움직이는 방향이 어떻게 이루어지는지를 파악한다. 또한 하루 일과운영이 청결하고 안전하게 이루어질 수 있도록 청소 및 공기질 관리, 위생 상태 등을 수시로 점검한다.

가. 교실 정리정돈 및 환경 구성

어린이집 교실은 하루 종일 아이들로 북적대는 환경이다. 대부분 어린이집이 청소 도우미 인력이 부족하여 교사가 교실의 청결과 위생을 관리한다. 따라서 교사는 하루 일과를 마치고 교실의 정리정돈과 청소로 마무리하며 다음 날 이루어질 보육을 위해 환경을 구성하고 활동을 준비한다. 실습생은 교실의 청결 유지도 보육교사의 역할임을 인식하고 놀잇감 세척, 교구장 닦기, 창틀 및 창문 닦기, 교실 바닥 쓸고 닦기 등 교사를 도와 함께 청소한다. 또한 지도교사가 계획한 환경 구성을 바탕으로 진행되는 주제에 맞게 교사와 협의하여 영역 구성, 영역 배치, 영역 크기, 게시물 등의 환경을 수정, 보완할 수 있도록 한다.

나. 교재·교구 자료 점검 및 보충

여러 조각으로 구성되어 있는 퍼즐이나 구슬 끼우기와 같은 교구는 모든 조각이 있는지, 분실된 것이 있는지를 매일 확인하고, 또 놀잇감과 기자재의 손상이나 문제가 있는지를 점검하여 지도교사와 상담을 통해 교구를 대체하거나 놀잇감을 추가 배치한다. 또한 한쪽이 부서지거나 찢어진 책 등 파손된 교구는 안전사고를 유발할 수 있으므로 지도교사에게 보고하여 보수하거나 안전한 곳에 보관하고, 조형 영역의 종이, 언어 영역의 필기구와 활동지 등 소모성 미술 재료는 영유아가 충분하게 사용할 수 있는지를 확인하고 지도교사와 의논하여 자료를 보충한다.

교실환경 영역 및 설비의 배치

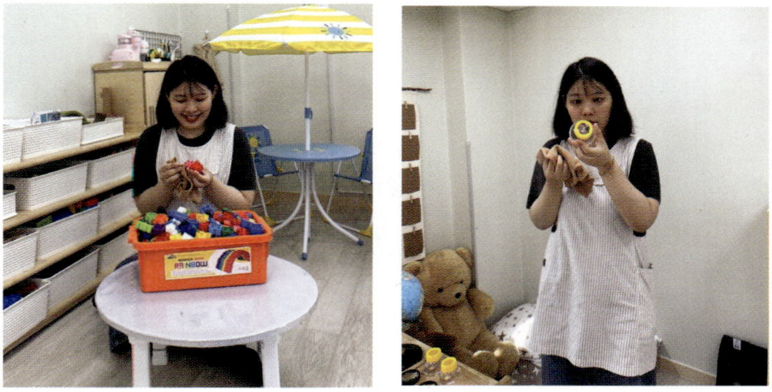

실습생이 놀잇감을 닦고 점검하는 모습

③ 영유아-지도교사 상호작용 관찰

보육의 질을 결정하는 중요한 것 중의 하나는 보육교사와 영유아의 상호작용이다. 보육실습생은 영유아와 지도교사의 상호작용 관찰을 통해 우수한 상호작용법을 배울 수 있어야 한다. 보육실습생은 하루의 일과운영에서 영유아를 믿고 존중하는 태도, 차별과 편견 없이 평등하게 대하는 것, 영유아의 질문에 경청하고 긍정적으로 반응하는 법, 다툼이나 문제 상황의 개입, 놀이에 참여하며 전체적으로 보육내용을 통합적으로 운영하는 방법 등을 시간대별로 영유아와 지도교사의 상호작용 관찰을 통해 학습한다.

(3) 보육교직원들과의 관계 형성하기

어린이집 보육교직원들은 각자의 위치에서 각각의 전문적인 역할을 수행한다. 보육실습을 시작하면서 보육실습생은 원장과 지도교사 외에 6주 동안 함께 생활하게 된 기관의 보육교직원들과 친밀한 관계를 형성하기 위해 노력해야 한다. 보육실습생은 자신을 먼저 소개하고, 매일 아침 밝은 표정으로 인사하며 기관의 교직원들에게 적극적이고 긍정적인 이미지를 보일 수 있도록 행동한다. 또한 담당반 외에 도움을 요청할 경우 지도교사와 상의한 후 도움을 줄 수 있도록 한다.

TIP 보육교직원과 친밀한 관계 형성하기

- 처음 어린이집에서 보육교직원을 만나면 자신을 먼저 소개하며 인사한다. “안녕하세요, 오늘부터 실습하게 된 ㅇㅇ대학교 학생 ㅇㅇㅇ입니다. 열심히 하겠습니다.”, “안녕하세요, 오늘부터 실습하게 된 △△대학교 학생 △△△입니다. 잘 부탁드립니다.”
- 가능한 빠른 시간 내에 보육교직원들의 반 이름과 교사 이름을 기억하여 인사한다. “샘물반 선생님 안녕하세요, 실습교사 ㅇㅇㅇ입니다.”, “하늘반 선생님 안녕하세요? 실습교사 ㅇㅇㅇ입니다.”
- 근무 시간 중에 보육교직원과 마주치면 상대방이 알아들을 수 있는 음성으로 “안녕하세요?”라고 공손하게 먼저 인사한다.
- “고맙습니다.”, “감사합니다.”, “죄송합니다.”, “실례합니다.” 등 상황에 따라 친절하고 긍정적인 태도로 인사한다.
- 보육교직원에게 업무를 지시받거나 또는 일을 부탁받았을 때 “예”라고 대답하고, 정확한 이해를 했는지 재확인하고 실행한다. 업무나 일을 끝마쳤을 경우 반드시 보고하고 마무리한다.

실습생이 보육교직원에게 큰 소리로 인사하는 모습

(4) 1주차 관찰 및 보육실습일지 작성에 대한 지도교사의 조언받기

보육실습생은 보육실습을 시작한 첫날부터 일지를 작성한다. 보육실습일지 양식은 각 기관의 성격에 따라 다양하게 작성되므로 지도교사를 통해 보육실습일지 양식을 받아서 작성하고, 지도교사의 조언을 받아 다음 날 보육실습활동을 전개하며, 일지는 매일매일 작성한다.

보육실습일지는 보육실습생의 실습 내용을 파악할 수 있고 실습 기관의 실습 지도가 충실히 이루어졌는지 알 수 있는 문서이다. 보육실습일지는 날짜, 날씨, 결재, 주제, 소주제, 일과운영에 따른 보육내용, 보육실습생 평가, 지도교사의 조언 등으로 구성되어 있다. 다음은 만 4세 보육실습일지의 예시이다.

〈표 5-6〉 만 4세 보육실습일지 예시

<table>
<tr><th colspan="6">일일 보육실습일지</th></tr>
<tr><td>반명(연령)</td><td>한라반 (만 4세)</td><td rowspan="2">결재</td><td>실습생</td><td>지도교사</td><td>원장</td></tr>
<tr><td>날 짜</td><td>2020년 10월 5일 월요일</td><td></td><td></td><td></td></tr>
<tr><td>놀이 주제</td><td colspan="5">가을 이야기</td></tr>
<tr><td>일과(시간)</td><td>계획 및 실행</td><td colspan="4">놀이 기록 및 유의 사항</td></tr>
<tr><td>등원 및
통합보육
(7:30
~9:00)</td><td>• 선생님, 친구들과 반갑게 인사를 나눈다.
– 주말 지낸 이야기를 하며 인사를 나눈다.
• 유아들이 등원하는 대로 건강 상태를 확인한다.
• 가방과 알림장 등 자신의 물건을 정리한다.</td><td colspan="4" rowspan="5">• 등원: 자신의 가방, 수첩 등 물건을 스스로 정리할 수 있도록 격려한다.

• 다양한 자동차로 놀이하기, 블록으로 도로 만들기
한 유아가 자동차 굴리기를 하자 아이들이 점차 친구에게 관심을 보이며 주변으로 모였고 놀이가 시작되었다. 유아들은 다양한 모양과 종류의 자동차 중에 선택하여 같이 자동차를 굴렸다. 자동차를 바닥에 굴리며 놀이하는 중 블록과 놀잇감을 피해 이리저리 굴리다가 한 유아가 블록을 옮겨 길을 만들기 시작하였다. 옆에 있는 유아도 블록에 이어 길을 만들어 그 위에 자동차를 굴리며 놀이하였다. 경사로, 터널 등이 점점 추가되며 자동차놀이가 이루어졌다.

• 수수깡 탐색 및 연결하기
한 명의 유아가 수수깡을 만지며 관심을 보였다. 옆에 있는 유아가 "선생님 진짜 길어요."라면서 손으로 만지며 탐색한다. 다른 유아들도 미술 영역에 앉아서 수수깡을 만지며 양쪽으로 잡고 부러뜨리며 "오 뚝뚝 소리가 난다."라고 이야기한다. 친구들과 원하는 색의 수수깡을 선택하여 테이프로 길게 연결을 하면서 '마술사 막대기', '공주 막대기' 하면서 놀이를 하였다.</td></tr>
<tr><td>오전 간식
및
오전
실내놀이
(9:00
~10:50)</td><td>◎ 메뉴: 떠먹는 요구르트, 오이 스틱
• 화장실로 이동하여 손을 깨끗이 씻는다.
• 먹고 싶은 만큼 간식을 받는다.
• 간식을 먹은 후 간식 그릇과 자기 자리를 정리한다.
• 흥미에 따라 자유롭게 놀이가 이루어진다.
– 다양한 자동차로 놀이하기
– 블록으로 도로 만들기
– 수수깡 연결하기</td></tr>
<tr><td>정리 및
전이
(10:50
~11:00)</td><td>• 놀이 후 놀잇감을 제자리에 정리한다.</td></tr>
<tr><td>바깥놀이
(대체)
(11:00
~12:20)</td><td>• 자신의 외투와 신발을 찾는다.
• 흥미에 따라 자유롭게 놀이가 이루어진다.
– 자동차 타며 택시놀이하기
– 술래잡기놀이</td></tr>
<tr><td>화장실 및
점심
(12:20
~1:30)</td><td>◎ 메뉴: 수수밥, 얼갈이 된장국, 돈육 카레볶음, 우엉 조림, 배추김치
• 손을 깨끗이 씻는다.
• 제자리에 앉아 점심을 먹는다.
• 식판과 자리 주변을 정리한다.
• 화장실에서 양치질을 한다.</td></tr>
</table>

<table>
<tr>
<td>낮잠 및
휴식
(1:30
~3:00)</td>
<td>• 화장실을 다녀온 후 자기 침구를 찾아 눕는다.
• 조용한 음악 들으며 낮잠 및 휴식을 취한다.
• 먼저 일어나거나 자지 않는 유아는 조용한 놀이를 한다(그림 그리기, 그림책 보기).</td>
<td rowspan="3">• 바깥놀이: 자동차 타며 택시놀이하기
실외놀이터에서도 실내에서 이루어졌던 자동차 굴리기와 연계된 자동차 타기가 이어졌다. 몇 명의 유아가 자동차를 타고 있는데 자동차를 타고 싶은 유아가 다가와 "나도 타고 싶어."라고 이야기하였다. 그러자 "음… 그럼 뒤에 타."라고 하며 뒤에 태워 준다. 담임교사가 친구와 함께 타는 모습을 보고 "어디 가는 거예요?"라고 묻자 뒤에 앉은 유아가 "마트 가요."라고 이야기한다. 운전하는 유아가 "마트에 도착하였습니다."라며 내려 주었다. 잠시 후 다시 자동차를 태워 달라고 하더니 "이번에는 놀이동산으로 갑시다."라며 자연스럽게 택시놀이로 진행되었다.

• 점심: 유아들이 스스로 식판을 들고 배식한 후 자리로 이동하였다. 식판을 들고 이동할 때 앞을 보고 천천히 이동할 수 있도록 지도한다.

• 통합보육: 통합보육반으로 이동 시에는 원아 인원 체크 및 교사 간 인수인계가 잘 이루어지도록 한다. 귀가 시 전달 사항을 체크한다.</td>
</tr>
<tr>
<td>오후 간식
및
오후 놀이
(3:00
~4:00)</td>
<td>◎ 메뉴: 크림빵, 우유
• 화장실 사용 후 손을 깨끗이 씻는다.
• 선생님, 친구들과 즐겁게 간식을 먹는다.
• 간식을 먹은 후 그릇과 자리를 정리한다.
• 오전에 진행되었던 실내놀이가 확장되어 이루어진다.
– 다양한 자동차로 놀이하기
– 블록으로 도로 만들기
– 색종이 접기</td>
</tr>
<tr>
<td>귀가 및
통합보육
(4:00
~7:30)</td>
<td>• 연장보육반에 인수인계를 한다.
• 자유롭게 개별 놀이하며 귀가한다.
• 가방, 수첩 등 자신의 물건을 스스로 챙긴다.
• 선생님, 친구들과 인사를 나눈다.
• 하루 일과, 건강 상태에 대해 부모님께 전달한다.</td>
</tr>
<tr>
<td>실습생 평가
(놀이 평가
및
지원 계획)</td>
<td colspan="2">첫 실습이라 많이 떨렸는데, 아이들이 친근하게 먼저 다가와 주어서 좋았다. 내가 생각했던 것보다 아이들이 자신의 생각대로 만들기를 하고 "선생님 이것 보세요."라며 표현도 잘하고, 여럿이 함께 블록으로 만들기를 하며 친구들과 협동하는 모습을 보였다. 오늘은 처음이라 많은 아이들과 상호작용을 하지 못했지만 하루 빨리 아이들과 친해져서 더 많은 상호작용을 할 수 있도록 노력해야겠다.</td>
</tr>
<tr>
<td>지도교사
평가 및
조언</td>
<td colspan="2">처음 경험하는 아이들과의 하루 일과가 정신없이 지나갔으리라 생각되네요. 아이들과 친해지기 위해서는 먼저 아이들의 이름을 익혀서 불러 주세요. 그리고 관찰을 통해 아이들의 개별적인 특성을 파악하여 자연스럽게 아이들과 상호작용하시면서 놀이에도 참여하시면 더욱 친해질 거예요.</td>
</tr>
</table>

2) 2주차 보육실습

1주차 보육실습이 오리엔테이션 및 새로운 실습환경에 적응하는 것에 초점을 맞추었다면 2주차에는 일과운영 및 놀이 관찰, 영유아-보육교사 상호작용, 보육환경 등을 관찰하며 영유아와 더욱 친밀한 관계를 형성해 나가는 것에 초점을 둔다. 아울러 3주차에 이루어질 보육활동을 계획하고 검토를 받으며, 계획한 보육활동에 대한 자료 및 교재·교구를 준비한다.

주	실습 주요 내용
2주	① 영유아와 친밀한 관계 형성하기 ② 일과운영의 이해와 실습생의 역할 파악하기 ③ 3주차 보육활동(2회) 계획 및 검토받기 ④ 2주차 관찰 및 보육실습일지 작성에 대한 지도교사의 조언받기 ※ 상시: 일과운영 및 놀이 관찰 / 보육환경 관찰 / 영유아-보육교사 상호작용 관찰

(1) 영유아와 친밀한 관계 형성하기

실습생이 실습에 임하면서 가장 어려워하는 부분이 영유아와의 상호작용이다. 특히 영유아에 대한 경험이 없는 경우 막연함을 느끼며 어떻게 대처해야 할지 고민에 빠지게 된다. 영유아와의 상호작용을 위해서는 연령에 따른 발달 특성을 이해하는 것이 중요하며 영유아의 개별적인 행동 특성을 파악하게 되면 영유아를 바라보는 시각을 형성하게 되어 막연함을 떨칠 수 있다. 연령에 따른 발달 특성은 유튜브 영상을 통해서도 쉽게 접할 수 있으며, 담당 반의 연령별 발달 특성을 학습하며 숙지한다.

또한 영유아는 성향, 흥미, 수준, 언어 표현, 상호작용 등 독특성을 가지고 발달함으로 영유아에 대한 특성을 이해하고 일대일 상호작용을 통해 관계를 형성한다. 아울러 영유아와 관계를 형성하는 좋은 방법 중의 하나는 교실에 붙어 있는 영유아의 사진을 보며 이름을 외우고 영유아의 이름을 불러 주는 것이다. 영유아는 이를 통해 더욱 친밀감을 느끼게 된다.

TIP 성향에 따른 영유아와의 상호작용

인간의 성향은 크게 외향형과 내향형으로 구분되어 이해할 수 있다.

■ 외향형
- 자신의 생각과 감정을 잘 표현한다.
- 생각보다 행동을 먼저 한다.
- 다른 사람들과 상호작용하는 것을 좋아한다.
- 다른 사람들의 이야기를 듣기보다는 먼저 자신의 이야기를 하는 편이다.

■ 내향형
- 자신의 생각과 감정이 좀처럼 드러나지 않는다.
- 행동보다는 생각을 먼저 한다.
- 혼자 있는 것을 좋아한다.
- 먼저 자신의 이야기를 하기보다는 다른 사람들의 이야기를 듣는 태도를 보인다.

외향형으로 보이는 영유아는 상호작용 시 들어주는 역할만 해도 관계 형성이 이루어지며, 영유아가 내향형으로 보이는 경우 주의 깊은 관찰을 통해 영유아의 생각과 감정을 알아차리도록 힘쓰며 관계를 형성해 나간다.

여기서 잠깐

실습생이 외향형인 경우 쉽게 영유아와의 관계 형성을 할 수 있으나 영유아의 특성에 따른 아동 중심의 반응적 상호작용이 필요하며, 실습생이 내향형인 경우 영유아의 행동에 대해 적극적으로 피드백하도록 노력해야 한다. 또한 어색함을 없애기 위해 손유희나 간단한 도구를 준비하여 상호작용을 하는 것도 관계 형성에 좋은 방법이 된다.

영유아와 함께 손유희 활동하기

(2) 일과운영의 이해와 실습생의 역할 파악하기

일과운영이라 함은 어린이집에서 하루 동안 이루어지는 운영과정으로 오전 7시 30분에서 오후 7시30분까지 12시간 보육활동이 전개되는 것을 의미한다. 보육실습생은 1일 8시간을 기준으로 실습함으로 대체로 오전 9시부터 6시까지의 일과운영을 경험하게 된다. 일과운영은 영아반과 유아반이 다르게 운영되며 각각의 교사 역할도 다르므로 영아반과 유아반을 구분하여 이해한다. 다음은 영아반, 유아반의 일과운영 관찰 및 실습생의 역할을 구성한 예시 자료이다.

〈표 5-7〉 일과운영의 이해와 실습생의 역할

일과	실습생 역할	사진
등원 및 맞이하기	• 실습생은 지도교사가 영유아를 맞이하는 태도와 방법을 잘 관찰하여 익힌다. • 친절하고 따뜻하게 영유아를 맞이한다. • 영아의 경우 소지품을 잘 챙겨두고, 약을 확인한다. • 유아의 경우 소지품을 스스로 정리하도록 격려하며, 약을 확인한다. • 정리를 마친 후 놀이에 참여하며 일과를 즐겁고 편안하게 시작할 수 있도록 돕는다.	
오전 간식/실내놀이	• 실습생은 간식 준비를 돕고, 영유아가 자유롭게 먹고 싶은 만큼 먹을 수 있도록 돕는다. • 지도교사와 영유아의 상호작용을 관찰하며, 영유아와 개별적인 상호작용을 통해 놀이를 지원해 준다. • 갈등 상황이나 문제 상황이 발생했을 경우 즉시 지도교사에게 알린다. • 놀이를 마치면 놀잇감을 스스로 정리할 수 있도록 도와준다.	 

일과	실습생 역할	사진
기저귀 갈기/ 화장실 다녀오기	• 영아의 배변 행동을 주의 깊게 관찰하여 발달 단계에 따라 도움을 준다. • 유아가 화장실을 이용할 때 화장실 사용 후 물 내리기, 손 씻기 과정을 이야기해 주며 자연스럽게 위생교육을 한다.	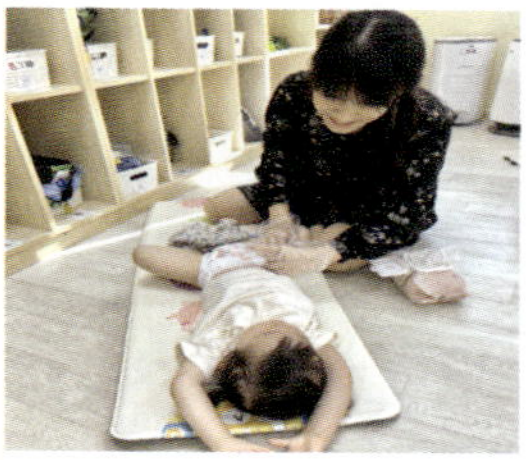
활동	• 활동의 특성에 따라 반원, 동그라미, 두 줄 등 모이는 대형이 달라질 수 있으므로 교사의 안내에 따라 활동 준비를 돕는다. • 집중력이 부족한 유아는 개별적으로 지원하여 활동의 흐름에 방해가 되지 않도록 돕는다. • 실습생도 활동에 집중하는 태도를 보인다.	
바깥놀이 (대체)	• 영유아가 신발을 신고 바깥놀이로 이동할 수 있도록 돕는다. • 지도교사를 도와 영유아의 놀이가 유지, 확장될 수 있도록 놀이에 개입하거나 안전하게 놀이할 수 있도록 돕는다. • 놀이가 끝난 유아는 스스로 놀잇감을 정리하고 손을 씻도록 도와준다.	
점심 식사 및 이 닦기	• 점심 식사 준비와 식사가 즐겁고 편안한 분위기에서 이루어질 수 있도록 돕는다. • 영아가 스스로 먹기를 시도하고, 유아가 다양한 먹기를 시도하는 경우에 적극적으로 격려한다. • 식사 후 자리를 깨끗하게 정리하고 영유아의 입 주변, 손, 옷 등을 닦아 주도록 한다. • 식사를 마친 영유아의 이 닦기를 개별적으로 도와준다.	

일과	실습생 역할	사진
낮잠 및 휴식	• 영유아가 낮잠을 자거나 휴식을 취할 수 있도록 교실 바닥을 깨끗하게 정리하고 침구를 준비한다. • 채광, 온도를 조절하거나 창문을 열어 공기를 환기시키는 등 쾌적한 환경이 될 수 있도록 돕는다. • 잠들기를 어려워하는 영유아는 다독여 주며 평안하게 잠을 잘 수 있도록 기다려 주거나, 휴식을 취할 수 있도록 돕는다. • 낮잠 시간 동안 지도교사가 관찰일지, 수업 자료를 준비하는 경우 영유아의 상태를 지속해서 관찰하도록 한다.	
오후 간식/ 오후 실내놀이/ 귀가	• 간식 준비를 돕고, 영유아가 자유롭게 먹고 싶은 만큼 먹을 수 있도록 돕는다. • 연장된 오전 실내놀이가 확장되도록 돕는다. • 옷과 머리를 단정히 하도록 돕는다. • 영유아가 하루 중 즐거웠던 놀이나 속상했던 일 등을 회상하며 하루를 평가할 수 있도록 돕는다. • 내일 하고 싶은 놀이를 계획하고 기대하면서 귀가하도록 돕는다. • 다양한 스킨십으로 사랑을 표현하며 영유아가 충분히 사랑받고 있음을 느끼게 한다.	
통합보육 (연장보육) 및 오후 놀이	• 영유아와 함께 연장보육반으로 이동할 경우 지도교사에게 전달받은 영유아의 상태를 연장보육반 교사에게 인수인계한다. • 연장보육반으로 이동한 영유아가 어색하지 않고 편안함을 느낄 수 있도록 잠시 머무를 수 있다. • 연장보육반에서도 영유아의 흥미에 따라 놀이할 수 있도록 지원한다.	

(3) 3주차 보육활동(2회) 계획 및 검토받기

보육실습 2주차에는 그 다음 주에 이루어질 보육활동을 계획한다. 실습생이 처음 실행하게 되는 3주차 보육활동은 놀이, 활동, 일상생활 등 3주차에 이루어질 반 아이들의 놀이를 예측하고 주제에 맞는 보육활동으로 지도교사와 의논하여 2개(2회)를 선택하고 계획한다. 다음은 만 1세 놀이 계획안 예시이다.

〈표 5-8〉 만 1세 놀이 계획안 예시

<table>
<tr><th colspan="4">놀이 계획안</th></tr>
<tr><td rowspan="2"></td><td>실습생</td><td>지도교사</td><td>원장</td></tr>
<tr><td></td><td></td><td></td></tr>
</table>

<table>
<tr><td colspan="2">놀이 주제</td><td colspan="3">느낄 수 있어요</td></tr>
<tr><td colspan="2">대상</td><td>만 1세 (바다반)</td><td>일시</td><td>2020년 4월 14일 (화) 10:00~11:00</td></tr>
<tr><td colspan="2">유형</td><td>실내놀이</td><td>영역</td><td>신체 영역</td></tr>
<tr><td colspan="2">준비 사항</td><td colspan="3">영아용 촉감 신발(비닐 신발, 솜공 신방, 털실 신발, 스펀지 신발), 매트</td></tr>
<tr><td rowspan="3">교사의 기대</td><td>활동명</td><td colspan="3">촉감 신발을 신고 걸어요</td></tr>
<tr><td rowspan="2">예상 놀이</td><td>영아의 놀이</td><td colspan="2">교사의 지원</td></tr>
<tr><td>• 놀이의 시작〉 영역에 비치된 촉감 신발에 관심 갖기
• 촉감신발을 다양한 방법으로 탐색한다(만져 보기, 두드려 보기, 신어 보기).
• 촉감 신발을 신고 걷는다.</td><td colspan="2">• 영아가 촉감 신발을 탐색할 때 행동을 언어로 표현해 준다.
– "신발에 털실이 있구나. 만져 보니까 부들부들하네."
– "○○이는 초록색 신발을 만지고 있구나. 바닥에 알록달록 뽕뽕이가 붙어 있네."
• 신발을 신으려고 하면 스스로 신어 보도록 하고, 어려워하는 영아는 신을 수 있도록 도와준다.
– "○○이가 신발을 신어 보고 싶었구나."
• 신발을 신고 걷거나 움직이는 모습을 격려한다.
– "○○아 발바닥에서 어떤 느낌이 나니?"
– "○○이가 걸으니까 부스럭부스럭 소리도 나는구나."
– "○○이가 발을 신나게 구르는구나."</td></tr>
<tr><td colspan="2">고려할 사항
(안전, 유의점)</td><td colspan="3">• 영아가 신발을 스스로 탐색할 시간을 충분히 준다.
• 신발을 신을 때 발을 안쪽까지 넣어서 신고 안전하게 걸을 수 있도록 한다.</td></tr>
</table>

(4) 2주차 관찰 및 보육실습일지 작성에 대한 지도교사의 조언받기

2주차의 관찰 및 보육실습일지는 1주차에 비해 영유아와 친밀한 관계를 형성하게 되고 계속되는 관찰 훈련을 통해 영유아 발달에 대한 이해가 보다 확장되어 작성하게 된다. 다음은 2주차 만 1세 보육실습일지 실습생 평가 및 지도교사 조언 예시이다.

〈표 5-9〉 만 1세 보육실습일지 예시

<table>
<tr><th colspan="7">일일 보육실습일지</th></tr>
<tr><td>반명(연령)</td><td colspan="2">바다반 (만 1세)</td><td rowspan="2">결재</td><td>실습생</td><td>지도교사</td><td>원장</td></tr>
<tr><td>날 짜</td><td colspan="2">2020년 5월 11일 월요일</td><td></td><td></td><td></td></tr>
<tr><td>주 제</td><td>느낄 수 있어요</td><td colspan="2">소주제</td><td colspan="3">만지고 살펴보아요</td></tr>
<tr><td>교사의 기대</td><td colspan="6">주변의 다양한 사물에 관심을 갖고 만지며 탐색한다.</td></tr>
<tr><td>일과(시간)</td><td colspan="2">계획 및 실행</td><td colspan="4">주요 일과 기록 및 지도 사항</td></tr>
<tr><td>등원 및 통합보육
(7:30 ~9:00)</td><td colspan="2">• 밝은 미소로 영아를 맞이한다.
• 선생님, 친구들과 인사를 나눈다.
• 선생님과 함께 겉옷, 가방, 양말을 정리한다.
• 영아의 건강 상태 및 가정 전달 사항을 확인한다.</td><td colspan="4" rowspan="3">• 등원
주말을 보내고 와 우는 영아가 있자 교사가 “엄마랑 헤어져서 많이 속상했구나. 선생님이 꼭 안아 줄게.”라며 충분히 안아 주고 기다려 주었다.

• 오전 간식
숟가락 사용이 아직 어려워 숟가락이 뒤집히기도 하여 옆에서 교사가 도움을 주었다. 바닥에 흘리더라도 숟가락을 잡고 먹어 볼 수 있도록 격려한다.

• 실내놀이
– 촉감 길을 걸어요
자료: 다양한 촉감판
영아가 바닥의 촉감판에 관심을 가지며 촉감판 위에 앉아 보고, 손으로도 만져 보았다 (중략).</td></tr>
<tr><td>오전 간식
(9:00 ~9:30)</td><td colspan="2">◎ 메뉴: 누룽지 죽
• 선생님 도움을 받아 손을 깨끗이 씻는다.
• 자리에 앉아 즐겁게 간식을 먹는다.
• 선생님과 함께 간식 접시를 정리한다.</td></tr>
<tr><td>오전 실내놀이
(9:30 ~11:00)</td><td colspan="2">• 흥미 있는 놀잇감을 선택하여 자유롭게 놀이한다.
<table><tr><td>신체</td><td>촉감 길을 걸어요</td></tr><tr><td>언어</td><td>다양한 재질 종이에 끼적이기</td></tr><tr><td>감각 · 탐색</td><td>색깔 오자미로 놀이해요</td></tr><tr><td>쌓기 · 역할</td><td>소꿉 그릇에 밀가루 반죽을 담아요</td></tr></table></td></tr>
<tr><td colspan="7">……………………………… 중 략 ………………………………</td></tr>
</table>

실습생 평가	2주차에 접어들면서 영아들과 조금은 친해진 것 같다. 놀이할 때 자연스럽게 나에게 다가와 같이 놀자며 손을 잡아 주기도 하고, 놀잇감을 가져다 주기도 하여 놀이에 많이 참여할 수 있었다. 그러나 놀이하는 상황에서 갑자기 친구 놀잇감을 가져가서 울거나 다툼이 종종 일어나서 당황스러울 때가 있었다. 잘 관찰하여 놀이 상황에서 다툼이 일어나지 않도록 도와주어야겠다.
지도교사 평가 및 조언	영아들은 아직 언어로 표현하는 것이 어렵고, 놀잇감 소유에 대해 구분하기 어렵습니다. 발달의 특성을 이해하여 영아가 흥미를 보이는 놀잇감을 넉넉하게 제공하여 사전에 갈등을 예방하는 것이 중요합니다. 교사는 놀이 관찰 및 참여를 통해 놀이를 예측하여 미리 놀잇감을 제공해 주거나, 친구가 놀이하고 있는 놀잇감 대신 다른 놀잇감을 대체하여 제공함으로써 흥미를 유도할 수 있습니다.

3) 3주차 보육실습

1주차에 실습환경에 적응하고, 2주차에 영유아와 더욱 친밀한 관계 형성에 초점을 맞추었다면 3주차에는 실제로 보육활동에 참여하는 것이다. 2주차에 실습생이 계획한 보육활동을 직접 제시해 보는 것으로 활동에 필요한 교재·교구를 배치하고 영유아의 놀이를 관찰한다. 영유아의 놀이 관찰을 통해 평가하고 다음 날 놀이 지원을 계획한다. 아울러 4주차에 이루어질 연계활동에 대한 계획안을 작성하고 검토를 받은 후 그에 따른 자료와 교재·교구를 준비한다.

주	실습 주요 내용
3주	① 보육활동 2회 진행 및 평가 ② 4주차 연계활동 계획안 작성 및 검토받기 ③ 3주차 관찰 및 보육실습일지 작성에 대한 지도교사의 조언받기 ※ 상시: 일과운영 및 놀이 관찰 / 보육환경 관찰 / 영유아–보육교사 상호작용 관찰

(1) 보육활동 2회 진행 및 평가

3주차에는 보육실습생이 계획한 보육활동을 직접 진행해 보고 놀이를 관찰한 후 평가까지 실습한다. 보육활동을 실행한 후에는 관찰 기록 및 평가를 통해 다음 날 지원 계획을 세우며 진행해 본 보육활동에 대한 자기 평가와 지도교사 평가가 이루어진다. 다음은 만 4세 보육활동 실행에 따른 기록 및 평가 예시이다.

〈표 5-10〉 만 4세 보육활동 실행 및 평가

<table>
<tr><th colspan="4">놀이 계획에 따른 진행 평가</th></tr>
<tr><td rowspan="2"></td><td>실습생</td><td>지도교사</td><td>원장</td></tr>
<tr><td></td><td></td><td></td></tr>
</table>

<table>
<tr><td colspan="3">놀이 주제</td><td colspan="3">여름 이야기</td></tr>
<tr><td colspan="3">대상</td><td>만 4세 (한라반)</td><td>일시</td><td>2020년 7월 8일 (수) 10:00~11:00</td></tr>
<tr><td colspan="3">유형</td><td>실내놀이</td><td>영역</td><td>쌓기 · 역할 영역</td></tr>
<tr><td colspan="3">놀잇감 및 지원 자료</td><td colspan="3">여러 가지 블록(비닐 블록, 와플 블록, 빅 블록 등), 수영장 사진, 파란 비닐</td></tr>
<tr><td colspan="6">교사의 기대</td></tr>
<tr><td colspan="3">활동명</td><td colspan="3">블록으로 수영장 만들기</td></tr>
<tr><td rowspan="6">예상 놀이</td><td colspan="2">유아 놀이</td><td colspan="3">• 놀이의 시작〉 영역에 제시한 수영장 사진과 자료에 관심 갖기, 물놀이 경험을 통해 만들기
• 다양한 블록을 이용하여 수영장을 만든다.
• 친구와 협력하여 수영장 만들기에 참여한다.</td></tr>
<tr><td rowspan="5">교사 지원</td><td>공간</td><td colspan="3">블록으로 만들기를 할 때 공간을 넓게 활용할 수 있도록 한다.</td></tr>
<tr><td>자료</td><td colspan="3">유아 흥미에 따라 더 필요한 자료가 있는지 관찰하여 지원한다.</td></tr>
<tr><td>일과</td><td colspan="3">필요시 놀이 시간을 연장해 준다.</td></tr>
<tr><td>상호 작용</td><td colspan="3">– "○○이는 △△블록을 이용하여 만들었구나."
– (수영장 사진에 관심을 보이면) "○○이는 수영장 다녀온 적이 있니?"
– "수영장에 또 무엇이 있을까?"
– "미끄럼틀은 무엇으로 만들 수 있을까?"</td></tr>
<tr><td>안전</td><td colspan="3">또래 간의 다툼이 일어났을 때 교사는 적절한 중재를 통해 지원한다.</td></tr>
<tr><td colspan="3">놀이 기록</td><td colspan="3">벽면에 새롭게 붙어 있는 사진과 파란 비닐을 발견하고 "아! 우리 이거 만들자."라며 수영장 만들기가 시작되었다. 파란 비닐을 바닥에 깔고 가장자리 위에 벽돌 블록과 비닐 블록을 놓았다. 블록을 가져가며 바닥에 비닐이 자주 움직이자 미술 영역에서 테이프를 가지고 와 비닐을 바닥에 붙이고 다시 수영장을 만들었다. 수영장을 만들어 안에 들어가 놀이하다 보니 블록이 자꾸 움직여 빅 블록을 끼워서 다시 수영장을 만들어 놀이하였다. 수영장을 다 만든 후 비치볼과 인형을 가지고 와서 수영장놀이가 이루어졌다.</td></tr>
</table>

다음 날 지원 계획	수영장을 만든 후 수영놀이로 역할놀이로 자연스럽게 연계되었다. 수영장과 관련된 역할놀이 용품을 추가로 더 제공해 주어야겠다.
자기 평가	처음으로 내가 계획한 놀이에 아이들이 흥미를 가질 수 있을까 하는 걱정을 하면서 블록과 함께 파란 비닐을 벽면에 제시하였다. 아이들은 비닐을 바닥에 붙이며 수영장을 만들면서 재미있게 수영장놀이를 하였다. 또 비치볼과 인형을 가지고 수영장놀이가 확장되는 것을 보며 아이들의 흥미에 맞는 놀이를 제시한 것 같아 뿌듯한 마음이 들었다. 다음 놀이 계획도 아이들의 흥미를 생각하며 잘 준비해야겠다.
지도교사 평가	벽면에 수영장 사진을 붙여 주고 블록과 함께 파란색 비닐을 제공하여 아이들이 재미있게 수영장놀이를 할 수 있었고, 비치볼과 인형을 준비하여 더욱 풍성한 놀이가 되었습니다. 놀이가 아이들의 흥미에 맞게 잘 계획되고 진행되었습니다. 놀이를 계획할 때 고민을 많이 하시더니 즐겁게 놀이하는 아이들을 보면서 안심이 되셨지요? 아이들의 놀이의 질은 교사들의 고민 어린 계획 및 지원에서 영향을 많이 받는답니다. 수고하셨어요.

TIP 보육활동 실행 및 평가 작성

■ 놀이

- 준비한 자료 및 교구에 영유아가 흥미를 보였는가?
- 준비한 자료 및 교구로 어떤 놀이가 진행되었는가?
- 영유아의 놀이를 관찰하고 참여하며 어떤 지원을 하였는가?
- 놀이에 대한 흥미를 지속시키기 위해 어떤 지원 계획(공간, 자료, 일과, 상호작용, 안전 등)이 필요하겠는가?

■ 활동

- 계획한 활동이 유아의 흥미에 적합하였는가?
- 활동을 통해 유아가 경험한 누리과정 내용은 무엇이었으며, 교사(실습생)의 기대는 적절하였는가?
- 준비한 자료 및 시간 배정은 적절하였는가?
- 활동을 진행하며 교사의 상호작용은 적절하였는가?
- 유아의 흥미와 경험으로 활동을 전개하였는가?
- 계획한 활동에서 유아의 흥미에 따라 추가, 수정, 확장, 심화된 부분은 없는가?
- 차후 활동에서 보완할 사항은 무엇인가?

■ 일상생활

- 영유아의 개별적 상황과 생리적 리듬 상태를 고려하였는가?
- 영유아의 일상생활에 민감하게 반응하였는가?
- 영유아의 일상생활을 지속적으로 지원하였는가?
- 영유아의 일상생활을 긍정적인 상호작용으로 지원하였는가?

(2) 4주차 연계활동 계획안 작성 및 검토받기

연계활동을 계획할 때는 놀이와 놀이, 놀이와 활동, 활동과 일상 등 두 가지 보육활동에서 고려되어야 할 사항을 구체적으로 살펴서 자연스럽게 경험되고 안전하게 실행될 수 있도록 한다. 또한 필요한 경우 전이활동을 계획하여 진행한다. 다음은 만 2세 반의 연계활동 계획안 예시이다.

〈표 5-11〉 만 2세 연계활동 계획안 예시

연계활동 계획안(놀이–놀이)			
	실습생	지도교사	원장

놀이 주제	나는요		소주제	내가 좋아하는 것이 있어요
대상	만 2세 (하늘반)		일시	2020년 5월 27일(수) 10:00~11:00
유형	실내놀이–실내놀이		영역	미술영역–음률영역
일과(시간)	교사의 기대(계획)			
실내놀이 (미술 영역)	활동명	재활용 통으로 나만의 놀잇감을 만들어요		
	준비물	재활용 통, 스티커, 스팽글, 자른 빨대, 자른 수수깡, 매직, 테이프, 색종이		
	영아 놀이	• 놀이 시작〉 영역에 제시된 미술 재료에 관심 갖기 – 미술 재료를 탐색한다. – 재활용 통에 미술 재료를 넣는다. – 미술 재료를 이용하여 재활용 통을 꾸민다.		
	교사 지원	• 미술 재료를 자유롭게 탐색할 수 있도록 격려한다. – "○○이는 뽀로로 음료수 통이 마음에 들었구나. 이것으로 무엇을 해 볼 수 있을까?" • 영아들이 만드는 것을 관찰하며 도움이 필요한 경우 지원한다. – "○○이는 뽀로로 음료수 통에 빨대를 넣고 있구나." – "○○이는 스티커를 붙여 주었네." – "○○이는 스팽글을 붙여 주고 싶었구나. 반짝반짝해졌구나" – (영아가 붙이는 과정에서 도움을 요청하면) "수수깡을 붙이고 싶은데 잘 안 붙는구나. 테이프로 붙여 볼까?" – "선생님이 수수깡에 붙여 줄테니까 ○○이가 붙이고 싶은 곳에 붙여 볼까?"		

<table>
<tr><td rowspan="4">실내놀이
(음률 영역)</td><td>활동명</td><td>마라카스를 흔들어요</td></tr>
<tr><td>준비물</td><td>나만의 마라카스, 노래가 나오는 책</td></tr>
<tr><td>영아
놀이</td><td>• 놀이 시작〉 완성된 마라카스를 흔들며 흥미 갖기
• 완성된 마라카스를 다양한 방법으로 탐색한다.
• 나만의 마라카스를 흔들며 노래를 부른다.</td></tr>
<tr><td>교사
지원</td><td>• 완성된 마라카스를 탐색하는 것을 격려한다.
– "○○이는 하트 스티커가 붙여 만들어 주었구나. 흔들어 보니까 무슨 소리가 나는 거 같니? 마라카스처럼 찰찰 소리가 나는구나."
• 영아가 마라카스를 흔드는 것에 흥미를 보이면 교사가 노래를 불러 주기, 함께 흔들기, 노래 틀어 주기 등 놀이가 지속될 수 있도록 지원한다.
– "○○이가 마라카스를 흔들며 신이 나는구나. 선생님이랑 노래 부르며 흔들어 볼까?"
– "○○이가 좋아하는 노래를 들으며 흔들어 볼까?"</td></tr>
<tr><td>유의 사항</td><td colspan="2">• 미술 영역에서 영아들이 충분히 재료를 탐색할 수 있도록 한다.
• 교사가 예상한 순서나 방법으로 만들지 않는 것을 허용하며 격려한다.</td></tr>
</table>

4) 4주차 보육실습

4주차에는 3주차의 영역별 보육활동 실행에 따른 평가에 이어 조금 더 확장된 연계활동을 실습한다. 3주차에는 일과운영에서 놀이, 활동, 영아반의 경우 일상생활에 따른 보육활동 중 1개를 계획하여 진행하였다면 4주차에는 놀이, 일상, 활동 등을 2개를 연계한 보육활동을 계획하여 영유아들이 흥미롭게 참여하고 자연스럽게 이어질 수 있도록 진행한다.

또한 4주차에는 5주차에 전개될 반일(일일) 보육활동 계획을 검토받으며 계획한 보육활동에 필요한 자료 및 교재·교구를 준비한다.

주	실습 주요 내용
4주	① 연계활동 진행 및 평가 ② 5주차 반일(일일) 보육계획안 작성 및 검토받기 ③ 4주차 관찰 및 보육실습일지 작성에 대한 지도교사의 조언받기 ※ 상시: 일과운영 및 놀이 관찰 / 보육환경 관찰 / 영유아-보육교사 상호작용 관찰

(1) 연계활동 진행 및 평가

2개 활동을 연계하여 진행한 후 평가에서는 먼저 활동 간의 연계와 시간 배정은 적절했는지를 확인한다. 또한 전인활동을 계획한 경우 전이활동이 영유아의 기다림을 줄이고 다음 활동으로 전환하기에 효과적이었는지를 평가한다. 마지막으로 추후 고려하거나 보완할 사항은 무엇인지를 기술한다.

(2) 5주차 반일(일일) 보육계획안 작성 및 검토받기

① 반일 보육계획안

반일 보육계획안은 적어도 2개 이상의 활동을 연결하여 일과 중 반나절(오전·오후) 동안 주 교사로서 역할을 수행하는 것을 말한다. 반일 보육계획안은 주로 등원, 간식, 실내놀이, 바깥놀이, 점심 및 양치 시간까지 이루어지는 오전활동으로 배변 및 손 씻기, 급·간식, 정리정돈 등 일상생활 지도 전략이 함께 포함된다. 또한 실내놀이, 바깥놀이 등 놀이 및 활동에 대한 계획안이 함께 첨부되어야 한다.

다음은 만 1세 반일 보육계획안 예시이다.

〈표 5-12〉 만 1세 반일 보육계획안 예시

<table>
<tr><th colspan="6">반일 보육계획안</th></tr>
<tr><td>반명(연령)</td><td colspan="2">만 1세 (바다반)</td><td rowspan="2">결재</td><td>실습생</td><td>지도교사</td><td>원장</td></tr>
<tr><td>날 짜</td><td colspan="2">2020년 6월 24일 수요일</td><td></td><td></td><td></td></tr>
<tr><td>주 제</td><td>놀이할 수 있어요</td><td colspan="2">소주제</td><td colspan="3">놀잇감은 재미있어요</td></tr>
<tr><td>교사의 기대</td><td colspan="6">놀잇감에 관심을 갖고 다양한 방법으로 탐색한다.</td></tr>
<tr><td>활동 유형</td><td colspan="6">① 등원: 영아의 옷차림에 대해 이야기해요.
② 간식: 뽀글뽀글 거품 내어 손을 씻어요.
③ 실내놀이: 상자 블록으로 놀이해요.
④ 전이 – 손유희 ‘앵두나무’</td></tr>
<tr><td>일과(시간)</td><td colspan="4">교사의 기대(계획)</td><td colspan="2">준비물 및 지도 사항</td></tr>
<tr><td>등원 및 통합보육 (7:30 ~9:00)</td><td colspan="4">• 선생님, 친구들과 인사를 나눈다.
▶ 영아의 옷차림에 대해 이야기하며 영아를 맞이한다.
– “○○이 오늘은 병아리가 그려져 있는 옷을 입고 왔구나.”
• 선생님과 함께 겉옷, 가방, 양말을 정리한다.
• 영아의 건강 상태 및 가정 전달 사항을 확인한다.</td><td colspan="2">• 엄마와 헤어지기 어려운 영아는 충분히 시간을 주고 기다려준다.</td></tr>
<tr><td>오전 간식 및 실내놀이 (9:00 ~11:00)</td><td colspan="4">◎ 메뉴: 참외
• 선생님 도움을 받아 손을 깨끗이 씻는다.
▶ 뽀글뽀글 거품 내어 손을 씻어요.
– “○○이가 꾹 눌러서 비누를 짜볼까? (선생님이 옆에서 손을 닦으며) 이렇게 손바닥을 비벼볼까? 이번에는 손등도 비벼보자. 비비니까 뽀글뽀글 거품이 나는구나. 간질간질 손톱도 깨끗해졌네.”
• 자리에 앉아 즐겁게 간식을 먹는다.
• 선생님과 함께 간식 접시를 정리한다.</td><td colspan="2">• 준비물: 턱받이
• 비누를 혼자 짜기 어려운 영아는 교사가 잡아준다.
• 교사가 옆에서 함께 손동작을 보여주어 모방하여 구석구석 닦아보도록 격려한다.
• 영아가 먹기 좋은 크기인지 확인하고, 큰 것은 잘라준다.</td></tr>
</table>

	• 흥미 있는 놀잇감을 선택하여 자유롭게 놀이한다. ▶ 쌓기·역할: 상자 블록으로 놀이해요 • 상자블록을 다양한 방법으로 탐색하며 놀이한다. (상자 들기, 두드려보기, 상자에 들어가 보기, 쌓기, 늘어놓기, 상자 안에 상자 넣어보기 등) – "우와~○○이가 큰 상자를 들었구나." – "○○이는 상자에 들어갔네." – "○○이가 상자르 두드리니까 둥둥둥 소리가 나는구나." – "○○이는 상자 위에 상자를 올렸네. 우와 높아졌구나." – "어~ 상자 안에 상자가 쏘옥 들어갔네. 또 넣어볼 거야?"	• 준비물: 여러 가지 크기의 종이상자 • 영아가 다양한 방법으로 탐색할 수 있도록 격려한다. • 상자 모서리가 날카롭지 않은지 확인한다.
정리 및 기저귀 갈기 (11:00 ~11:10)	• 선생님과 함께 놀잇감을 제자리에 정리한다. • 영아의 요구에 따라 개별적으로 기저귀를 간다. • 양말을 신고 실외놀이 나갈 준비를 한다. ▶ 전이: 손 유희–'앵두나무' • 실외 나가기 전에 노래를 부르며 모인다. • 앵두나무 가사에 영아의 이름을 넣어 불러주며 차례로 이동한다.	• 준비물: 기저귀매트, 기저귀, 기저귀 갈이 용품 • 교사는 기저귀를 가기 전후, 다른 영아를 갈기 전에 손을 씻는다. • 실외놀이 갈 준비가 된 영아는 이동 전 손유희를 하며 모인다.
바깥놀이 (대체) (11:10 ~11:50)	• 흥미 있는 놀잇감을 선택하여 자유롭게 놀이한다. – 미끄럼틀 타기 – 꽃밭에 물주기 • 놀잇감과 신발을 정리한다.	• 준비물: 미끄럼틀, 물 조리개 • 미끄럼틀 탈 때 부딪히지 않도록 주의한다.
점심 및 이 닦기 (11:50 ~1:10)	◎ 메뉴: 흑미밥, 미역국, 삼치 조림, 구이 김, 깍두기 • 선생님 도움을 받아 손을 씻는다. • 턱받이를 하고 자리에 앉아 점심을 먹는다. – "ㅇㅇ이는 어떤 턱받이를 하고 먹을까?" – "오늘은 미역국이 나왔네. 먹어볼까? 미끌미끌하구나." • 선생님 도움을 받아 이를 닦는다. – "ㅇㅇ이는 무슨 맛 치약으로 닦아볼까?" – "아~해볼까? 어금니도 쓱싹쓱싹~" – "ㅇㅇ이가 움직여보자 쓱싹쓱싹~ 깨끗해졌네."	• 준비물: 턱받이 • 국은 미리 식혀 놓도록 한다. • 반찬을 먹기 힘들어하는 영아는 작게 잘라주어 조금씩 먹어보도록 격려한다.

② 일일 보육계획안

일일 보육활동을 계획할 때는 등원, 교실 환경 구성, 일상생활지도, 실내외 보육활동 계획 및 실행, 하원 등 보육교사의 모든 하루 동안의 역할을 충실히 해낼 수 있도록 실습 지도교사와 사전 협의가 필요하다.

일일보육실습계획안을 작성할 때는 우선 주제와 놀이흐름을 고려하여 영유아의 전 후 경험이나 놀이의 맥락이 연계되도록 계획하고 놀이, 활동, 일상생활 등의 보육활동은 각각의 계획안을 함께 첨부한다. 또한 일과운영은 평상시 일과에 맞추어 일관성 있게 계획하고 배변 및 손 씻기, 간식·식사 지도, 정리정돈, 이 닦기, 낮잠지도와 같은 일상생활에서 상호작용할 내용이나 지도 방법을 서술한다. 아울러 특별한 상황이나 날씨변화에 대비하여 대체활동을 준비하여 융통성 있게 진행될 수 있도록 한다. 다음은 만 4세 일일 보육계획안 예시이다.

〈표 5-13〉 만 4세 일일 보육계획안 예시

<table>
<tr><th colspan="6">일일 보육계획안</th></tr>
<tr><td>반명(연령)</td><td>만 4세 (하늘반)</td><td rowspan="2">결
재</td><td>실습생</td><td>지도교사</td><td>원장</td></tr>
<tr><td>날짜</td><td>2020년 7월 23일 목요일</td><td></td><td></td><td></td></tr>
<tr><td>주제</td><td colspan="5">여름 이야기</td></tr>
<tr><td>일과
시간표</td><td colspan="5">• 7:30~ 9:00 등원 및 통합보육 - 오늘의 날씨 이야기하며 인사하기
• 9:00~12:00 오전 간식, 실내놀이 - 페트병, 종이팩으로 물 놀잇감 만들기
• 12:00~1:00 화장실 및 점심
• 1:00~1:15 활동-이야기 나누기: 휴식이 필요할 때가 있어요
• 1:15~2:15 바깥놀이 - 물에 뜨는 놀잇감으로 놀이하기
• 2:15~2:30 정리 및 화장실
• 2:30~3:30 낮잠 및 휴식
• 3:30~4:00 오후 간식
• 4:00~7:30 통합보육 및 귀가</td></tr>
<tr><td>일과(시간)</td><td colspan="2">교사의 기대(계획)</td><td colspan="2">준비물</td><td>유의점</td></tr>
<tr><td>등원 및
통합보육
(7:30
~9:00)</td><td colspan="2">▶등원: 오늘의 날씨 이야기하며 인사하기
- "오늘 어린이집 오는 길에 날씨가 어땠니?"
• 선생님, 친구들과 반갑게 인사하기
• 원아 수첩을 꺼내 오늘 날짜에 스티커를 붙인다.
• 서랍장에 가방을 정리한다.
• 흥미에 따라 자유롭게 놀이한다.</td><td colspan="2">원아 수첩</td><td>• 오늘의 날짜를 미리 바꿔 놓는다.</td></tr>
</table>

오전 간식/ 실내놀이 (9:00 ~12:00)	◎ 메뉴: 수박 • 손실내놀이 중 정해진 시간 내에 자유롭게 간식을 먹는다. • 다 먹은 후 접시와 주변을 정리한다. ▶ 페트병, 종이팩으로 물 놀잇감 만들기 〈유아 예상 놀이〉 • 여러 가지 모양과 형태로 물 놀잇감 만들기 (예: 물에 뜨는 배, 물 분수, 물안경 등) 〈교사의 지원〉 • 유아가 물 놀잇감 만들기에 흥미를 보이면 경험에 대해 이야기 나눈다. – "물놀이를 했던 적이 있니? 무엇을 가지고 놀았니?" – "이것을 이용하여 무엇을 만들 수 있을까?" • 유아들이 만드는 모습을 관찰하며 도움을 준다. – "무엇으로 붙이면 잘 붙을까?" • 유아들이 만든 놀잇감을 소개하도록 한다. – "ㅇㅇ이는 페트병으로 무엇을 만들었니? 어떻게 만들었니?" – "ㅇㅇ이는 페트병 밑과 옆에 구멍을 내어서 재미있는 놀잇감을 만들었구나."	손 세정제, 핸드 타올, 간식 접시, 집게, 식기 도구 다양한 크기와 모양을 페트병, 우유팩, 물병약통, 꾸미기 재료(셀로판지, 시트지, 빵 끈, 스팽글, 빨대, 수수깡 등), 가위, 풀, 테이프, 그림 자료(다양한 모양의 배, 페트병 분수) 등	 • 페트병에 구멍을 뚫거나 자르기를 할 때 손이 다치지 않도록 유의한다. • 유아의 흥미에 따라 다른 놀잇감을 만드는 것도 허용한다.
화장실 및 점심 (12:00 ~1:00)	◎ 메뉴: 돈육 짜장덮밥, 팽이버섯 맑은국, 시금치나물, 요거트 푸팅, 배추김치 • 손을 깨끗이 씻는다. • 식판에 점심을 받아 친구들과 맛있게 먹는다. • 다 먹은 후 식판과 주변을 정리한다. • 자신의 칫솔과 양치 컵을 찾아 양치질을 한다. – "ㅇㅇ아 어금니 안쪽도 닦아 볼까?" – "ㅇㅇ이가 골고루 잘 닦고 있구나."	식판, 식기 도구, 유아개별 칫솔 및 치약, 양치	• 국은 미리 식혀두고 교사가 배식해 주도록 한다. • 일찍 먹은 유아는 조용한 놀이를 하며 기다리도록 한다. • 양치 후에는 세척하여 칫솔모가 닿지 않도록 말린다.

활동 (1:00 ~1:15)	▶ 이야기 나누기: 휴식이 필요할 때가 있어요 • 목표 – 휴식이 필요한 상황에 대해 안다. – 나의 생각과 느낌을 말로 표현한다. • 누리과정 – 신체운동 · 건강〉 건강하게 생활하기〉 하루 일과에서 적당한 휴식을 취한다. – 의사소통〉 듣기와 말하기〉 자신의 경험, 느낌, 생각을 말한다. • 바깥놀이 했던 경험을 이야기 나눈다. – "ㅇㅇ이는 어제 바깥놀이 갔을 때 날씨가 어땠니?" – "신나게 뛰어 놀고 나면 우리 몸은 어떨까?" • 그림 자료를 보며 이야기 나눈다. – "(더운 날씨에 힘들어 하는 그림) 어떤 그림 같니?" – "더운 날씨에 오래 놀면 어떨까?" – "많이 덥고 힘들 때는 어떻게 하면 좋을까?" • 휴식 할 수 있는 방법에 대해 이야기나눈다. – "바깥놀이를 하다가 힘들면 어떤 방법으로 휴식을 취할 수 있을까?"	그림 자료 (더운 날씨에 힘들어하는 모습, 다양한 방법으로 휴식을 취하는 모습)	• 유아의 경험에 따라 스스로 휴식할 수 있는 방법을 이야기해 볼 수 있도록 격려한다.
바깥놀이 (1:15 ~2:15)	▶ 물에 뜨는 놀잇감으로 놀이하기 • 오전 실내놀이에 페트병으로 만든 놀잇감을 물에 띄어 본다. • 물과 놀잇감을 이용하여 다양한 놀이를 한다.	페트병으로 만든 놀잇감, 물에 뜨는 놀잇감	• 더운 유아는 그늘에서 휴식을 취할 수 있도록 한다. • 물을 준비하여 놀이 중 마실 수 있도록 한다.
정리 및 화장실 (2:15 ~2:30)	• 정리 5분 전에 미리 알려 준다. • 놀잇감을 제자리에 정리한다. • 화장실에서 용변을 본 후 손을 깨끗이 씻는다.	손 세정제, 핸드 타올	• 낮잠 전 소변을 볼 수 있도록 안내한다.
낮잠 및 휴식 (2:30 ~3:30)	• 개별 베개와 이불에 눕는다. • 편안한 음악을 들으며 낮잠 및 휴식을 취한다. • 자신의 이불과 베개를 정리한다.	개인 베개, 이불, 조용한 음악	• 낮잠을 자지 않는 유아는 휴식 후 조용한 놀이를 할 수 있도록 한다.

오후 간식 (3:30 ~4:00)	◎ 메뉴: 절편 & 우유 • 화장실에 다녀와서 손을 깨끗이 씻는다. • 간식을 받아 친구들과 맛있게 먹는다. • 다 먹은 후 접시와 주변을 정리한다.	손 세정제, 핸드 타올, 간식 접시, 집게, 식기 도구	• 절편(떡)을 먹기 좋은 크기로 잘라준다.
통합보육 및 귀가 (4:00 ~6:00)	• 자신의 물건을 챙겨서 통합보육반으로 이동한다. • 자유롭게 놀이하며 부모님이 오시면 귀가한다. • 선생님, 친구들과 인사를 한다.		• 원아 수첩 및 가방 등 자신의 물건을 잘 챙겨서 귀가하도록 한다.

5) 5주차 보육실습

5주차에는 일과 중 반나절 또는 종일을 주 교사로서 보육활동을 계획하고 실행하게 된다. 하나의 보육활동 계획 및 실행에서부터 종일 보육활동에 이르기까지 조금씩 확대되는 실습과정에서 반일과 종일 실습(all day)이라 불리는 일일 보육실습은 실제 보육교사로서의 역할을 경험하는 보육실습의 하이라이트가 된다. 또한 마지막 주차인 6주차의 최종 보육실습 평가를 준비하고 그동안의 보육실습 일지를 정돈한다.

주	실습 주요 내용
5주	① 반일(일일) 보육활동 실행 및 평가 ② 5주차 관찰 및 보육실습일지 작성에 대한 지도교사의 조언받기 ※ 상시: 일과운영 및 놀이 관찰 / 보육환경 관찰 / 영유아-보육교사 상호작용 관찰

(1) 반일(일일) 보육활동 실행 및 평가

다음은 4주차에 계획한 일일 보육계획안을 진행한 후 평가를 작성한 사례이다.

〈표 5-14〉 일일 보육계획안 진행 및 평가

실습생 소감	오늘 일일 보육활동을 진행했다. 계획했던 것만큼 하루 일과와 놀이가 안정적으로 이루어지지 못한 것 같아 아쉬움이 많이 남는다. 간식 및 점심시간에 유아들과 개별적인 상호작용을 하고 싶었으나 정리하기에 바빴고, 놀이 시간에도 계획했던 예상 놀이와 다른 유아들의 놀이가 같이 펼쳐지면서 당황스러웠다. 그동안 일과운영에서 선생님과 유아의 상호작용을 계속 관찰하였고, 놀이와 연계활동을 진행하면서 조금은 숙련이 되었다고 생각했는데, 계획과 다른 새로운 놀이가 진행되었을 때 당황하지 않고 대처하는 면이 매우 부족함을 느꼈다. 다행히 모양이 다른 여러 개의 페트병이 준비되어 이를 활용하여 여러 가지 실험을 하며 놀이하는 유아들의 모습을 보며 안심이 되었다. 유아들의 흥미에 맞는 놀이를 계획하면서 자료를 풍부하게 준비해야 함을 실감하였고, 새로운 놀이가 전개될 때 유아들의 흥미를 따라가며 상호작용하는 능력을 키워야겠다고 생각했다. 가장 어려웠던 것 중의 하나는 페트병과 물을 이용하여 놀이하는 유아들의 질문에 대한 피드백을 해 주면서 한편으로 이 놀이에 참여하지 않고 다른 놀이를 하는 유아들에게 관심을 보이며 상호작용을 하는 것이었다. 20명의 유아들의 욕구에 맞게 상호작용하는 것이 매우 어려웠다. 늘 유아들과 자연스럽게 상호작용하는 교사가 너무 대단하게 느껴졌다. 전체적으로 하루 일과의 내용과 시간이 큰 무리 없이 적절하게 진행되어 다행이었다.
지도교사 조언	그동안 열심히 준비한 만큼 계획한 놀이에 흥미를 보이며 유아들의 놀이가 전개되기를 기대했을 거라 생각됩니다. 그런데 기대와는 다르게 이루어지는 유아들의 놀이에 당황하셨지만 준비한 재료의 다양함이 유아들의 놀이를 새로운 놀이로 전개하며 확장할 수 있게 하였습니다. 20명이나 되는 유아들과의 상호작용은 수년 동안 교사 역할을 하는 저도 쉽지는 않습니다. 유아들의 행동 관찰을 통해 개별적 특성을 이해하기에 가능한 것이지요. 보육교사로서 가장 중요한 것이 유아의 관찰이랍니다. 오늘 하루 수고 많으셨습니다.

TIP 반일(일일) 보육활동 실행 및 평가 작성

- 하루 일과가 영유아의 신체리듬과 특성, 요구를 고려하여 적절하게 계획, 실행되었는가?
- 일상생활은 영유아의 개별적 상황을 고려하였는가?
- 놀이와 활동, 일상생활이 어떻게 진행되었는가?
- 영유아가 흥미를 보인 놀이와 활동의 시작, 놀이 내용, 마무리는 어떠했는가?
- 활동 간의 연계가 적절히 이루어졌는가?
- 하루 일과의 내용과 시간 배정은 적절하였는가? 계획한 일과에서 영유아의 흥미나 날씨, 건강 상태 등의 이유로 변경된 부분은 없는가?
- 일과에서 교사의 지원이 적절하였는가?
- 하루 일과 진행 후 차후 보완해야 하는 것은 무엇인가?

6) 6주차 보육실습

6주차는 보육실습의 마지막 주차로서 1주차부터 진행되어 온 관찰 및 영유아 관찰 평가와 보육일지를 마감하며, 6주 동안의 최종 평가를 통해 실습을 종료한다. 실습생은 실습과정에서 어려움과 실수가 있었다고 하더라도 실습이 잘 마무리 될 수 있도록 최선의 노력을 다해야 하며 실습일지 관련 최종 서류를 꼼꼼히 챙겨서 정리한다. 또한 실습의 기회를 준 원장님과 교직원들에게 감사의 마음을 전하고 특히 지도교사에게 충분히 고마움을 표현한다. 아울러 6주 동안 함께 생활한 영유아에게도 사랑의 인사를 하고, 실습교사의 자리가 크게 느껴지지 않도록 지도교사와 영유아의 관계에 힘쓰면서 마무리를 해야 한다.

주	실습 주요 내용
6주	① 실습 최종 평가 – 자기 평가 – 기관 평가 ② 6주차 관찰 및 보육실습일지 작성에 대한 지도교사의 조언받기 ③ 보육실습 종료에 따른 서류 총정리 (보육실습일지 / 출근부 / 보육실습생 평가표 / 실습확인서) ※ 상시: 일과운영 및 놀이 관찰 / 보육환경 관찰 / 영유아–보육교사 상호작용 관찰

(1) 실습 최종 평가

① 자기 평가

보육실습생은 6주 실습을 마친 후 자기 평가를 통해 최종 마무리를 한다. 자기 평가는 저널, 실습 소감문, 실습 평가서, 체크리스트를 통한 평가 등으로 이루어진다. 실습 평가서는 보육실습 기간 전체를 되돌아보며 자신을 점검해 보고 보육교사로서 요구되는 태도, 자질, 역할, 능력 등을 평가하며, 평가척도에 의한 자기 평가는 평가 항목에 관한 세부 내용을 토대로 체크리스트를 통해 이루어진다. 그리고 앞으로의 보육실습을 위해 개선되거나 보완되었으면 하는 내용을 전체 평가 부분에 기록한다. 다음은 실습 소감문의 예이다.

예시 만 4세 반 실습 소감문

■ 한 달 동안 어떤 것을 배우셨나요?

유아들의 하루 일과운영이 어떻게 전개되는지를 알 수 있었고, 아동 중심의 놀이를 관찰하며 유아들의 흥미가 다양하게 전개되는 것을 알 수 있었습니다. 담임교사와 유아들과의 상호작용을 관찰하며 또래놀이 중 발생하는 유아들 간의 다툼과 갈등 상황에 대처하는 방법을 익힐 수 있었습니다.

■ 영아/유아들을 보육, 교육함에 있어 가장 중요한 것은 무엇이라고 생각하나요?

- 영아: 개별적인 발달의 차이를 많이 보이는 영아들의 모습을 보며 그에 적합한 개별적인 상호작용이 필요함을 알 수 있었습니다. 또한 분리 불안과 낯선 사람에 대한 안정적인 애착 형성을 위한 노력이 계속 이루어져야 하는 것도 알게 되었습니다.
- 유아: 유아들에게는 또래관계에서의 존중하는 상호작용과 규칙을 지키는 기본생활습관이 중요함을 깨닫게 되었습니다. 담임교사의 모습을 보면서 사소한 것까지도 배려하고 존중하는 것을 보며 교사의 태도가 중요한 학습 수단이 되는 것도 배우게 되었습니다.

■ 실습 전에 학교에서 또는 내가 준비해야 할 것이 있다면?

실습을 준비하면서 무엇보다 체력을 길러야겠다고 생각하였습니다. 열심히 하고 싶은데 몸이 아파서 할 수 없는 상황이 있었습니다. 그리고 영유아와 상호작용을 위해 담당 반의 영유아 발달 특성에 대한 사전 지식과 놀이에 대한 이해가 필요하다고 생각합니다. 학교에서 배운 지식을 다시 한 번 익히고 실습에 임한다면 훨씬 도움이 될 것입니다.

〈표 5-15〉 보육실습 자기 평가 양식의 예

<table>
<tr><th colspan="4">실습 후 평가서 양식 ①</th></tr>
<tr><td>이름</td><td></td><td>학교명 전공</td><td></td></tr>
<tr><td>담당 반</td><td>연령: 반명:</td><td>실습 기간</td><td></td></tr>
<tr><td colspan="4">■ 실습 기간 동안 수고 많이 하셨습니다.
■ 실습을 하며 마무리 평가를 해 주세요.</td></tr>
<tr><td colspan="4">• 실습 기간 동안 어떤 것을 배우셨나요?
• 가장 기억에 남는 일이 있다면?
• 영아/유아들을 보육, 교육함에 있어 가장 중요한 것은 무엇이고 생각하나요?
– 영아 :
– 유아 :
• 실습 전에 학교에서 또는 내가 준비해야 할 것이 있다면?
• 실습 기간 동안 지내면서 'ㅇㅇ어린이집에 하고 싶은 이야기'가 있으면 적어 주세요.</td></tr>
</table>

출처: 구립 ㅇㅇ 어린이집.

<table>
<tr><th colspan="4">실습 후 평가서 양식 ②</th></tr>
<tr><td>이름</td><td></td><td>학교명 전공</td><td></td></tr>
<tr><td>담당 반</td><td>연령:
반명:</td><td>실습 기간</td><td></td></tr>
<tr><td colspan="4">■ 실습 기간 동안 수고 많이 하셨습니다.
■ 실습을 자유롭게 평가해 주세요.</td></tr>
<tr><td colspan="4"></td></tr>
</table>

출처: ㅇㅇㅇ 어린이집.

② 기관 평가

어린이집에서는 최종 평가 양식에 따라 평가를 한 후 밀봉하여 보육교사 양성 기관에 보낸다. 보육실습생은 처음부터 최종 평가 양식을 숙지하여 보다 명확한 실습 기준을 알고 실습을 참여하는 것이 큰 도움이 된다.

6주 동안 진행된 실습생의 평가 영역은 100점 만점으로 먼저 근무 사항, 태도, 자질, 관계 형성 등을 살펴보는 근무 태도와 자질이 20점, 보육활동 계획과 실행에 따른 평가가 30점, 영유아 행동 및 놀이 관찰, 보육환경 관찰, 보육일과 진행 보조와 일상생활 지도, 영유아 상호작용과 놀이 참여 등의 예비보육교사로서 역할 수행이 30점, 보육실습일지 작성이 10점, 마지막으로 실습 기간 동안 예비보육교사로서 향상 정도를 평가하는 총평이 10점으로 구성되어 있다. 보육실습생은 이러한 평가 영역을 잘 숙지하고 최선을 다해 모든 영역에서 좋은 평가를 받을 수 있도록 노력해야 한다.

■ ■ 6장 들어가며…

보육실습을 성공적으로 운영하려면 최종적인 평가의 과정을 세밀하게 준비해야 한다. 일반적으로 평가를 보육실습의 마지막 단계로 생각하지만 사실상 보육실습의 목적과 목표 설정, 보육실습의 계획과 운영, 보육실습 평가 단계마다 평가활동은 지속적으로 이루어지고 있다. 평가는 실습생들이 양성교육 기관에서 이미 습득한 지식, 기술, 태도를 보육현장에 얼마나 적용할 수 있는지를 객관적으로 파악하기 위한 활동이다. 이러한 평가는 실습생들에게 보육교사에 대한 기본 자질과 역할을 미리 확인하는 기회를 제공함과 동시에, 영유아 보육의 역량을 증진할 수 있게 해 준다. 보육실습 담당교수는 보육현장을 방문하여 실습의 과정을 지도 관리하며, 실습생들은 반성적인 사고를 통해 성공적이고 효과적인 보육실습을 수행할 수 있다.

6장

보육실습의 평가

1. 보육실습 평가 목적

보육실습 평가는 대상자에 따라서 세 가지 입장에서 접근할 수 있다. 첫째, 실습 담당교수의 입장에서, 실습생으로서 학생의 보육실습 수행 정도를 파악하는 기능이 있다. 둘째, 학생에게는 보육교사의 전문성 확보를 위해, 그리고 필수적으로 이수해야 하는 교과인 동시에 자신의 보육 역량에 대한 이해를 높이는 자기평가의 기능이 있다. 셋째, 보육실습 기관의 원장 입장에서는 보육실습의 수행 정도를 파악할 수 있는 실습생 관리의 기능이 있으며, 실습 지도교사는 실습생이 매일 어떠한 태도로 실습에 임하는지, 어떻게 준비하여 일일 보육을 실천하는지를 지켜보며 구체적이고 실제적인 지도를 해 줄 수 있다.

한국보육진흥원(2017)에서는 보육실습 평가의 목적과 목표를 다음과 같이 제시한다.

1) 보육실습 평가의 목적

- 이론과 실습을 겸비하여 영유아에 대한 심화된 이해를 돕는다.
- 보육실습의 진행 정도를 파악하여 실습의 질을 진단한다.
- 실습생의 보육 역량을 강화하여 전문성을 확보한다.
- 예비보육교사의 발전과정을 이해하여 반성적 사고를 촉진한다.
- 보육교사의 역할 수행에 대해 긍정적 태도를 기른다.

2) 보육실습 평가의 목표

- 보육실습의 목표 달성 여부를 확인한다.
- 실습생의 보육실습 성취도를 구체화한다.
- 실습생에게 보육교사로서의 향후 진로에 도움을 준다.
- 실습생에게 보육교사로서의 역량 여부에 대한 자기 이해를 돕는다.
- 보육실습 결과를 확인하여 보완점을 파악한다.
- 국가자격증 부여의 조건인 학과목 이수 인정의 근거 자료가 된다.

2. 보육실습 평가 내용

보육실습을 성공적으로 운영하려면 최종적인 평가의 과정을 세밀하게 준비해야 한다. 일반적으로 평가를 보육실습의 마지막 단계로 생각하지만 사실상 보육실습의 목적과 목표 설정, 보육실습의 계획과 운영, 보육실습 평가 단계마다 평가활동은 지속적으로 이루어지고 있다. 평가는 학생들이 보육교사 양성교육 기관에서 이미 습득한 지식, 기술, 태도를 보육현장에 얼마나 적용할 수 있는지를 객관적으로 파악하기 위한 활동이다. 이러한 평가는 학생들에게 보육교사에 대한 기본 자질과 역할을 미리 확인하는 기회를 제공함과 동시에, 영유아 보육의 역량을 증진할 수 있게 해 준다. 보육실습 담당교수는 보육현장을 방문하여 실습의 과정을 지도 관리하며, 학생들은 반성적인 사고를 통해 성공적이고 효과적인 보육실습을 수행할 수 있다. 한국보육진흥원(2017)에서 제시한 보육실습 평가를 위한 준비 사항은 다음과 같다.

〈표 6-1〉 보육실습 평가 준비 사항

구분	교수 및 양성교육 기관	보육실습생(학생)
내용	• 보육실습 기관과의 유기적 협조 • 보육실습 기관 공문 제출 • 보육실습 서류 목록 제공 • 보육실습일지 양식 개발 • 실습 평가회의 개최 및 주도 • 보육실습 기관 방문 • 보육실습 기관 원장과의 협의 • 보육실습 기관 방문결과 보고서 작성	• 보육실습일지 작성과 제출 • 보육계획안 작성 • 실습 지도교사의 피드백 수렴 • 실습 평가회의 참석 • 실습 지도교사와의 지속적 협의 • 실습 전반에 대한 반성적 사고
서류 준비물	• 보육실습일지 양식 • 보육실습 요청 공문 • 보육실습 평가서 • 보육실습 기관 방문 계획서 • 보육실습 기관 방문결과 보고서	• 보육실습일지와 보육계획안 • 보육실습 자기 평가표

또한 보육실습 기관의 교직원은 실습생이 보육현장에서 수행하는 실습의 과정을 지도 관리하며, 실습생은 반성적인 사고를 통해 성공적이고 효과적인 보육실습을 수행할 수 있다. 한국보육진흥원(2017)이 제시한 보육실습 평가와 관련한 역할을 정리하면 다음과 같다.

〈표 6-2〉 보육실습 기관에서 평가에 대한 역할 분담표

구분	보육실습생	지도교사	원장
내용	• 성실한 실습 태도 • 보육교사 직무 이해 • 계획안과 보육실습일지 작성과 수행 • 질적 상호작용 실습 • 교재·교구 제작 • 보육환경 구성	• 실습생 태도 관찰 • 실습 단계별 지도 • 보육계획안 수정 • 실습생활동 평가 • 보육실습 결과 보고서 작성	• 보육실습 방향 제시 • 보육실습 과정 관리 • 지도교사와 실습생 심리적·행정적 지원 • 보육실습 전체 평가
서류 준비물	• 보육실습일지 • 일일/반일 보육계획안 • 보육계획안 • 교재·교구제작서 • 보육실습 자기 평가표	• 보육실습일지 • 출근부 • 보육계획안 • 보육실습평가서	• 보육실습일지 • 출근부 • 보육실습 확인서 • 보육실습 평가서

3. 보육실습 평가 방법

1) 보육실습생의 자기 평가

실습생은 6주 동안 보육실습 기관의 원장이나 지도교사에게 지속적으로 평가를 받는다. 또한 실습생은 실습을 통해 평가의 대상이기도 하면서 자신을 스스로 평가해 볼 수 있는 기회를 갖기도 한다. 실습생이 스스로 하는 자기 평가는 보육실습의 과정과 결과에 기초하여 자신을 객관적으로 평가하는 것이며, 보육교사로서 특별히 요구되는 태도, 자질, 역할, 능력 면에서 자신을 파악할 수 있다. 보육실습의 주체는 실습생 자신이므로 이러한 실습의 기회가 자신의 역량을 발견하는 데 도움을 주는 중요한 계기로 삼아야 한다. 그러므로 항상 연구하는 자세로 보육실습에 임해야 하고 실습을 완료하는 단계에 이르면 자신을 스스로 평가하고 진단하는 시간이 반드시 필요하다. 자기 평가의 결과에 기초하여 추후 자신에게

부족한 점을 이론과 실제 교과목 수강을 통해 향상시킬 수 있고, 가능하다면 다양한 현장에서 여러 경험을 추가하여 성공적인 보육교사로서의 진로에 한걸음 더 나아갈 수 있다. 보육실습생은 보육실습의 과정과 결과를 다음과 같은 다양한 방법으로 평가해 볼 수 있다(한국보육진흥원, 2017).

- 보육실습 종료 후 보육실습 소감문 기록
- 보육실습일지상에서 매일의 자기 평가 작성 기록(〈표 6-3〉 참조)
- 보육실습 자기 평가표 체크(〈표 6-4〉 참조)

〈표 6-3〉 보육실습일지상 매일의 자기 평가 작성 예시

<table>
<tr><td>16:00~17:30
오후
실내외 놀이</td><td>– 언어 영역: 울퉁불퉁 종이에 끼적여요.
– 감각 · 탐색 영역: 누구의 기저귀일까요?
– 역할 · 쌓기 영역 : 밀가루 반죽에 빨대를 꽂아요.

• 오후 실외 자유놀이
– 유희실에서 놀이를 한다.</td><td>그 위에 투명 비닐을 덮어 게시하자 영아들이 함께 작품을 공유하며 자신들이 한 활동에 대한 만족감을 나타냈다.</td></tr>
<tr><td>17:30~19:00
귀가 및
가정과의 연계</td><td>영아는 통합보육실에 가서 놀이를 하다 부모님이 오시면 통합 보육 선생님께 인사를 하고 귀가한다.</td><td></td></tr>
<tr><td>실습생 평가</td><td colspan="2">실외놀이에서 정리 후 실내로 이동할 때 단순히 정리하는 것이 아니라 놀이로 연결하여 활동을 진행함으로써 영아들이 정리와 자신의 신변을 처리하는 것을 즐겁게 참여하였다. 일상적인 하루 일과를 진행하면서도 영아의 개별적 발달을 고려하여 관심과 흥미에 적절히 반응하여 기본생활습관 지도로 연결하는 것을 배울 수 있었다.
한 영역에 오래 머물지 못하는 영아의 특성을 고려하여 영역 간 연계할 수 있는 활동을 진행함으로써 안정적인 교실 운영을 경험하였다.</td></tr>
<tr><td>지도교사
조언 및 평가</td><td colspan="2">영아에게 하루 일과의 흐름을 활동 중심으로 나누어 진행하는 것보다 개별적인 흥미나 발달 수준을 고려하여 진행하는 것이 적절합니다. 따라서 놀이 후 정리도 개별적인 놀이가 끝난 후에 자연스럽게 이루어져야 하며, 영역 간의 구분을 나누어 놀이하기보다 자연스럽게 흥미를 나타내면 놀이의 흐름을 지속적으로 영역 간 연계하여 이루어지도록 계획하는 것이 중요합니다.</td></tr>
</table>

〈표 6-4〉 평가척도에 의한 자기 평가표 체크리스트 예시

보육실습생 자기 평가표

보육실습생: ○○○

평가 요령	1–매우 그렇지 않다 2–그렇지 않다 3–보통이다 4–그렇다 5–매우 그렇다					
평가 영역	평 가 항 목	척도				
		1	2	3	4	5
근무 태도	근무 시간을 잘 지켰는가?					V
	보육실습일지, 보육계획안, 과제 등을 기간 내에 제출하였는가?				V	
보육교사 자질	보육교사에 대한 긍정적인 신념을 지니고 있었는가?					V
	영유아에 대해 민감하고 존중하는 태도를 지녔는가?				V	
	용모, 복장이 단정하고 언행이 바람직했는가?					V
보육활동 지도 능력	보육활동 지도 내용에 대해 이해를 잘하고 있었는가?				V	
	준비성이 있었고 계획을 잘 하였는가?					V
	영유아 중심적이고 자율적 분위기에서 활동을 진행하였는가?					V
	영유아가 스스로 탐색하고 호기심을 발휘하도록 동기 유발을 적절히 하였는가?					V
	영유아의 기본생활습관이 향상되도록 적절한 상황에서 영유아의 수준에 맞는 지도를 하였는가?					V
	활동 자료 제시가 적절하고 융통적이었나?				V	
	영유아와의 상호작용은 질적으로 우수하고 효과적이었는가?				V	
	보육실에서의 행동이나 활동 진행, 놀이 참여가 적극적이고 융통적이었는가?				V	
	영유아를 지도함에 있어 자신 있게 임하였는가?				V	
	영유아의 활동에 대한 관찰이나 평가가 적절하였는가?			V		

<table>
<tr><th rowspan="2">평가 영역</th><th rowspan="2">평 가 항 목</th><th colspan="5">척도</th></tr>
<tr><th>1</th><th>2</th><th>3</th><th>4</th><th>5</th></tr>
<tr><td rowspan="3">연구
조사
활동</td><td>관찰활동과 활동 계획에 대한 연구를 충실히 하였는가?</td><td></td><td></td><td></td><td>V</td><td></td></tr>
<tr><td>보육교사의 역할과 직무에 대한 제반 사항을 스스로 알려고 노력하였는가?</td><td></td><td></td><td></td><td></td><td>V</td></tr>
<tr><td>알고 있는 이론을 적절히 보육현장에 적용한 후, 이를 다시 이론적으로 검토하고자 애를 썼는가?</td><td></td><td></td><td></td><td></td><td>V</td></tr>
<tr><td rowspan="2">학급 경영
및
사무 처리
능력</td><td>보육실을 합리적으로 운영하고자 하는 노력을 다하였는가?</td><td></td><td></td><td></td><td></td><td>V</td></tr>
<tr><td>보육실습 지도교사의 제반 지시 및 사무 처리 사항을 기간 내에 성실히 수행하였는가?</td><td></td><td></td><td></td><td></td><td>V</td></tr>
<tr><td colspan="2">합계</td><td colspan="5">86</td></tr>
<tr><td>전체 평가</td><td colspan="6">실습을 마무리하면서 처음 시작할 때의 계획을 돌아보며 아쉬움이 많이 남는다. 하루 일과운영에서 충실하게 하려고 했으나 순간순간 일어나는 아이들의 행동에 적절하게 반응해 주는 것은 쉽지 않았다. 영유아와의 긍정적인 상호작용과 놀이 환경을 풍성하게 해 주기 위해 더 많이 배워야 함을 절실히 깨달았다. 어린이집 교사로서의 역할이 어떤 것인지를 경험할 수 있는 값진 시간이었다.</td></tr>
</table>

보육실습 자기 평가표의 평가 기준은 매우 그렇다(5점), 그렇다(4점), 보통이다(3점), 그렇지 않다(2점), 매우 그렇지 않다(1점) 순이다. 자기 평가표 작성 시에는 다음의 사항을 고려한다.

- 자기 평가표는 자기반성을 위한 평가이기 때문에 자기 행동을 가능한 한 객관적으로 평가해야 한다.
- 자기 평가표는 장래 교사 생활의 반성 자료로 활용할 수 있다.

보육실습의 주체는 실습생 자신이므로 실습생은 보육실습을 통하여 본인의 능력과 자질을 발견하고 진로를 결정하는 중요한 계기로 삼아야 한다. 그러므로 실습생은 연구하는 자세로 보육실습에 임해야 하고 보육실습을 완료하는 단계에서 스스로를 평가하고 진단하는 것이 필요하다. 즉, 실습생의 자기 평가는 자기반성의 시간일 뿐 아니라 더 나은 보육교사 생활을 설계하기 위한 과정이다.

2) 보육실습 기관의 평가

보육현장 실습 중 보육실습생에 대한 평가는 실습 지도교사와 실습 기관의 장(원장)에게 부여한다. 특히 원장은 실습생과 실습 지도교사의 보육실습 지도에 대해 객관적 평가를 하고 바람직한 보육실습의 방향을 제시한다.

보육실습 기관의 원장은 실습 지도가 적합하게 이루어지고 있는지 실습의 전 과정을 관리 및 감독하고, 실습 지도교사가 열의를 가지고 실습생을 지도할 수 있도록 지도교사를 지지해 주며 업무상 어려운 점을 파악하여 조언해 준다. 그리고 보육실습일지 점검이나 실습생과의 면담을 통해 실습생의 어려움을 경청하고 해결 방안을 찾도록 도와준다. 이때 실습 지도교사와의 협의를 통해 실습에 대해 전반적인 평가를 원장이 한다.

반면에, 실습 지도교사의 평가는 실습생의 행동과 태도를 관찰하여 기록 및 평가하고 예비보육교사로서의 역할 수행을 잘할 수 있도록 지도한다. 특히 실습생의 바른 언어 사용, 자세와 태도, 성실성, 책임감 등을 관찰하여 미숙한 점과 부족한 점을 평가하고 성심껏 조언하고, 실습생의 보육계획안을 검토하여 교사로서의 전문성 향상에 초점을 맞추어 구체적으로 제안해 준다. 보육실습을 진행하는 동안 실습 지도교사는 실습생이 직접 작성한 자료와 보육실습일지 등을 세심하게 검토하여 타당하고 신뢰성 있는 평가를 실시한다. 그리고 실습생의 보육활동 실습에 대해 계획 및 준비부터 결과까지 구체적인 평가를 시행한다. 지도교사의 객관적인 평가를 통해 실습생의 자기반성적 사고에 도움을 줄 수 있는 합리적인 평가가 이루어지도록 한다. 이를 위해 보육실습을 시작할 때부터 마칠 때까지 다양한 영역을 포함하여 꾸준하고 지속적인 평가가 이루어져야 하며, 지도교사는 보육실습 평가서를 객관적으로 정확히 작성해야 한다.

보육실습생을 체계적으로 평가하기 위해서 실습의 모든 과정에 대한 평가가 이루어져야 하며 실습생과 실습 지도교사가 평가 방법 및 평가 내용에 대해 동의하였을 때, 보육실습이 가장 큰 효과를 거둘 것이다. 실습생이 보육실습을 통해 예비보육교사로서의 역할 수행에 얼마나 친숙해졌고 직무에 적응하였는지에 초점을 맞추어 평가하도록 한다.

보육실습 기관에서는 실습 기간 동안 실습생을 주의 깊게 지속적으로 관찰하며 사실을 정확히 기록하고, 평가 기록 내용을 보관한다. 그리고 보관한 평가 자료를 충실히 검토하여 신뢰성과 타당성을 가진 평가를 한다. 인간적인 감정 및 개인적 느낌에 근거하여 평가하지 않도록 주의하며 공정하고 객관적인 기준에 따라 평가하되, 보육실습을 시작할 때부터 마치는 순간까지 지속적으로 평가가 이루어지도록 하며, 공정하고 객관적인 기준에 따라 평가한다. 무엇보다 보육실습 평가를 빌미로 교재·교구를 더 만들게 하거나 보육실습 이외의 기간에 출근하여 행사를 돕도록 하는 등 평가를 잘못 이용하지 않도록 해야 한다. 또한 보육교사 양성기관의 지도교수가 실습 기관을 방문할 시, 실습생에 대한 전반적인 평가 의견을 안내하여 양성교육 기관의 예비보육교사 교육에 기초 자료를 제공할 수 있도록 협조해야 한다.

보육실습의 평가서는 한국보육진흥원(2017)이 제시한 평가의 영역과 내용에 따른 배점표인 〈표 6-5〉에 기준하여 공정성과 형평성, 객관성을 유지하면서 엄정하게 진행해야 한다. 실습 지도교사 개인이 평가하는 영역은 실습생이 제출한 객관적인 자료와 실습의 수행 정도에 기초하여 신뢰롭고 타당한 평가가 되도록 한다.

보육실습 기관에서는 실습이 종료되는 날, 보육실습 평가서와 보육실습 확인서(〈표 6-6〉 참조)를 출력하여 평가를 마무리한다.

〈표 6-5〉 보육실습 평가서(실습결과 보고서)

보육실습 평가서

- 성 명 :
- 주민등록번호 :
- 보육실습 기관명:
- 보육실습 기간: 2020년 월 일 ~ 2020년 월 일

평가 영역	평가 항목		배점	점수
근무 태도와 자질 (20점)	근무 사항	• 출석, 결석, 지각, 조퇴 등	5	
	태도	• 성실성, 근면성, 친절, 적극성, 복장 및 용모, 예절	5	
	자질	• 영유아 존중, 책임감, 인성, 열의	5	
	관계 형성	• 실습 지도교사와의 관계 • 동료 실습생과의 관계	5	
보육활동 계획과 실행 (30점)	보육활동 계획	• 영역별, 반일(일일) 보육활동 계획의 적합성과 충실한 준비	15	
	보육활동 실행	• 영역별, 반일(일일) 보육활동의 효과적이고 적절한 실행 정도	15	
예비보육 교사로서 역할 수행(30점)	• 영유아 행동 및 놀이 관찰, 보육환경 관찰		5	
	• 보육일과 진행 보조와 일상생활 지도		10	
	• 영유아 상호작용과 놀이 참여		15	
보육실습일지 작성(10점)	• 구체적이고 충실한 보육실습일지 작성과 일일 자기 평가 및 지도교사 평가 반영		10	
총평(10점)	• 실습 기간 동안 예비보육교사로서 향상 정도		10	
총 점			100	

2020년 월 일

보육실습 지도교사: (인)
어린이집 원 장: (인)

※ 보육실습 평가서는 보육실습 기관장이 작성하여 보육실습생에게 밀봉하여 주거나, 양성교육 기관(대학)으로 직접 우편 발송하면 된다.

〈표 6-6〉 보육실습 확인서

보 육 실 습 확 인 서

1. 실습 이수자 기본사항

이 름	주민등록번호	<1> 양성교육기관명
김영희	810229-2222222	~~한국대학교~~ ○○○ 대학교

〈1〉 양성교육 기관명 '○○○대학교' 기재

2. 실습기관

실습기관명	한국어린이집	실습기관 보육정원	56
기관종류	국공립	최초인가일	2007.04.21
평가인증 유지기간	2013-09-01~2019-09-14	연락처	02-2222-3333
주소	서울특별시 마포구 독막로 320		

3. 실습 지도교사

이 름	자격 종류	자격번호
최철수	보육교사1급	11-2-33333

4. 실습기간

실습기간	2017 년 3월 6일 ~ 2017 년 4월 14일 (6 주간) 〈2〉
실습시간	〈3〉 총 240시간 (매주 월요일 ~ 금 요일까지, 오전 09시 ~ 오후 18시)

위 사람은 영유아보육법시행규칙 제12조 1항에 의한 보육실습을 충실히 이수하였음을 확인합니다

2017 년 월 일

어린이집원장 김서울 (서명 또는 인)

〈4〉 사인과 직인 모두 가능

학과장 (서명 또는 인)

> 전산 수정 불가. 잘못 기재한 경우, 수정할 곳에 두 줄을 그은 후 어린이집 직인을 찍은 후 올바른 정보를 기재. 화이트 등 직인 없는 임의 수정 인정 불가.

※ 어린이집에서(원장님) '어린이집 지원시스템'에 실습생 등록을 직접한 뒤, 출력해서 제출한다.

※ 〈1〉은 양성교육 기관명에는 대학교 이름을 기재하고, 〈2〉와 〈3〉에서는 6주 240시간 이상이 되어야 하며, 〈4〉는 사인과 직인 모두 가능하며, 전산 수정이 불가하거나 잘못 기재한 경우에는 두 줄을 그은 후, 기관 직인을 찍은 후 올바른 정보를 기재하여야 인정된다.

3) 양성교육 기관(대학)의 평가

일반적으로 보육교사 양성교육 기관과 보육실습 기관 간의 협력의 긴밀도가 높으면 좋은 보육실습의 결과를 낳는다. 그러다 보니 보육실습 지도를 위해 양성교육 기관의 담당교수는 학생과의 협의 아래 실습 기관을 선정한 때부터 문서나 전화를 통해 실습 기관과 교류를 시작하고, 실습생이 보육실습을 하는 동안 교수는 대부분의 경우 실습 기관을 방문한다. 이때 담당 교수는 실습 기관의 원장과 실습 지도교사에게 양성교육 기관의 교과운영 특성, 실습생의 학문적 배경, 보육실습 준비 상태 등을 알려 주고, 원장과 지도교사는 학생의 보육실습 진행 상황을 해당 교수에게 전달한다. 이러한 담당교수의 보육실습 기관 방문은 실습 전이나 실습 진행 중일 때뿐 아니라 실습을 종료한 후에도 중간 관리 및 평가, 사후 관리 면에서 매우 중요한 교류의 방안이므로 적극 권장하며 전화 방문으로 대체할 수 있다.

담당 지도교수가 보육실습 기관 방문 시 파악할 내용으로는 담당하는 학생의 보육실습 진행 여부를 세밀히 관찰하거나, 실습생으로서 역할을 경험하는 학생에게 심리적·정서적 지원을 해 준다. 그리고 보육실습 기관의 원장, 실습 지도교사와 학생의 보육실습 수행에 관해 협의하거나, 학생의 보육실습 실태와 현황, 원장과 지도교사가 느끼는 지도상의 어려움을 경청하고, 양성교육 기관과 보육실습 기관 간 지속적인 협력 관계를 유지한다. 또한 담당학생이 실습생으로서 겪은 실습 시의 어려운 점을 경청하고, 보육실습 기관의 협조 정도와 기관의 인적·물리적 환경을 파악하고, 보육실습 지도에 적합한 시설 규모와 운영 특성을 갖추었는지 확인한다.

보육실습 기관 방문 후, 담당 지도교수는 보육실습 기관에 대한 인상과 느낌, 방문 소감, 실습 지도교사나 원장과의 면담 내용, 실습생의 보육실습 과정 및 참여 태도, 보육실습 조건의 적합성, 어린이집 요구 사항, 취업 상담 등의 내용을 종합 정리하여 보육실습 기관 방문결과 보고서(〈표 6-7〉 참조)를 작성한다.

보육교사 양성교육 기관에서 보육실습 기관과 동일한 평가 기준인 '보육실습 평가서'(〈표 6-5〉 참조)를 사용할 수 있으나 다양한 평가 도구나 준거를 활용하여 종합적인 평가를 실시하는 것이 바람직하다. 최종적으로 보육교사 양성교육 기관은 실습 기관에서 부여받은 보육실습 확인서에 학과장 직인을 찍음으로서 보육실습생의 보육실습을 최종적으로 마무리한다.

보육교사 자격증 획득을 위해서 다른 과목들과 달리 보육실습은 B학점 이상을 취득해야 하는데, 보육실습 기관에서 평가하여 송부한 보육실습 평가서와 실습 기관 방문을 통해 확보한 원장과의 면담 자료, 실습 기관의 현황과 실태, 실습생의 관찰 기록, 실습생이 작성 완료한 보육실습일지, 보육계획안, 교구제작 계획안, 사진 자료 등과 같은 각종 자료 등에 근거하여 종합적으로 평가하게 된다.

〈표 6-7〉 보육실습 기관 방문결과 보고서

보육실습 기관 방문결과 보고서

1. 보육실습 기관 현황

기 관 명		반수/교사수	
전화번호		주 소	

2. 방문 일자 : 20 년 월 일 (오전,오후) -

3. 보육실습자 명단 :

(학번)

4. 방 문 내 용 :

20 년 월 일

방 문 지 도 교 수 성명 : (인)

4. 보육실습 사후 관리

1) 보육실습 평가회

보육교사 양성교육 기관에서 지도교수와 보육실습생들이 실습을 마친 후 보육실습 평가회를 개최한다. 평가회는 실습생 모두가 한자리에 모여 보육실습 기관의 환경과 시설 특성, 보육 프로그램 운영의 특성, 보육실습 시 어려웠던 점, 보육실습일지 작성, 보육실습 전·후의 변화, 보육실습 운영, 원장과 실습 지도교사와의 인간관계, 동료 실습생과의 관계 등을 중점적으로 논의한다. 이러한 평가회를 통해 보육실습에 대한 구체적이고 실제적인 문제점을 찾아 보육실습을 개선하는 방안을 모색한다. 이때 실습생을 지도하였던 지도교사나 원장을 초대하여 보육실습 기관의 측면에서 바라본 실습 평가 내용을 듣는 기회를 갖는 것도 바람직하다.

보육실습 평가회를 진행할 때, 실습생(학생)이 주의해야 할 점은 다음과 같다(한국보육진흥원, 2017).

- 보육실습 시 보육실습 기관이나 실습 지도교사의 잘못된 점을 논의하는 시간이 아님을 염두에 두고, 현장에서 이론을 접목한 점, 지도교사의 적절한 조언이나 평가, 현장에서 배울 점 등에 대해 실습생으로서 자신을 평가한다.
- 어떤 지속적인 개선 노력을 통해 보육교사로서의 전문성을 확보할 수 있는지 다각적인 해결 방안에 중점을 두고 다른 실습생들과 열린 마음으로 의견을 나눈다.
- 6주 동안 진행된 보육실습의 내용에 중점을 두어 예비보육교사로서 성장할 수 있는 자신의 장점과 강점을 평가해 본다.
- 영유아를 상세히 관찰하고 직접 지도한 보육활동의 경험을 바탕으로 자신의 지도법을 회상하여 다른 학생들과 비교해 본다.

- 동료 실습생들의 보육실습일지를 서로 나누어 읽고 서로에게 조언을 주는 상호보완적 평가의 시간을 갖는다.
- 실습에서 드러난 문제에 대해서는 개인적이나 지도교사와의 관계 차원에서 그 문제의 원인을 찾기보다는 다각적인 차원에서 원인과 해결책을 찾아보도록 한다. 즉, 자기 자신, 보육실습 기관, 양성교육 기관, 부모, 국가 정책 등의 문제에 대해 어떻게 해결책을 찾아야 하는가를 토론해 본다.

즉, 보육실습생은 제반 보육활동 계획에 대하여 스스로 평가하여야 한다. 그리고 보육실습 시 잘못된 점은 스스로 인정하고 수정하고자 하는 마음의 자세를 가져야 한다. 보육실습의 평가는 실습생으로 하여금 교사로서의 자질 형성뿐만 아니라 현장실습 관련 기관 및 관계자들이 실습의 교육 목표를 달성할 수 있는 경험을 충실하게 제공하였는지를 확인하는 과정인 것이다.

또한 실습 기관에서도 보육실습 평가회를 개최할 수 있다. 실습의 과정 중 또는 실습을 종결한 후, 보육교직원과 실습생이 함께 참여하여 실습에 대한 평가회를 갖는다. 평가회는 실습생에게 실습 시작부터 끝까지 예비보육교사로서 자신의 변화된 정도를 재확인하고, 반성적 사고의 기회를 제공하여 예비보육교사의 역할을 수행할 수 있었던 경험을 되돌아보도록 한다. 또한 자신의 장점과 단점을 파악하여 향후 보육교사로서의 진로에 확신을 갖도록 도와줄 수 있다. 특히 보육실습을 2개의 기관에서 나누어 진행하는 경우 첫 번째로 보육활동 운영실습을 경험한 기관에서 중간 평가회를 갖고 마지막으로 보육활동 운영실습을 경험한 기관에서 최종 평가회를 하도록 계획한다.

이때 실습 지도교사는 실습생을 지도하는 개인의 역량을 바탕으로 실습생과 인간적 관계를 유지하면서 동시에 보육교사의 역할에 기반을 둔 직무 수행을 통해 멘토의 역할 및 사무적인 관계를 형성하기도 한다. 반면에 보육실습 기관의 원장은 실습 지도교사와 실습생의 인간관계와 직무관계를 통합적으로 아우르는 지원자이자 관리자의 역할을 수행한다. 또한 실습생이 좀 더 객관적이고 포괄적인 관점에서 보육실습을 바라보고 학생으로 다시 돌아가서 이론을 배울 때 현장 경험의 중요성을 재인식할 수 있도록 격려한다.

보육실습 평가회는 이러한 보육교직원의 입장에서 실습생에게 유익한 조언과 제안을 해 주며 더 나아가 미래의 예비보육교사에게 보육의 비전을 제시하는 시간이 되도록 한다.

2) 보육실습 관련 자료 보관

보육교사 양성교육 기관에서는 보육실습과 관련하여 실습기록대장을 영구 보존하고, 아래에 제시한 자료는 연도별로 5년 동안 보관한다.

- 보육실습 확인서 사본
- 보육실습 기관 방문결과 보고서
- 보육실습 평가서
- 보육실습비 영수증
- 보육실습 동의서
- 보육실습 지도교사 자격증 사본
- 보육실습 기관 인가증 사본 또는 어린이집 위탁계약증서 사본
  (보육실습 당시 계약일이 명시된 위탁계약증서)

위에 제시한 것 중에서, 지도교사 자격증 사본이나 실습 기관의 인가증은 「어린이집지원시스템」을 통하여 보육실습 확인서를 제출한 경우 첨부 서류(실습 기관 인가증 사본, 지도교사 자격증 사본, 실습 지도교사 1인당 3명 이내의 보육실습생 지도 확인서)를 제출하지 않아도 되는데, 보육교사 양성교육 기관은 보육실습과 관련된 세부 사항을 보육실습생 실습기록대장(〈표 6-8〉 참조)에 정확히 기록하여 영구 보존하는 것이 가장 중요하다. 특히 실습기록대장에는 보육실습생의 개인 정보가 수록되므로 양성교육 기관은 특별히 유의하여 보관해야 한다.

〈표 6-8〉 보육실습생 실습기록대장

<table>
<tr><th rowspan="2">번호</th><th rowspan="2">보육 실습생 성명 (학번)</th><th rowspan="2">보육 실습 기간</th><th>보육실습 양성기관명</th><th>보육실습 양성기관 연락처</th><th rowspan="2">보육실습 지도교사명 (소지 자격증)</th><th>학년</th><th>보육 실습생 생년월일</th><th>보육 실습생 연락처</th><th rowspan="2">보육 실습 점수</th><th rowspan="2">비고</th></tr>
<tr><th colspan="2">보육실습 양성기관 주소</th><th colspan="3">보육실습생 집주소</th></tr>
<tr><td rowspan="2">1</td><td rowspan="2">홍길동 (2010 0000)</td><td rowspan="2"></td><td>○○대학교</td><td>02-○○○ -○○○○</td><td rowspan="2">김○○ (09-1-000)</td><td>4</td><td>790924</td><td>010-○○○ -○○○○</td><td rowspan="2">80/100</td><td rowspan="2"></td></tr>
<tr><td colspan="2">주소: 서울시 강남구 강남동</td><td colspan="3">주소: 서울시 강서구 강서동</td></tr>
<tr><td rowspan="2">2</td><td rowspan="2"></td><td rowspan="2"></td><td></td><td></td><td rowspan="2"></td><td></td><td></td><td></td><td rowspan="2"></td><td rowspan="2"></td></tr>
<tr><td colspan="2">주소:</td><td colspan="3">주소:</td></tr>
<tr><td rowspan="2">3</td><td rowspan="2"></td><td rowspan="2"></td><td></td><td></td><td rowspan="2"></td><td></td><td></td><td></td><td rowspan="2"></td><td rowspan="2"></td></tr>
<tr><td colspan="2">주소:</td><td colspan="3">주소:</td></tr>
<tr><td rowspan="2">4</td><td rowspan="2"></td><td rowspan="2"></td><td></td><td></td><td rowspan="2"></td><td></td><td></td><td></td><td rowspan="2"></td><td rowspan="2"></td></tr>
<tr><td colspan="2">주소:</td><td colspan="3">주소:</td></tr>
</table>

3) 보육교사 자격증 신청

보육교사 자격증은 개인이 신청 가능하며 인터넷 신청을 원칙으로 하고, 방문을 통해서도 신청할 수 있다. 인터넷 신청 시 홈페이지의 개인 정보 및 발급 신청서의 내용 수정은 '나의 자격증 신청 진행 현황'에서 인터넷 신청 완료 단계까지만 가능하다. 자격증 신청과 관련된 모든 구비 서류(최종 학교 졸업 증명서, 최종 학교 성적 증명서, 보육실습 확인서)는 한국보육진흥원 자격관리팀으로 등기 발송해야 하며(등기번호 보관 요망), 자격증 신청 후 반드시 '나의 자격증 신청 진행 현황'을 통해 진행 상황을 확인한다.

그러나 유치원에서 실습한 경우에는 보육실습 확인서 외에 유치원 인가서 및 지도교사 1급 자격증 사본, 실습 지도교사 1인당 3명 이내의 보육실습생 지도 확인서의 첨부 서류가 포함되어야 한다. 보육교사 자격증 인터넷 신청 또는 방문 신청 시 다음의 내용을 참고한다.

- 보육 인력 국가 자격증 홈페이지: http://chrd.childcare.go.kr/
- 한국보육진흥원 주소: (04303) 서울시 용산구 청파로345 주연빌딩 5층 한국보육진흥원 자격관리팀

참고 문헌

경기도교육청(2018). 놀이중심교육과정 실천자료. 놀이 2018-유아교육, 놀이로 풀다-. 경기도교육청.

교육과학기술부(2012). 5세 누리과정 교사용 지도서, 제7권, 교통기관. 교육과학기술부.

교육부, 보건복지부(2019). 2019 개정 누리과정 놀이실행자료.

______________(2019). 2019 개정 누리과정 해설서. 교육부, 보건복지부.

구립면일어린이집(2014). 보육일지를 위한 메뉴얼.

김선영, 서원경(2012). 보육실습. 교문사.

박찬옥, 정남미, 곽현주(2020). 2019개정 누리과정에 기초한 영유아 놀이지원 놀이지도. 양성원.

박찬옥, 곽현주, 이예숙, 오경숙(2017). 보육교사 자격 기준 강화에 따른 6주 보육실습. 양성원.

보건복지부(2013). 어린이집 표준보육과정에 기초한 영아보육프로그램 0세 ①. 보건복지부.

________(2013). 어린이집 표준보육과정에 기초한 영아보육프로그램 1세 ①. 보건복지부.

________(2013). 어린이집 표준보육과정에 기초한 영아보육프로그램 2세 ①. 보건복지부.

________(2019). 제3차 어린이집 표준보육과정 0-2세 개정연구.

보건복지부 고시 제2020-75호.

보건복지부, 중앙육아종합지원센터(2020). 2019 개정 누리과정. 보육일지 개선방향 및 일지 양식 예시.

보건복지부, 한국보육진흥원(2017). 양성교육 기관에서의 보육실습지도.

____________________(2017). 어린이집에서의 보육실습지도.

문혁준 외(2015). 보육실습. 창지사.

서울특별시교육청(2017). 고등학교 보육실습.

서울특별시 육아종합지원센터(2015). 선생님 아이 엄마·아빠 함께 배워요. 영유아를 존중하는 훈육 실천하기.

성은영(2014). 예비보육교사가 보육실습에서 느끼는 어려움 탐색. 아동보육연구, 10: 39-55.

윤희경 외(2016). 보육실습. 창지사.

이미란(2016). 보육실습. 청목출판사.

지성애(2007). 유아놀이척도 타당화 연구. 유아교육학논집, 11(1), 65–84.

푸르니보육지원재단(2019). 영유아 권익존중을 위한 푸르니의 실천.

한국보육진흥원(2019). 2019 공공형어린이집 교사연수 기본과정.

한국보육진흥원(2013). 어린이집에서의 보육실습 지도. 한국보육진흥원.

____________(2019). 제3차 어린이집 평가인증 안내(통합지표). 한국보육진흥원.

한국보육진흥원, 육아정책연구소, 보건복지부(2019). 제3차 어린이집 표준보육과정(0–2세) 개정연구.

허정경(2019). 예비보육교사를 위한 현장실습지도. 휴먼북스.

Harford, J., & Gerry MacRuairc, G.(2008). Engaging student teachers in meaningful reflective practice. *Teaching and Teacher Education, 24*, 1884–1892.

Linderg, L., & Swedlow, R.(1980). *Early childhood education*. Boston: Allyn & Bacon, Inc..

Perry, N. E., Hutchinson, L., & Thauberger, C.(2008). Talking about teaching self–regulated learning Scaffolding teacher's development and use of practices that promote self–regulated learning. *International Journal of Educational Research, 47*, 97–108.

http://gyeongbuk.childcare.go.kr/ccef/community/data/DataSl.jsp?BBSGB=41&BID=74621&flag=Sl&programId=P0002PG00000535

저/ 자/ 소/ 개/

- **이종신** – 경희사이버대학교 아동보육전공 교수
- **최현정** – 수원여자대학교 유아교육과 교수
- **한남주** – 부천대학교 아동보육과 교수
- **허정경** – 서울디지털대학교 아동학과 교수
- **안성화** – 구립맑은숲어린이집 원장
- **윤서연** – 구립면일어린이집 주임교사

제4차 표준보육과정(개정 누리과정)에 따른

6주 보육실습

초판 1쇄 인쇄 2020년 8월 27일
초판 2쇄 발행 2023년 8월 29일

지 은 이 | 이종신 · 최현정 · 한남주 · 허정경 · 안성화 · 윤서연
펴 낸 이 | 김기섭
편 집 인 | 이윤희
펴 낸 곳 | 창지사 www.changjisa.com
08589 서울시 금천구 가산디지털 1로 83 파트너스타워 1차 9층
전화 (02)719-2211~3
팩스 (02)701-9386
등 록 | 1977년 4월 28일 · 제1-421호

ISBN 978-89-426-1348-9 (93370)

값 17,000원